PIERRE GRENIER

L'EMPIRE BYZANTIN

SON ÉVOLUTION SOCIALE ET POLITIQUE

TOME SECOND

L'ÊTRE POLITIQUE

PARIS

LIBRAIRIE PLON

PLON-NOURRIT ET Cie, IMPRIMEURS-ÉDITEURS

8, RUE GARANCIÈRE — 6^e

1904

Tous droits réservés

L'EMPIRE BYZANTIN

SON ÉVOLUTION SOCIALE ET POLITIQUE

L'auteur et les éditeurs déclarent réserver leurs droits de reproduction et de traduction en France et dans tous les pays étrangers, y compris la Suède et la Norvège.

Ce volume a été déposé au ministère de l'intérieur (section de la librairie) en décembre 1903.

PARIS. TYP. PLON-NOURRIT ET Cⁱᵉ, 8, RUE GARANCIÈRE. — 5021.

PIERRE GRENIER

L'EMPIRE BYZANTIN

SON ÉVOLUTION SOCIALE ET POLITIQUE

TOME SECOND

L'ÊTRE POLITIQUE

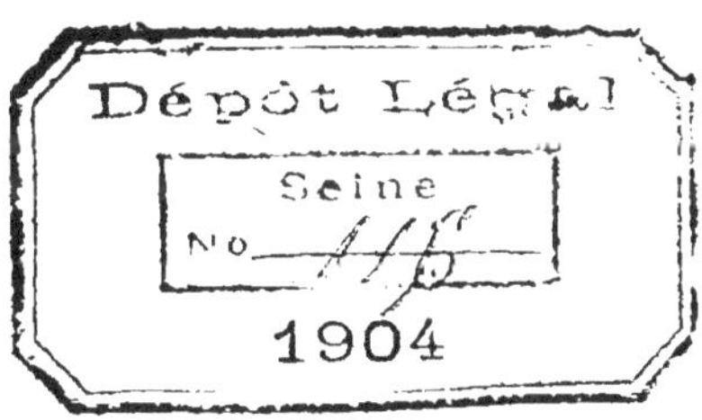

PARIS

LIBRAIRIE PLON

PLON-NOURRIT et Cie, IMPRIMEURS-ÉDITEURS

8, RUE GARANCIÈRE — 6°

1904

Tous droits réservés

L'EMPIRE BYZANTIN

CHAPITRE PREMIER

ÉVOLUTION POLITIQUE INTÉRIEURE

Organisme politique de l'empire. — L'empereur et la fonction
impériale. — Le sénat. — Exercice des pouvoirs exécutif,
judiciaire et législatif. — Principes de gouvernement. — Liste
des empereurs byzantins, de Théodose Ier à la chute de l'empire.

Lorsque Rome soumit à sa domination le monde
méditerranéen, la cité politique antique avait déjà
commencé à disparaître. A Rome même, ce phénomène politique s'était produit et César, pour insul-
ter ses soldats mécontents, leur donnait le titre de
quirites.

Rome ne pouvait donc pas être la capitale d'une
confédération de cités, comme l'avait été Athènes
pendant quelque temps, au début du quatrième siècle
avant Jésus-Christ. Le déclin de la cité politique
antique qui avait facilité aux Romains leurs conquêtes favorisa l'établissement et l'organisation de
leur domination. Ils relièrent les cités à Rome, fondant ainsi un grand État territorial, dont ils eurent
le gouvernement. Mais l'organisme politique et
administratif de la République aristocratique romaine destiné à gérer les intérêts politiques et admi-

nistratifs d'une cité ne pouvait assurer la satisfaction des intérêts politiques et administratifs d'un grand État territorial; aussi cet organisme disparut-il peu à peu; il se forma et se développa un nouvel organe politique : l'empereur, et un nouvel organisme administratif : l'administration impériale (1).

L'empereur et la fonction impériale. — Les conditions requises pour être nommé empereur se simplifièrent avec la décroissance de la puissance du sénat, avec le développement de l'œuvre d'unification de l'empire et avec les atténuations apportées peu à peu en droit aux anciennes distinctions sociales et politiques.

Tout d'abord, pour être élu empereur, il fallut avoir été sénateur. A partir de Macrin (217) cette condition disparut. A partir de Caracalla (211-217), qui donna le titre de citoyens à tous les habitants de l'empire, tout homme libre de l'empire (2), même de la plus basse extraction (3), put monter sur le trône impérial. A partir de Dioclétien, qui descendait d'un esclave, les empereurs purent être d'extraction servile.

En réalité, dans l'empire romain, jusqu'à la sépa-

---

(1) Afin de faciliter la compréhension des organismes politique et administratif de l'empire byzantin qui dérivaient étroitement des organismes politique et administratif romains, il est indispensable de jeter un coup d'œil sur ceux-ci.

(2) Les successeurs de Caracalla, Macrin, Elégabal, étaient originaires l'un de Numidie, l'autre d'Asie.

(3) Maximin (235) était un Thrace, Goth d'origine, qui, dans sa jeunesse, avait gardé les troupeaux. Aurélien (270-275) était de plus basse extraction.

ration définitive en deux empires, les empereurs qui montèrent sur le trône autrement que par adoption ou par hérédité étaient avant leur élection de hauts fonctionnaires civils ou militaires : sénateurs, consuls, proconsuls, préfets de Rome, préfets du prétoire, généraux (1).

Dans l'empire d'Orient et ensuite dans l'empire byzantin, tout citoyen, même de l'origine la plus humble (2), put arriver au trône impérial; mais une condition de plus que dans l'empire romain fut imposée : il fallut être chrétien. En réalité, les empereurs qui parvinrent au pouvoir autrement que par adoption ou par hérédité remplirent avant de hautes fonctions civiles ou militaires (3).

(1) Pertinax (193) était préfet de la ville à la mort de Commode. Avant son avènement, Didius Julianus (193) était sénateur. Septime Sévère (193-211) était général commandant les légions de Pannonie. Macrin (217-218) était préfet du prétoire. Maximin (235) était général. Gordien Ier était proconsul. Maxime et Balbin avaient été consuls. Philippe (244) était préfet du prétoire. Dèce (249) était sénateur. Valérien (253) était censeur et commandait les légions de Gaule et Germanie. Claude II (268) était général. Aurélien (270) était général. Tacite (275) était sénateur. Probus (276) était commandant en chef des provinces orientales. Carus (282) était préfet du prétoire. Dioclétien était commandant des domestiques ou gardes du palais. Jovien était le premier des domestiques. Valentinien s'était distingué dans les légions.

(2) Justin Ier avait été cultivateur et berger. Léon III l'Isaurien était le fils d'un grand marchand de bestiaux. Romain Lecapène était d'origine obscure. Basile Ier avait comme parents des paysans pauvres, quoique ceux-ci descendissent d'une famille de situation assez élevée.

(3) C'est ainsi qu'avant son avènement Marcien avait servi dans les guerres et était sénateur. Léon Ier était tribun militaire, prin-

En droit, l'empereur romain devait être nommé par le peuple romain et par l'ancien organe politique, le sénat. Mais le peuple n'eut qu'un pouvoir illusoire, tout au plus celui d'acclamer le nouvel empereur. Quant au sénat, son pouvoir lui fut disputé, sinon enlevé par l'armée, qui était devenue une puissance politique importante depuis les guerres de la fin de la République ; c'était elle qui avait fondé l'empire.

cipal intendant de la maison du commandant des armées de l'Orient. Anastase était vieux domestique du palais lorsque Ariane, fille de Léon, l'épousa et qu'il reçut le trône. Justin Ier était commandant des gardes du palais à la mort d'Anastase. Tibère II, que Justin II associa à l'empire, était capitaine des gardes du prince. Maurice, que Tibère II choisit comme successeur et qu'il maria à sa fille, avait commandé brillamment une légion de douze mille confédérés dans la guerre de Perse. Avant son avènement au trône, Phocas était centurion. Héraclius était le fils de l'exarque d'Asie.

Entre la dynastie d'Héraclius et l'Isaurienne, le trône impérial fut occupé par Philippe Bardane, secrétaire de Justinien II (713) ; par Théodose III, receveur d'impôts à Adranyte (715) ; par Léon III, général (718).

Parmi les empereurs qui régnèrent entre la dynastie isaurienne et celle des Phrygiens il y eut Nicéphore (802), grand logothète de l'empire avant son avènement ; Léon V (813), commandant des armées ; Michel II (820), général.

Le fondateur de la maison macédonienne, Basile Ier, était grand chambellan de Michel III avant d'être empereur ; Romain Lécapène, empereur, tuteur de Constantin Porphyrogénète, était commandant des armées navales avant de monter sur le trône impérial. Nicéphore Phocas, Zimiscès étaient des généraux avant d'être nommés empereurs. Avant son avènement (1057), Isaac Comnène était général. Nicéphore III Botoniate (1078) commandait les légions d'Asie lorsqu'il prit la pourpre. Alexis Ier était général quand il enleva à Botoniate l'empire. Mourzoufle était chambellan d'Alexis quand il s'empara de l'empire.

Dans l'armée elle-même, deux éléments luttaient entre eux pour disposer de l'élection de l'empereur : c'étaient les légions et la garde prétorienne ; celle-ci établie à Rome était en meilleure posture pour choisir l'empereur que les légions campées dans les provinces. Cette participation de l'armée à la nomination de l'empereur fut une des raisons principales de l'instabilité du pouvoir impérial. L'armée était intéressée à des changements fréquents d'empereur : alors que le trône était vacant, elle se donnait au plus offrant des prétendants, et lorsqu'un nouvel empereur était nommé, elle touchait une paye supplémentaire.

Lorsque l'empereur exerçait ses fonctions, l'armée, surtout la garde prétorienne, voulait le dominer, et comme elle n'était jamais satisfaite des mesures qu'il prenait, elle ne tardait pas à essayer de le renverser. A Rome, les prétoriens n'avaient pas seulement comme adversaires les sénateurs, mais aussi le peuple de Rome et les gladiateurs, avec lesquels ils se querellèrent souvent.

Sous l'empire romain, trois puissances politiques luttèrent donc entre elles pour s'emparer de la nomination de l'empereur : le sénat, les prétoriens et les légions ; de son côté, l'empereur chercha à leur enlever la disposition de la fonction impériale, en abaissant leur pouvoir et en essayant de rendre sa fonction héréditaire.

Lorsque les Antonins quittèrent le trône impérial, le sénat était bien affaibli ; les sénateurs persécutés vivaient dans l'indolence à Baies et à Pouz-

zoles. Les prétoriens en profitèrent pour disposer
de la fonction impériale. Septime Sévère essaya de
porter atteinte à leur puissance en les disgraciant
et en formant la garde prétorienne de l'élite des
légions qui étaient placées sur les frontières ; mais
ce fut en vain et le pouvoir des prétoriens ne fit
que s'accroître : Caracalla, successeur du Septime
Sévère, déclara « qu'un souverain devait s'assurer
de l'affection de ses soldats et ne compter pour rien
le reste de ses sujets ». Les prétoriens lui donnèrent pour successeur Macrin, qui n'était pas sénateur et qui était préfet du prétoire ; ils portèrent
ainsi un coup sensible à l'autorité du sénat ; désormais, il n'était plus nécessaire d'être sénateur pour
être nommé empereur et désormais le préfet du
prétoire appartenant toujours à l'ordre équestre
l'empire pouvait être à la disposition de cet ordre
rival de l'ordre sénatorial.

Jusqu'à Dioclétien, sauf à deux reprises différentes, où le sénat profita de l'anarchie militaire
pour ressaisir le pouvoir en matière d'élection de
l'empereur (1), les légions et les prétoriens dispo-

------

(1) La première fois que le sénat ressaisit le pouvoir ce fut
après le massacre d'Alexandre Sévère par les légions du Rhin.
Celles-ci venaient de proclamer Maximin empereur ; mais en
Afrique les Gordiens furent proclamés empereurs et reconnus par
le sénat. L'un des deux ayant péri dans un combat, l'autre
s'étant tué, le sénat prit pour successeurs Maxime et Balbin ;
mais les prétoriens proclamèrent peu après Gordien III empereur,
et la fonction impériale retomba entre les mains de l'armée.
La seconde fois où le sénat reprit le pouvoir ce fut après la
mort d'Aurélien. Les légions s'adressèrent au sénat pour avoir

sèrent de l'empire et le rôle du sénat se borna à reconnaître le choix de l'armée.

Les absences fréquentes de Rome que firent les empereurs affaiblirent la part d'action du sénat et des prétoriens dans la nomination de l'empereur.

Dioclétien, qui avait été choisi par les légions, porta encore atteinte à la puissance des prétoriens. Lorsqu'il fut proclamé empereur à Chalcédoine, il se fit amener le préfet du prétoire chargé de fers; pendant son règne, il diminua d'abord le nombre des prétoriens; puis, profitant de ce qu'il résidait hors de Rome ainsi que les trois autres princes, il se constitua, ainsi qu'à ceux-ci, une garde personnelle avec deux légions d'Illyrie : les Joviens et les Herculiens; de plus, pour tenir à distance les hauts personnages, il s'entoura, ainsi que les trois autres princes, d'une cour dans laquelle il introduisit le cérémonial ces cours asiatiques.

Après l'abdication de Dioclétien les prétoriens et le sénat s'allièrent ensemble pour essayer de reconquérir le terrain perdu et proclamèrent empereur Maxence, fils de Maximin.

Mais Constantin anéantit complètement la puissance des prétoriens en les supprimant et en faisant du préfet du prétoire un fonctionnaire purement civil; il poursuivit l'affaiblissement du pouvoir du

un empereur; après huit mois d'interrègne, le sénat se décida à nommer empereur le sénateur Tacite (275). Le successeur de Tacite, Probus, choisi par les soldats, reçut du sénat la confirmation de l'élection; mais après lui, les légions élirent empereur Carus, préfet du prétoire, sans attendre l'approbation du sénat

sénat en établissant le siège de l'empire à Constantinople et en y fondant un nouveau sénat docile aux volontés de l'empereur, et auquel plus tard Julien donna les privilèges et l'autorité dont le sénat de Rome était jusqu'alors seul investi.

Restait à abattre la troisième puissance politique, qui disposait de la nomination à l'empire : les légions (1).

A cet effet, les empereurs s'appuyèrent comme leurs prédécesseurs sur les fonctionnaires de l'administration impériale, qui étaient, pour eux, une clientèle importante et fidèle; sauf Julien ils s'appuyèrent, comme Constantin, sur la nouvelle puissance sociale, sur l'Église chrétienne.

En Orient, les empereurs s'affranchirent plus facilement du pouvoir des légions qu'en Occident. L'armée, estimée des Romains, était méprisée des Grecs, et elle était beaucoup moins nécessaire en Orient qu'en Occident, où se portait l'effort principal des invasions barbares; en outre l'Église chrétienne, sur laquelle les empereurs s'appuyèrent, était alors beaucoup plus puissante en Orient qu'en Occident.

De Théodose à Maurice les empereurs d'Orient ne parurent plus à la tête des légions; la fonction impériale en Orient perdit désormais son caractère

______

(1) Julien, Jovien furent proclamés empereurs par les légions, Valentinien fut présenté par des ministres et des généraux à l'armée qui le reconnut. Théodose fut présenté par Gratien, empereur d'Occident, aux troupes, à Sirmium, pour être reconnu auguste pour l'Orient.

militaire, pour devenir une fonction civile et religieuse ; c'était, enfin, la réalisation du dessein d'Hadrien, qui avait voulu fonder un empire à caractère civil et qui avait donné, à cet effet, la prééminence aux fonctions civiles sur les fonctions militaires.

Pour affranchir la nomination de l'empereur de la dépendance du sénat et de l'armée, les empereurs romains cherchèrent à fonder des dynasties ; mais, la fonction impériale étant élective en droit, ils ne pouvaient parvenir à la rendre héréditaire de père en fils qu'indirectement en employant le système de l'adoption : l'empereur prenait un associé et le désignait comme son successeur éventuel aux pouvoirs électifs. Il pouvait ainsi choisir souvent son fils et celui-ci lui succédait, non pas en qualité de fils, mais en celle d'associé.

Le système de l'adoption fut appliqué par les Antonins, ce qui donna à l'empire un siècle de stabilité politique. Mais, après eux, l'anarchie politique reprit avec plus d'intensité qu'auparavant ; certains empereurs cherchèrent vainement à rendre héréditaire la fonction impériale, en donnant à leur fils le titre de César (1).

Dioclétien voulut soustraire complètement la nomination de l'empereur au sénat et à l'armée en établissant un mode de succession pour la fonction impériale ; celui-ci fut basé sur l'association. L'empereur s'associait, pour le gouvernement de l'em-

---

(1) C'est ainsi que Valérien nomma César son fils Gallien, qui, d'ailleurs, lui succéda ; que Carus conféra à ses deux fils les titres de César.

pire un autre empereur qu'il proclamait auguste; il donnait le titre de César à deux personnages qu'il choisissait pour son successeur éventuel et pour celui de son associé (1). En forçant par ce système tout prétendant à vaincre quatre personnages avant d'arriver à l'empire, Dioclétien espérait empêcher toute usurpation du pouvoir impérial; mais ce système supposait que l'harmonie règnerait entre ces quatre personnages, sans quoi il serait, au contraire, la source de nombreuses guerres civiles.

La tentative de Dioclétien était prématurée; ce mode de succession ne put être mis à exécution qu'une seule fois : ce fut à l'abdication de Dioclétien et de Maximien (2); ensuite le sénat et les prétoriens, après s'être réconciliés, réussirent à en empêcher à nouveau l'application et des luttes politiques vinrent déchirer l'empire.

Les empereurs reprirent alors le système de l'adoption (3); puis ils affranchirent peu à peu la transmission héréditaire de la fonction impériale de certaines entraves dérivant de la survivance des

(1) Dioclétien s'associa Maximien pour le gouvernement de l'empire et le proclama auguste; il décerna le titre de César à Galère et à Constance, et, pour resserrer le lien qui devait les unir, Dioclétien donna sa fille à Galère, Maximien, la sienne à Constance.

(2) Lorsque Dioclétien et Maximien abdiquèrent, Galère et Constance prirent le titre d'Auguste, et Galère nomma deux nouveaux Césars, dont Constance accepta le choix.

(3) Pendant son règne, Constance désigna cinq successeurs, les nomma Césars et leur donna à chacun un gouvernement et une cour.

anciennes formes de la république romaine. Jovien proclama consul son fils encore enfant, sans demander de dispense d'âge, comme l'avaient fait Auguste et ses successeurs; Valentinien Ier donna à son fils Gratien, âgé de neuf ans, la pourpre, le diadème et le titre d'Auguste, se bornant à faire ratifier cette élection par les légions de la Gaule.

Théodose Ier décerna à son fils aîné Arcadius le titre d'auguste et, à sa mort, ses deux fils Arcadius et Honorius furent reconnus sans difficultés comme empereurs, l'un de l'Orient, l'autre de l'Occident.

Dès sa naissance, le fils d'Arcadius reçut les titres de César et d'Auguste, ce qui ne s'était jamais fait jusqu'alors. Désormais ces titres furent portés par les empereurs d'Orient et les empereurs byzantins jusqu'à la chute de Constantinople.

En Orient, la transmission héréditaire de la fonction impériale fut donc établie en fait avec Arcadius (1). Il se créa ainsi de véritables dynasties impériales dans l'empire d'Orient et l'empire byzantin (2).

(1) En Occident, les empereurs ne purent se dégager du pouvoir de l'armée et lorsque celle-ci fut recrutée avec les Barbares, ils furent nommés surtout par les Barbares confédérés et par de hauts fonctionnaires barbares, bien que le sénat de Rome et quelquefois l'empereur d'Orient participât aux élections des empereurs.

(2) La fonction impériale se transmit ainsi régulièrement avec trois successeurs de Théodose Ier, avec deux successeurs de Léon Ier, avec quatre successeurs de Justin Ier. La postérité d'Héraclius régna jusqu'à la quatrième génération. Ensuite, les dynasties furent successivement celles des Isauriens, des Phrygiens, des

Les dynasties qui occupèrent le plus longtemps le trône impérial furent celles des Macédoniens et des Paléologues. La première, de Basile Ier à la mort de Théodora, régna cent quatre-vingt-neuf ans (867-1056) ; la deuxième, de Michel Paléologue à Constantin XII, régna cent quatre-vingt-quatorze ans (1259-1453).

Bien que la transmission de la fonction impériale eût lieu en fait héréditairement, elle conserva son caractère électif jusqu'à la fin de l'empire byzantin ; l'empereur associait son successeur éventuel, le sénat et le patriarche ratifiaient ce choix et le peuple acclamait l'associé au cirque (1). Mais ces

Macédoniens, des Comnènes et des Paléologues. (Voir la liste des empereurs à la fin du chapitre.)

(1) C'est ainsi qu'en présence du sénat et du patriarche, Justin Ier, qui avait adopté Justinien, plaça le diadème sur la tête de celui-ci ; Justinien se rendit ensuite au cirque où il fut acclamé par le peuple. La nomination comme Auguste ou César de Tibère, que Justin II choisit comme héritier, se fit dans le portique du palais, en présence du sénat et du patriarche.

Lorsque Héraclius voulut associer à l'empire Héracléonas, fils de Martina, sa deuxième femme, afin de donner un collègue à son fils aîné, Constantin, d'un âge mûr, il est vrai, mais faible de constitution, il rassembla au palais le sénat pour ratifier cette association (638) ; le patriarche donna sa bénédiction et les soldats saluèrent les trois princes : Héraclius, Constantin, Héracléonas, dès qu'on eut ouvert les portes. Cinq mois après, de pompeuses cérémonies eurent lieu à la cathédrale et à l'hippodrome où le peuple acclama les trois princes.

Les empereurs isauriens, lors de l'association du fils au père dès le berceau, demandèrent aux sénateurs, au peuple, aux soldats de s'engager par serment à respecter cet ordre de succession.

Lorsque Michel IV le Paphlagonien (1034) fut sur le point de mourir, sa femme adopta pour son fils Michel, le fils d'un ouvrier, associés ne partageaient pas le pouvoir avec l'empereur comme le faisaient les associés du système de Dioclétien.

Jusqu'à Héraclius, l'empire se transmit généralement soit de père en fils, soit de beau-père à gendre, soit d'oncle à neveu, soit enfin par simple association, sans lien de parenté.

Après, jusqu'aux premiers princes de la maison macédonienne, dans les dynasties qui occupèrent le trône impérial, le pouvoir se transmit de père en fils; mais les empereurs ne parvinrent pas à fonder le droit de primogéniture, bien qu'ils associassent leur fils aîné à l'empire (1).

Les empereurs macédoniens associèrent à l'empire successivement tous leurs enfants presque aussitôt après leur naissance. Sous les Comnènes et les Paléologues, le fils aîné ne succéda pas toujours à son père, mais quelquefois ce fut le fils cadet qui succéda au père (2).

La fonction impériale conservant l'empreinte des anciennes institutions de la République romaine, il put y avoir plusieurs empereurs à la fois,

et celui-ci fut revêtu du titre et de la pourpre des Césars, en présence du sénat et du clergé.

(1) C'est ainsi que Constantin IV Pogonat (668-685) chercha à établir le droit de primogéniture en confiant à son fils aîné seul le titre d'Auguste.

(2) Isaac laissa monter sur le trône son frère cadet Alexis Ier. A la mort de Jean le Beau, l'aîné de ses fils Isaac se contenta du titre de Sébastocrator et ce fut son fils cadet Manuel qui régna (1143). Jean Paléologue II (1341-1391) donna la pourpre à son deuxième fils.

comme il y avait eu plusieurs consuls sous la République romaine.

Sous l'empire romain, les partages qui étaient résultés de la présence simultanée de plusieurs empereurs sur le trône avaient toujours été des partages administratifs et non de souveraineté, par suite de la survivance de l'idée de l'État au-dessous de la fonction impériale.

Sous l'empire byzantin, lorsqu'il y eut parfois plusieurs empereurs en même temps, il n'y eut même pas partage administratif, sauf vers la fin de l'empire, où la souveraineté se démembra. L'un des empereurs gouvernait, les autres se contentaient du titre d'Auguste ou, sous les Comnènes, de celui de Sébastocrator (1).

La fonction impériale pouvant être divisée entre plusieurs personnes, les femmes purent être impératrices et les tuteurs des empereurs mineurs purent être empereurs. La femme ou la sœur de l'empereur d'Orient devint alors impératrice, collègue de l'empereur (2) et, plus tard, sous l'empire byzantin, elle posséda sa cour de femmes, comme l'empereur posséda sa cour d'hommes.

Lorsque l'empereur venait à mourir, sa veuve ou

---

(1) Lorsque Basile Ier mourut, ses deux fils, Léon IV le Philosophe et Alexandre furent revêtus tous deux de la pourpre, mais seul Léon exerça les pouvoirs du gouvernement. Après la mort de Romain II, ses deux fils, Basile II et Constantin IX, furent empereurs, mais seul Basile II gouverna quand il fut en âge mûr.

(2) Pulchérie, sœur aînée de Théodose II, reçut le titre d'Augusta à seize ans, et gouverna à la place de son frère.

Théodora fut le véritable collègue de Justinien.

sa fille pouvait régner seule ; mais on ne considérait cette situation que comme provisoire, on la subissait à regret (1) et l'impératrice était invitée à se choisir un époux, auquel elle conférait ensuite le titre d'Auguste (2). L'empire pouvait donc se transmettre par alliance par les femmes (3).

(1) Lorsqu'Attila demanda la main d'Honoria, sœur de Valentinien III, élevée au rang d'Augusta à seize ans, les Romains n'y accédèrent pas et déclarèrent que, malgré les exemples récents de Pulchérie et de Placidie, les femmes n'avaient aucun droit au trône.

Plus tard, lors de la mort d'Héraclius, Martina, sa deuxième femme, voulant monter sur le trône, on s'y opposa en lui déclarant que « la nature a exclu de votre sexe les travaux du gouvernement ».

(2) Le fils de Constantin VIII étant entré dans les ordres, deux de ses filles, Théodora et Eudoxie, étant entrées dans un monastère, la troisième Zoé pouvait seule lui succéder ; mais elle dut, à cet effet, se marier. Elle se maria plusieurs fois, conférant à ses époux successifs l'empire lorsque son père fut mort.

Elle épousa d'abord Romain III, qui succéda à Constantin VIII (1028) ; puis après qu'elle l'eut empoisonné, elle épousa Michel IV ; après la mort de celui-ci, elle épousa Michel V ; celui-ci ayant mis Zoé en prison, le peuple de Constantinople se souleva, tira Zoé de sa prison et Théodora de son monastère. Ces deux femmes montèrent sur le trône ; mais Zoé dut se remarier ; elle prit pour mari Constantin IX Monomaque (1042) ; après quoi elle reçut le titre d'Augusta. Quant à Théodora, elle ne fut mise en possession du pouvoir qu'à la mort de Constantin, et elle régna deux ans (1054-1056).

(3) Pulchérie, impératrice, sœur de Théodose II, conféra à son mari Marcien le titre d'empereur.

A la mort de Léon, Zénon, époux d'Ariane, fille de Léon, fut nommé collègue tuteur d'un enfant d'Ariane ; mais celui-ci mourut bientôt et Zénon régna seul.

A la mort de Zénon, Ariane, fille de l'empereur Léon, donna sa main et l'empire à Anastase.

Tibère II donna sa fille et l'empire à Maurice.

Lorsqu'un empereur, en mourant, laissait un fils en bas âge, sa veuve était nommée impératrice et chargée de la tutelle de cet enfant (1). Lorsque celle-ci se remariait, son nouvel époux devenait empereur et tuteur de l'empereur mineur. Mais lorsque l'impératrice ne se mariait pas, des prétendants surgissaient pour devenir tuteurs de l'empereur mineur; ils se faisaient proclamer empereurs et, souvent, épousaient l'impératrice régente pour légitimer leur usurpation. Ils promettaient tout d'abord de ne servir que de père et de protecteur à l'empereur mineur (2); mais ensuite, comme ils

(1) A la mort de Léon IV (780), son fils Constantin VI n'ayant que dix ans, sa veuve Irène, qu'il avait associée à l'empire, régna pendant la minorité de Constantin VI. A sa mort, Théophile (842) confia à sa veuve Théodora la tutelle de l'empire et de son fils Michel III, âgé de cinq ans. A la mort de Léon VI le Philosophe (911), son fils mineur, Constantin VII Porphyrogénète eut d'abord pour tuteur Alexandre, frère de son père, revêtu depuis longtemps du titre d'auguste. A la mort de celui-ci, ce fut Zoé qui fut la tutrice de son fils Constantin.

Pendant la minorité de Basile II et de Constantin III, qui avaient respectivement cinq ans et deux ans, lorsqu'ils succédèrent à leur père, Romain II, ce fut leur mère Théophano qui fut la régente.

A la mort de Constantin X Ducas, ses fils, Michel VII, Andronic Ier et Constantin XI, étant mineurs, ce fut sa veuve Eudoxie qui reçut la régence.

A la mort de Manuel (1180), son fils Alexis II n'ayant que dix ans, ce fut sa veuve l'impératrice Marie qui fut chargée de la régence.

(2) Lorsque Nicéphore Phocas, au dixième siècle, fut proclamé basileus, près de Césarée, en face de toutes les troupes d'Orient, il ne parla que de chasser Bringas et non les héritiers légitimes et il déclara qu'il serait leur tuteur.

Jean Zimiscès déclara qu'à l'exemple de Nicéphore Phocas il

possédaient la toute-puissance, ils en profitaient parfois pour s'emparer complètement de l'empire, soit en nommant empereurs des membres de leur famille, soit en se débarrassant de leur pupille (1).

Bien que les empereurs byzantins parvinrent à fonder de réelles dynasties, le caractère électif que conserva toujours la fonction impériale et la possibilité donnée à tout citoyen d'arriver à l'empire permirent à des prétendants de surgir et empêchèrent toute stabilité absolue dans la transmission de cette fonction. Certains usurpateurs réussirent à enlever momentanément le pouvoir impérial à l'empereur régnant; d'autres renversèrent complè-

ne songeait à devenir que le collègue et le tuteur des jeunes Basileis légitimes, Basile et Constantin, et non l'empereur unique en leur lieu et place.

Andronic Ier, qui s'empara de la tutelle d'Aléxis II, déclara qu'il vivrait et qu'il était prêt à mourir pour son bien-aimé pupille.

Lorsque Cantacuzène fut vainqueur, il protesta de son attachement pour Jean Paléologue.

(1) Sous la minorité de Constantin VII, Romain Lécapène se fit nommer César en septembre 920; Basileus en décembre; en janvier 921, il fit couronner sa femme Augusta; en mai 921, il décerna la couronne à son fils aîné; en 922, il viola tous les serments, il prit le pas sur son maître et collègue.

Andronic Ier, malgré ses serments, ne tarda pas à faire étrangler l'impératrice Marie, mère et tutrice d'Alexis II, puis celui ci.

Michel Paléologue, proclamé tuteur de Jean Lascaris, reçut le titre de despote, puis fut proclamé empereur. Mais il fut entendu que Jean aurait la prééminence. Cependant, à la cérémonie du couronnement, Michel Paléologue fut seul couronné et le couronnement de Jean, remis à une date ultérieure, n'eut jamais lieu; Michel finit par bannir le jeune empereur après lui avoir fait crever les yeux.

II.

2

tement la dynastie qui gouvernait alors. Dans ce dernier cas, la paix publique était troublée pendant plusieurs années, les empereurs se succédaient rapidement sur le trône, jusqu'à ce que l'un d'eux parvînt à s'y établir solidement et à fonder une nouvelle dynastie. L'assassinat de l'empereur était généralement employé par les prétendants (1) pour s'emparer du pouvoir impérial. Ceux-ci étaient aidés dans leur usurpation soit par les gardes du palais (2), soit par les légions, soit par le peuple de Constantinople.

Pour se mettre à l'abri des émeutes populaires les empereurs firent de leur palais une véritable forteresse (3) ; celui-ci étant près de la mer, ils avaient pour suprême ressource la possibilité de se sauver sur un navire.

La période de l'histoire byzantine où le pouvoir impérial fut le plus stable fut celle pendant laquelle régna la dynastie des Macédoniens. Le sénat, le

(1) C'est ainsi que fut assassiné Justinien II, que Léon V l'Arménien fut assassiné par Michel II, Michel III par Basile Iᵉʳ, Alexis et Isaac l'Ange par Mourzoufle.

(2) La plus fameuse des gardes du palais fut la garde isaurienne, qui rappela les gardes prétoriennes ; elle fut créée par Zénon, qui était Isaurien, pour lui permettre de lutter contre la veuve de son prédécesseur Léon, Vérina, qui réclamait l'empire, et pour assurer la tranquillité dans Constantinople agitée par les guerres religieuses. Cette garde pillait la capitale et mettait la cour à sa merci ; aussi Anastase, le successeur de Zénon, la chassa-t-il.

(3) Nicéphore Phocas fit construire un rempart pour séparer le palais de la ville même, puis fit élever une résidence fortifiée près de la mer.

patriarche et le peuple de Constantinople manifes-
tèrent leur fidélité à l'empereur Basile II, le défen-
dant contre tout usurpateur (1).

Mais le développement pris par la noblesse dans
l'empire à partir du dixième siècle imprima un
nouveau caractère aux luttes engagées pour la
possession de la couronne impériale.

Après le onzième siècle, avec les Comnènes et
les Paléologues, celles-ci eurent lieu entre les membres de la même famille (2); la noblesse provinciale y prit part, souleva les provinces et le peuple
de Constantinople; la guerre civile ne se cantonna
plus comme autrefois seulement à Constantinople
ou même simplement au palais, mais elle em-
brasa ce qui restait de l'empire byzantin (3).

(1) Le sénat et le patriarche protégèrent Basile II mineur
contre Nicéphore Phocas et Zimiscès tout puissant. Le peuple de
Constantinople soutint vaillamment Basile. II contre Bardas
Skléros et Bardas Phocas qui, après avoir battu les troupes impériales, s'étaient avancés jusque sur la rive d'Asie en face de Constantinople.

(2) Andronic Ier, petit-fils d'Alexis Ier, détrôna son cousin issu
de germain (1183), et il condamna à mort Isaac l'Ange qui descendait, par les femmes, d'Alexis Ier. Sous les Paléologues, il y
eut des guerres civiles entre les membres de cette famille : entre
les deux Andronic (1321-1328), entre Jean Paléologue et Manuel
d'une part, et Andronic d'autre part; à la mort de Jean, entre
Manuel et son neveu Jean de Selymbrie.

(3) Lorsque Andronic Ier se fut emparé du pouvoir (1183), il
persécuta les nobles amis de l'empereur qu'il avait fait assassiner; les nobles, qui se réfugièrent à Nicée ou à Pruse, en Sicile,
dans l'île de Chypre, se révoltèrent et soutinrent Isaac l'Ange,
condamné à mort par Andronic.

Lors de la guerre civile contre les deux Andronic, Andronic le
Jeune, après s'être échappé de Constantinople, leva l'étendard de

Bien que la fonction impériale se transmît soit généralement par association, soit parfois par usurpation, sans qu'il y eût élection réelle de la part des pouvoirs participant en droit à la nomination de l'empereur, ces pouvoirs, sénat, patriarche et peuple de Constantinople, jouèrent quelquefois un rôle important et actif en matière d'élection d'empereur (1). En outre, le sénat fut considéré comme le représentant de la nation, en cas de vacance du trône (2), et

la révolte à Andrinople où il réunit une armée de cinquante mille hommes. (Pour les luttes entre Jean Paléologue et Cantacuzène, voir t. I, l. I, chap. II.)

(1) C'est ainsi que la mort de Marcien, qui n'avait pas d'enfant, laissant le trône vacant, la nomination de Léon de Thrace fut ratifiée par le sénat, et Léon reçut la couronne impériale des mains du patriarche.

Lorsque Isaac Comnène s'empara du trône occupé par Michel VI, le patriarche affranchit la nation de son serment de fidélité, relégua l'ancien empereur dans un monastère et couronna Isaac Comnène.

Lorsque, sous Michel VII (1071-1078), Nicéphore Botaniates, révolté contre cet empereur, arriva à la tête d'une armée de Turcs à proximité des rivages de Chalcédoine et que cet empereur songea à renoncer à l'empire, le patriarche, le synode et le sénat convoquèrent les citoyens à Sainte-Sophie pour délibérer sur le choix d'un empereur.

Lorsque Isaac l'Ange et son fils furent rétablis sur le trône par les Latins, c'est au sénat que le peuple s'adressa pour qu'il désignât un autre empereur.

Lorsque Démétrius, fils cadet de Jean Paléologue, voulut s'emparer du pouvoir, son frère aîné, Constantin, étant alors en Morée, l'impératrice-mère, les soldats, le clergé, le peuple se prononcèrent tous pour le successeur légitime Constantin.

(2) C'est à ce titre que Julius, maître général des troupes, consulta le sénat après la mort de Valens, qui laissait l'Orient sans souverain.

il fut associé indirectement à certaines régences (1).

Née des institutions républicaines, la fonction impériale finit par se dégager complètement de celles-ci et par prendre un caractère tout à fait distinct.

Auguste et ses successeurs avaient disposé de tous les pouvoirs en cumulant les hautes fonctions de la République romaine ; ils étaient préfet des mœurs, grand pontife, prince du sénat, imperator, consul à vie, proconsul. L'empereur était déifié et avait droit à l'apothéose lors de ses funérailles. Il avait le droit exclusif de fabriquer la monnaie d'or et d'argent, le sénat se réservant la frappe de celles de bronze et de cuivre. Mais la puissance impériale n'était qu'une délégation du sénat et, pour ne pas porter ombrage à cette assemblée, les empereurs avec Auguste et Trajan n'eurent pas de cour et ne s'entourèrent pas de pompe.

Avec Septime Sévère (193-211) les empereurs firent établir la théorie de la puissance impériale absolue par leurs jurisconsultes et leurs historiens (2). Papinien, Paulus, Ulpien prétendirent que la puissance impériale n'était pas une simple délégation du sénat, mais que cette assemblée avait cédé tous ses droits au souverain. Ils enseignèrent que l'empereur ne devait pas être subordonné aux

(1) C'est ainsi qu'Alexandre nomma pour la tutelle de son neveu, Constantin Porphyrogénète, une commission de grands dignitaires et de sénateurs.

(2) C'est ainsi que nos légistes, en France, établirent la théorie de la monarchie absolue.

lois, que sa volonté arbitraire s'étendait sur la vie et sur la fortune des citoyens et qu'il pouvait disposer de l'État comme de sen patrimoine.

Avec Dioclétien, l'empereur ne prit plus les titres de consul, de proconsul, de censeur et de tribun; il n'était plus qu'imperator; mais, au lieu que cette dignité signifiât général des armées romaines, elle signifiait le maître de l'univers; aussi, ce titre n'ayant plus de sens militaire, les honneurs du triomphe qui, depuis Tibère, n'avaient été réservés qu'aux empereurs seulement, purent être accordés aux généraux vainqueurs dans l'empire d'Orient et dans l'empire byzantin (1).

En outre, avec Dioclétien, l'empereur s'appela notre seigneur et empereur; il eut le droit exclusif de frapper toutes les monnaies; il prit le diadème et s'entoura d'une cour dans laquelle furent introduites les manières persanes.

Les empereurs d'Orient et les empereurs byzantins furent adorés, même par les hauts dignitaires, par les sénateurs et les généraux vainqueurs (2).

Lorsque les empereurs byzantins montaient sur

(1) C'est ainsi que sous Justinien, Bélisaire, en 534, eut les honneurs du triomphe, mais il dut se contenter d'un triomphe à pied. Au dixième siècle, Nicéphore Phocas eut aussi les honneurs du triomphe; mais son premier triomphe eut lieu à pied et son deuxième sur un char.

(2) C'est ainsi que Bélisaire dut adorer Justinien, lors de son triomphe; qu'au dixième siècle, lorsque Nicéphore Phocas fit une entrée triomphale à Constantinople, l'adoration de l'empereur eut lieu; les hauts dignitaires, et même les sénateurs, embrassèrent dévotement les genoux de leur nouveau maître.

le trône ils envoyaient des lettres circulaires dans les provinces pour notifier leur avènement au peuple, continuant ainsi un usage mis en vigueur par les empereurs romains. Souvent même des lettres étaient adressées dans le même but aux souverains avec lesquels l'empire entretenait de bonnes relations (1).

Le peuple byzantin se considérant comme le seul peuple civilisé de la terre et comme le maître du monde, son empereur ne pouvait s'allier avec les familles royales des peuples barbares, familles royales qu'il regardait généralement comme ses vassaux. En outre, la veuve de l'empereur pouvant être impératrice, et la souveraineté n'étant pas domaniale, les byzantins ne pouvaient admettre que l'empereur épousât une étrangère, qui aurait pu, à la mort de son époux, les gouverner. Aussi, inscrivit-on sur l'autel de Sainte-Sophie la prétendue loi par laquelle Constantin aurait interdit aux empereurs d'épouser une étrangère et défendit-on aux princesses impériales de s'allier à des rois barbares. Généralement l'empereur épousait des filles de hauts fonctionnaires, ce qui accroissait sa puissance politique. Mais des brèches à ces principes

______

(1) C'est ainsi qu'au milieu du dixième siècle, Romain II notifia son avènement à tous les souverains alliés ou vassaux et aux hauts fonctionnaires de l'empire. Des messagers furent envoyés dans les limites de l'ancien empire romain que les Byzantins considéraient comme existant toujours. Le maître suprême de l'Inde fut même avisé, la czarine de Kief aussi ; seuls, les khalifes, qui étaient des mécréants, ne reçurent pas de notification.

furent faites, par suite des nécessités de politique extérieure (1).

L'existence d'une cour mettait les empereurs indolents à la discrétion des eunuques, des moines, des préfets du prétoire et, après la disparition de ceux-ci, des comtes, des domestiques, et c'étaient ces personnages de la cour qui gouvernaient en réalité. Mais à côté de ces empereurs prisonniers de leur cour, d'autres prirent réellement en mains les rênes du gouvernement. Justinien, au milieu du sixième siècle, et Basile II à la fin du dixième siècle et au commencement du onzième siècle, par-

(1) Constantin V épousa la fille du roi des Chozares (735); Berthe, la petite-fille de Romain Lecapène, épousa un roi bulgare; il est vrai que Romain Lecapène n'était empereur tuteur de Constantin Porphyrogénète et que sa descendance ne régna pas après lui.

Romain II épousa Berthe, fille d'un comte d'Arles, Hugon, qui avait usurpé la souveraineté de la Provence et envahi le royaume d'Italie.

Othon II épousa Théophano, une des filles de Romain II, d'après un traité avec Jean Zimiscès, à la suite d'une invasion qu'Othon II avait faite dans l'Italie grecque, à la nouvelle de la mort de Nicéphore Phocas. Othon II réalisa ainsi le projet déjà caressé par Othon Ier et dont Nicéphore Phocas avait empêché l'exécution.

Lorsque le grand-duc de Kief, Wladimir, envoya des secours russes à Basile II pour repousser Bardas Skléros et Bardas Phocas, ce fut à la condition que l'empereur byzantin lui promit de lui donner comme épouse Anne, sœur de Basile II; mais celui-ci ayant éludé sa promesse, les Russes attaquèrent Kherson (988) et Basile II dut alors s'exécuter pour recouvrer cette possession.

Andronic le Jeune épousa en premières noces Irène, fille du duc de Brunswick, et en deuxièmes noces Jeanne, sœur du comte de Savoie.

vinrent ainsi à fonder à deux reprises la monarchie absolue.

Certains empereurs montrèrent une grande énergie, une grande ténacité dans les guerres contre les ennemis extérieurs de l'empire : tel fut Héraclius dans sa lutte contre les Perses ; tels furent les Isauriens, les Phrygiens et les Macédoniens, dans leurs luttes contre les Sarrasins ; d'autres firent preuve d'une grande perspicacité comme les empereurs iconoclastes, notamment Léon III et les Macédoniens, en particulier Basile II : ils prirent des mesures contre le monachisme et la noblesse, essayant ainsi d'enrayer l'absorption de la petite propriété par la grande, phénomène social qui devait conduire à l'anarchie sociale ; d'autres empereurs enfin furent des artistes ou des lettrés comme Théophile, Basile Ier, Léon VI le philosophe, Constantin Porphyrogénète, Théodore II, Lascaris, Jean VI Cantacuzène, Manuel II Paléologue.

Le sénat. — A côté des empereurs subsista jusqu'à la fin de l'empire byzantin l'ancien organe politique de la République romaine, le sénat. Il subit d'importantes modifications dans son recrutement, sa composition et son organisation

D'Auguste à Dioclétien, comme les empereurs étaient censeurs et qu'un certain cens étant exigé pour entrer au sénat (1), le recrutement de cette assemblée fut à la discrétion des empereurs. Cette

(1) Voir t. I, l. I, chap. II.

toute-puissance de l'empereur était faiblement tempérée par l'impossibilité où étaient les fonctionnaires impériaux sénateurs de siéger au sénat et par l'établissement de l'hérédité en fait de la charge sénatoriale.

Au quatrième siècle, le droit de coaptation que le sénat obtint et la consécration en droit de l'hérédité de la fonction sénatoriale rendirent le sénat plus indépendant de l'empereur; mais cette situation ne fut que momentanée.

Le sénat de Rome ne fut plus, au quatrième siècle, le seul sénat de l'empire; Constantin en fonda un à Constantinople, et Julien lui conféra les mêmes privilèges et la même autorité qu'à celui de Rome.

Le sénat de Rome et le sénat de Constantinople prirent peu à peu une physionomie différente,

Les empereurs d'Occident régnant à Milan et à Ravenne (1), les fonctionnaires de cour ne siégèrent pas au sénat de Rome et la direction de cette assemblée appartint à quelques anciennes familles dont le nombre décrut par suite de la concentration des fortunes. Lors des invasions des Barbares, la noblesse provinciale ne se tournant que vers le sénat de Constantinople, le sénat de Rome redevint simplement italien et romain et peu à peu son rôle se borna à celui de conseil municipal de Rome. Les guerres des Barbares le dispersèrent et il dis-

____

(1) Les empereurs ne communiquaient avec le sénat que par le préfet de Rome et par des députations de sénateurs.

parut complètement au commencement du septième siècle (1).

A Constantinople, les charges de cour conférant le titre de sénateur, il y eut pénétration très grande entre la cour et le sénat. En outre, à partir du cinquième siècle, les illustres siégeant seuls au sénat et, à partir de Justinien, les patrices (2) et les illustres ayant seuls droit de séance, le sénat ne fut plus qu'une réunion de hauts fonctionnaires et les sénateurs ne furent plus distincts des autres magistrats.

Le sénat de Constantinople fut présidé jusqu'à Justinien par le consul en exercice, nommé avant Dioclétien en fait par l'empereur et à partir de Dioclétien en droit par l'empereur; Justinien donna la présidence du sénat au préfet de la ville.

A partir du neuvième siècle, le sénat de Constantinople prit une physionomie nouvelle; les grands propriétaires y pénétrèrent, et il ne fut plus dès lors autant à la merci de l'empereur.

Exercice du pouvoir exécutif. — Les deux organes politiques de l'empire d'Orient et de l'empire byzantin, l'empereur et le sénat, furent investis d'attributions relevant des pouvoirs exécutif, judiciaire et législatif.

Il n'y avait aucune séparation entre ces différents

(1) Le mot sénat reparut au huitième siècle, mais il désigna alors l'aristocratie romaine: ce furent l'Église et le pape qui eurent la direction politique et administrative de Rome.

(2) D'après une loi de Zénon, on n'accordait le titre de patrices qu'à ceux qui avaient été consuls de fait ou consuls honoraires, préfets du prétoire ou de la ville, maîtres des offices ou de l'armée.

pouvoirs et la puissance de l'empereur dans l'exercice de ceux-ci l'emportait de beaucoup sur le sénat.

Avec Auguste, le pouvoir exécutif, qui appartenait sous la République au sénat, aux consuls et aux tribuns, passa à l'empereur. Cependant, dans les provinces du sénat, les nominations des proconsuls furent seulement faites par cette assemblée; mais à partir de Caracalla elles durent obtenir le consentement de l'empereur. Au quatrième siècle, le sénat renonçant au droit d'élire à plusieurs magistratures sénatoriales, ne fixant plus les impôts et n'ayant plus de provinces à administrer, le pouvoir exécutif des empereurs put s'exercer sans limite dans toute l'étendue de l'empire.

Les empereurs fixaient, changeaient les circonscriptions administratives; ils diminuaient ou augmentaient le nombre des juges affectés à chaque siège, et Justinien déclarait pouvoir destituer ces magistrats.

Ils disposaient non seulement des biens des citoyens et de leurs personnes, mais encore des biens, privilèges et revenus des villes (1)

---

(1) C'est ainsi qu'après la sédition d'Antioche, Théodose Ier dégrada cette ville de son rang de capitale; lui enleva son nom, ses droits de cité; la dépouilla de ses terres, de ses privilèges, de ses revenus et l'assujettit à la juridiction de Laodicée; il fit fermer les bains, les cirques, les théâtres; supprima les distributions de grains, et fit enchaîner les citoyens les plus distingués.

Il est vrai que Théodose Ier se montra ensuite clément et ne donna pas suite à cette mesure.

C'est ainsi que Justinien confisqua des revenus des villes.

Le sénat n'exerça donc plus la puissance exécutive. Cependant, dans l'empire byzantin le sénat intervint souvent dans les affaires étrangères et dans les affaires religieuses.

Exercice du pouvoir judiciaire. — Lors de l'établissement de l'empire à Rome, l'empereur et le sénat furent investis du pouvoir judiciaire. Avec Auguste, tous les citoyens romains pouvaient en appeler à l'empereur d'un jugement rendu. Le sénat, sous les premiers empereurs, avait la juridiction criminelle; mais, cette assemblée étant sous la dépendance complète des empereurs, elle rendait des décisions conformes à leurs volontés; aussi, sous les mauvais princes, le sénat fut-il un tribunal sans justice.

Les empereurs enlevèrent peu à peu au sénat ces attributions judiciaires; aux deuxième et troisième siècles, les gouverneurs furent jugés le plus souvent par l'empereur ou par des commissaires impériaux, au lieu de l'être par le sénat; la juridiction criminelle de la ville passa entre les mains du préfet.

Tandis que le pouvoir judiciaire du sénat décroissait, celui de l'empereur croissait. Sous Justinien, non seulement tout citoyen put en appeler à l'empereur, mais celui-ci put évoquer devant lui toute cause et juger par commissions extraordinaires, par suite suspendre l'action de la justice et se substituer à elle.

Justinien revendiqua le droit de donner aux juges des instructions obligatoires sur les questions soumises aux tribunaux (1). Il déclara que les décisions rendues par l'empereur sur des causes particulières déférées par les parties à son autorité avaient force de loi, non seulement entre les parties, mais dans tous les cas semblables (2) : c'était légiférer par jugements.

Jusqu'à la fin de l'empire, le sénat byzantin conserva une parcelle de pouvoir judiciaire; il fut juge des crimes politiques (3) et juge concurremment avec l'empereur des membres de l'ordre sénatorial; mais souvent l'empereur remaniait la sentence prononcée par le sénat.

Exercice du pouvoir législatif. — Les empereurs romains s'emparèrent non seulement de la puissance exécutive, de la puissance judiciaire, mais aussi de la puissance législative.

L'organisation du pouvoir législatif de la cité romaine ne pouvait convenir à un grand État territorial; aussi subit-elle de profondes modifications.

A la fin de la République, le peuple n'exerçait plus en fait le pouvoir législatif. Celui-ci n'appartenait plus qu'au sénat et aux préteurs; mais le sénat était incapable de légiférer pour tout l'empire, et le pouvoir législatif passa surtout entre les mains des

(1) Loi de 535.
(2) Loi de 528.
(3) C'est ainsi que sous Justinien le sénat de Constantinople condamna en 548 Artaban et ses complices, qui avaient voulu assassiner Justinien.
Lorsque Constans II fut proclamé empereur, Héracléonas et Martina furent déposés et condamnés par le sénat comme auteurs de la mort de Constantin III.

préteurs ; ceux-ci s'inspirèrent des idées que les jurisconsultes, imbus de philosophie grecque, émirent particulièrement au forum jusqu'à Cicéron, et ensuite dans les livres et dans les écoles.

Mais ce système conduisait à une grande complexité de législation, à l'anarchie juridique ; il y avait nécessité absolue de fixer et d'unifier la législation ; aidés des jurisconsultes, les empereurs se vouèrent à cette tâche en la faisant tourner à leur profit.

Adrien s'empara le premier de la plénitude du pouvoir législatif ; il forma le consistorium ou consilium, réunion de jurisconsultes investis de l'autorité législative, et il promulgua en 131 l'Édit perpétuel, code obligatoire pour les préteurs. Les décrets du sénat furent de moins en moins appliqués ; mais pour que les apparences restassent conformes aux anciennes institutions, les lois faites par les empereurs furent ratifiées par le sénat.

Au troisième siècle, les constitutions impériales furent nombreuses. Sous Septime-Sévère, les jurisconsultes prétendirent que l'empereur n'était pas soumis aux lois de l'État et que son pouvoir était absolu.

Alexandre Sévère s'entoura de seize conseillers, sur la permission du sénat. Mais, après l'assassinat d'Aurélien, sous Tacite, lorsque le sénat recouvra de la puissance, il obtint le droit de donner, par ses décrets, force de loi et la validité nécessaire à ceux des édits du prince qu'il approuvait (1). Le sénat

(1) Le sénat obtint aussi : 1° le droit de revêtir un de ses membres, sous le titre d'imperator, du commandement général

reperdit d'ailleurs bientôt la puissance législative ; Dioclétien ne le consulta plus pour l'exercice du pouvoir législatif ; il s'adressa à ses ministres.

Au début du quatrième siècle fut composé le Code Grégorien et dans la seconde moitié, le Code Hermogénien. Mais les empereurs ne pouvaient admettre que de simples particuliers pussent imposer leur travaux aux juges.

Valentinien II donna force de loi en 426 aux écrits des jurisconsultes Papinien, Paul, Ulpien, Gaïus et Modestin. Théodose II alla plus loin ; il fit rédiger le Code Théodosien, qui ne fit que compléter les Codes Grégorien et Hermogénien et qui ne dut remonter qu'aux lois de Constantin. Le Code fut promulgué en 438 dans les deux empires.

Les constitutions que les empereurs rendirent après prirent le nom de novelles.

Justinien voulut créer un Code complet et indiquer l'esprit qui inspirait la jurisprudence. Tribonien, qui fut chargé de diriger les travaux, établit la toute-puissance de l'empereur en matière législative : il déclara que le « bon plaisir des empereurs avait la forme et l'effet de la loi, puisque le peuple romain, par la loi royale, avait transféré à ses princes toute la plénitude de son pouvoir et de sa sou-

---

des armées et du gouvernement des provinces frontières ; 2° le droit de nommer les proconsuls et les présidents des provinces ; 3° le droit de déterminer le collège des consuls ; 4° le droit d'avoir quelque pouvoir d'inspection sur les finances ; 5° le droit de conférer à tous les magistrats leur juridiction civile ; 6° le droit de recevoir des appels de tous les tribunaux de l'empire par l'office intermédiaire du préfet de la ville.

veraineté » et il se garda bien de rapporter dans les Pandectes les paroles des légistes de la République.

Aussi le sénat de Constantinople ne fut-il plus qu'un corps consultatif en matière législative.

Avec Léon VI, à la fin du neuvième siècle, les empereurs lui enlevèrent définitivement tout pouvoir législatif, tout en lui soumettant parfois les lois importantes.

Les successeurs de Justinien ne légiférèrent pas ; Léon III édicta un Code rural et un Code civil, et ses successeurs iconoclastes promulguèrent des novelles.

Les Macédoniens légiférèrent beaucoup. Basile Ier fit réviser les Institutes, les Pandectes, le Code et les Novelles et les fit rédiger en langue grecque ; ce monument de jurisprudence s'appela les Basiliques ; il fut perfectionné et terminé par le fils et le petit-fils de Basile Ier.

Les Macédoniens, jusqu'à la mort de Basile II, rendirent de nombreuses novelles contre l'Église, contre la noblesse, en particulier contre l'absorption de la petite propriété par la grande propriété.

Les empereurs légiférèrent ensuite de moins en moins et sous les Paléologues, époque où la souveraineté se démembra, ils ne firent même plus de lois.

Des considérations qui précèdent, il résulte que l'empereur byzantin fut investi presque entièrement de la puissance exécutive, de la puissance judiciaire et de la puissance législative, ne laissant au sénat que l'ombre d'un pouvoir en ces matières. Néanmoins le sénat profita de l'instabilité de la fonction impériale pour jouer un rôle politique assez important dans certaines circonstances, en matière d'élection d'empereur notamment.

Si le sénat prit très peu part directement au gouvernement de l'empire, il y participa indirectement beaucoup plus.

Constantin fit du consistoire impérial une sorte de délégation du sénat. Justinien déclara qu'afin de profiter de l'expérience des sénateurs, ceux-ci seraient employés dans l'administration active, sans qu'il en résultât aucune atteinte à leur dignité. Il composa le consistoire du palais avec une fraction du sénat : les sénateurs se réunirent aux juges supérieurs et aux grands pour étudier les affaires qui, par appel des juges ordinaires, étaient soumises au consistoire impérial et pour proposer à l'empereur une solution.

Principes de gouvernement.—Dans l'empire byzantin, bien que les empereurs fussent tout puissants, la souveraineté ne fut pas domaniale et territoriale ; elle resta personnelle par suite de la survivance de la notion de l'Etat au-dessus de l'empereur (1). Ce principe de gouvernement subit néan-

---

(1) Aussi lorsque, par extraordinaire, la fille d'un empereur épousait un prince de l'Europe occidentale, elle ne pouvait pas apporter en dot une partie quelconque de l'empire, ce que ne pouvaient pas comprendre les princes de l'Europe occidentale, la souveraineté étant territoriale dans cette région C'est ainsi qu'Othon voulut épouser une princesse grecque pour qu'elle lui apportât en dot le sud de l'Italie ; mais lorsque Théophano épousa Othon II, elle ne lui apporta aucune province en dot.

moins des modifications profondes vers la fin de l'empire byzantin ; sous les Paléologues, la souveraineté devint territoriale par suite du démembrement de la souveraineté (1).

Le pouvoir politique absolu acquis par l'empereur fut dû en grande partie au manque d'organisation politique de l'empire.

Lorsque l'antique organisation politique des cités disparut pour faire place à l'organisation politique des grands États territoriaux, il ne se développa aucun organisme qui pût permettre au peuple de prendre part au gouvernemont de l'État, comme cela avait eu lieu dans la cité antique. Néanmoins, dans l'empire romain et dans l'empire d'Orient, il exista des organismes qui auraient pu remplir ce rôle : c'étaient les assemblées provinciales. Celles-ci n'avaient, il est vrai, que des attributions administratives et non politiques ; mais si les Grecs avaient gardé le sentiment politique de leurs ancêtres, ils auraient peu à peu transformé cette institution administrative en une institution politique (2).

D'autre part, le sénat ne pouvait en aucune façon être considéré comme une représentation nationale.

Les Grecs ne participèrent donc pas au gouvernement de l'État. Aussi les questions polititiques étaient-elles résolues à Constantinople au milieu

(1) Voir t. I, l. I, chap. II.
(2) Les Gaulois et les Espagnols parvinrent à donner un rôle politique à ces assemblées, montrant ainsi déjà le sentiment politique qui devait se développer chez leurs descendants.

de l'indifférence complète des populations de l'empire. Peu importait à celles-ci qui exerçait les pouvoirs constituant, législatif, judiciaire et exécutif. Sauf le peuple de Constantinople, pendant toute l'existence de l'empire ; sauf les populations de la Thrace et de la Macédoine, sous les Paléologues, les Grecs ne prirent aucun intérêt à la nomination de l'empereur.

Dans l'empire byzantin, le gouvernement était donc absolument séparé de la nation. Aussi le siège du gouvernement était-il là où résidait l'empereur (1).

LISTE DES EMPEREURS BYZANTINS

DE THÉODOSE Ier A LA CHUTE DE L'EMPIRE

1re dynastie.......	THÉODOSE Ier (379-395).
	ARCADIUS (395-408), fils de Théodose Ier.
	THÉODOSE II (408-450), fils d'Arcadius.
	MARCIEN (450-457), époux de Pulchérie, sœur de Théodose II.
2e dynastie.......	LÉON Ier (457-474), s'empare du trône impérial.
	ZÉNON (474-491), époux d'Ariane, fille de Léon Ier.
	ANASTASE Ier (491-518), deuxième époux d'Ariane.
3e dynastie.......	JUSTIN Ier (518-527), nommé empereur.
	JUSTINIEN Ier (527-565), neveu de Justin Ier et adopté par lui.
	JUSTIN II (565-578), neveu de Justinien Ier et adopté par lui.
	TIBÈRE II (578-582), associé à l'empire par Justin II.
	MAURICE (582-602), époux de la fille de Tibère II.

(1) Lorsque les Perses menacèrent Constantinople, Héraclius songea à transporter le gouvernement à Carthage.

4e dynastie........ Héraclides	Phocas (602-610), s'empare du pouvoir impérial. Héraclius (610-641), s'empare du pouvoir impérial. Constantin III et Héracléonas (641), fils d'Héraclius. Constans II (642-668), fils de Constantin III. Constantin IV Pogonat (668-685), fils de Constans II. Justinien II Rhinotmète (685-695), fils de Constantin IV; exilé de 695 à 705, il fut pendant cet exil remplacé sur le trône par deux usurpateurs, Léontius (695-698) et Tibère III (698-705); il reconquit le pouvoir impérial en 705 et fut assassiné en 711.

Philippe Rardane (711-713), officier, s'empara du trône.

Anastase II (713-716), secrétaire impérial, disparut et laissa le trône à

Théodose III (716-717), receveur d'impôts, proclamé empereur malgré lui par les marins; celui-ci abdiqua dès que se présenta

5e dynastie........ Isauriens	Léon III (717-741), général d'Anastase. Constantin V Copronyme (741-775), fils de Léon III. Léon IV (775-780), fils de Constantin V. Constantin VI (780-797), fils de Léon IV, sous la tutelle d'Irène, femme de Léon IV. Irène (797-802), détrônée par

Nicéphore Ier (802-811), grand logothète de l'empire.

Staurace (811), fils de Nicéphore Ier.

Michel Ier Rhangabé (811-813), beau-père de Staurace, exilé par

Léon V l'Arménien (813-820), commandant des armées, celui-ci est assassiné par

6e dynastie........ Phrygiens	Michel II (820-829), général. Théophile (829-842), fils de Michel II. Michel III (842-867), fils de Théophile, sous la tutelle de Théodora, veuve de Théophile.
7e dynastie........ Macédoniens	Basile Ier (867-886). Léon VI le Philosophe (886-911) et Alexandre (886-912), fils de Basile Ier. Constantin VII, Porphyrogénète (912-959), fils de Léon VI, sous la tutelle de Romain Ier Lécapène (920-944). Romain II (959-963), fils de Constantin VII.

7º dynastie (suite)..

BASILE II (963-1025) et CONSTANTIN VIII (963-1028), fils de Romain II, sous les tutelles successives de Nicéphore II Phocas (963-969) et de Jean Ier Zimiscès (969-976).

ROMAIN III (1028-1034), premier époux de Zoé, fille de Constantin VIII.

MICHEL IV (1034-1041), deuxième époux de Zoé.

MICHEL V (1041-1042), troisième époux de Zoé.

CONSTANTIN IX Monomaque (1042-1054), quatrième époux de Zoé.

THÉODORA (1054-1056), fille de Constantin VIII, abdique en faveur de

MICHEL VI (1056-1057).

8º dynastie........

Les Comnènes

ISAAC Ier Comnène (1057-1059), s'empare du trône et abdique ensuite en faveur de son ami

CONSTANTIN X Ducas (1059-1067).

MICHEL VII, ANDRONIC et CONSTANTIN XI, fils de Constantin X.

ROMAIN IV Diogène (1067-1071), leur tuteur, s'empare du pouvoir impérial.

MICHEL VII (1071-1078), seul.

NICÉPHORE III Botaniates (1078-1081), s'empare du trône impérial.

ALEXIS Ier Comnène (1081-1118), neveu d'Isaac Ier, reprend le pouvoir impérial.

JEAN II et ISAAC II (1118-1143), fils d'Alexis Ier.

MANUEL Ier (1143-1180), deuxième fils de Jean.

ALEXIS II (1180-1183, fils de Manuel Ier.

ANDRONIC Ier (1183-1185), petit-fils d'Alexis Ier, fils d'Isaac II, s'empare de la couronne impériale, est ensuite massacré.

ISAAC II l'Ange (1185-1195), descendant par les femmes des Comnènes, s'empare du pouvoir impérial.

ALEXIS III l'Ange (1195-1203), frère d'Isaac II, s'empare du trône.

ISAAC II et ALEXIS IV (1203-1204), fils d'Isaac II, rétablis sur le trône par les Latins, sont chassés par

ALEXIS V Murzuphle (1204).

Sous l'empire latin, les débris de l'empire grec forment trois tronçons :

1º L'empire de Trébizonde, gouverné par les Comnènes;

2º Le despotat d'Epire, gouverné par les l'Ange;

3º L'empire de Nicée, gouverné par les Lascaris.

Les Lascaris empereurs de Nicée	THÉODORE Ier Lascaris (1204-1222).

Les Lascaris
empereurs de Nicée
{
THÉODORE Ier Lascaris (1204-1222).
JEAN III Ducas-Vatacès (1222-1254), gendre de Théodose Lascaris.
THÉODORE II Lascaris (1254-1258), fils de Jean III Vatacès.
JEAN IV Lascaris (1258-1259), fils de Théodore II, sous la tutelle de Michel VIII Paléologue.

9° dynastie........
Les Paléologues
{
MICHEL VIII Paléologue (1259-1282), bannit bientôt son pupille et règne seul ; il rentre à Constantinople en 1261.
ANDRONIC II l'Ancien (1282-1328), fils de Michel VIII.
ANDRONIC III le Jeune (1328-1341), petit-fils d'ANDRONIC II.
JEAN PALÉOLOGUE Ier (1341-1391), fils d'Andronic III ; son tuteur Jean Cantacuzène lui dispute l'empire de 1347-1355.
MANUEL II (1391-1425), deuxième fils de Jean Paléologue Ier.
JEAN PALÉOLOGUE II (1425-1448), fils de Manuel II.
CONSTANTIN XI Dragascès (1448-1453), fils de Jean Paléologue II.

CHAPITRE II

ÉVOLUTION POLITIQUE INTÉRIEURE (*Suite*)

Organisme administratif de l'empire. — Les cellules administratives. — Liaison des cellules administratives avec le pouvoir central. — Liaison du pouvoir central avec les cellules administratives : 1° Disparition des anciens organes politiques et administratifs de la République romaine; 2° Formation d'un nouvel organisme administratif. — Fonctionnement de l'organisme administratif de l'empire jusqu'à Justinien inclusivement. — Organisme administratif de l'Afrique et de l'Italie byzantines. — Développement et fonctionnement de l'organisme administratif de l'empire byzantin de Justinien à la chute de l'empire.

Tandis que la substitution d'un grand État territorial à la cité antique amenait la création d'un nouvel organisme politique, elle provoquait aussi la formation d'un nouvel organisme administratif.

Pour que l'empire fondé par les armées romaines subsistât, il était nécessaire de le doter d'un organisme administratif; il fallait créer des cellules administratives, relier celles-ci au pouvoir central afin qu'elles pussent lui faire connaître leurs besoins et rattacher le pouvoir central à ces cellules administratives afin que celui-ci fît sentir son action régulatrice.

Les cellules administratives. — En Orient, les

empereurs romains se servirent de la cité politique qui disparaissait pour en faire la cellule administrative ; il n'y eut d'exception que pour certaines parties de la Syrie ou de l'Égypte, où l'organisation en cités politiques n'existait pour ainsi dire pas et où il était, par suite, impossible d'implanter la cité administrative.

L'organisation en cités administratives se développa donc là où l'hellénisme avait pénétré. La Hellade, la province d'Asie, les parties grécisées de Thessalie, de Macédoine, de Thrace furent organisées en cités administratives.

Lors de l'établissement de la domination romaine dans ces provinces, les empereurs laissèrent tout d'abord une certaine autonomie aux villes ; il y eut une grande variété dans leurs constitutions municipales, surtout en Asie Mineure ; en outre, certaines villes de la Hellade furent soumises au proconsul. Dans les villes qui conservèrent une grande indépendance, le pouvoir appartint surtout aux riches, aux grands propriétaires fonciers ; eux seuls étaient capables de suffire aux dépenses des banquets et des distributions auxquels étaient soumis ceux qui briguaient les fonctions municipales. Aussi les organisations municipales des villes furent-elles l'objet de modifications dans un sens aristocratique, modifications que d'ailleurs les Romains favorisèrent.

L'autonomie administrative laissée aux cités ne tarda pas à subir des atteintes de la part du pouvoir central, qui profita de la mauvaise gestion financière des cités et de leurs luttes intestines pour faire sentir son action dans leur administration.

Les villes libres de Hellade furent mises sous la surveillance de fonctionnaires choisis par l'empereur : les correcteurs. En Asie Mineure, l'empereur nomma dans les villes le chef de la police municipale et un curateur pour gérer les finances municipales ; au troisième siècle, il décida que toutes les décisions importantes de l'administration municipales seraient soumises à l'approbation du gouverneur.

En Galatie, en Syrie et en Égypte, où le peuple grec s'était simplement superposé aux populations indigènes sans se les assimiler complètement, les Romains ne purent appliquer uniformément l'organisation en cités administratives ; ils durent employer des systèmes administratifs mixtes modelés sur l'organisation sociale de ces provinces.

En Galatie, ils concilièrent l'organisation en tribus avec l'organisation en *civitates* ; la tribu gauloise, tout en subsistant, eut son chef-lieu de *civitas*.

En Syrie, la division administrative comprit soit des territoires administrés par des autorités municipales, soit des principautés administrées par des souverains locaux. Dans les territoires autonomes, la gestion administrative appartint à l'aristocratie, composée de riches fabricants et de riches négociants.

En Égypte, l'organisation administrative reposait sur les cités grecques et sur les nomes ; le nome était une division territoriale comprenant des villes égyptiennes, des sous-districts et des villages.

Dans cette province, qui appartint toujours aux empereurs, l'action du pouvoir central se fit fortement sentir. Les cités n'eurent pas d'autonomie, les fonctionnaires municipaux furent nommés par le gouverneur romain parmi les habitants de la ville. Il n'y eut pas de princes indigènes en Égypte, les gouverneurs des nomes furent nommés par les empereurs.

Dans les cités, les Romains s'inspirant de l'organisation administrative de Rome créèrent, indépendamment des magistrats municipaux, un sénat composé d'anciens magistrats et de riches négociants. Le peuple des cités s'étant bientôt désintéressé de l'élection des magistrats municipaux, élection qu'il devait faire dans ses comices, le sénat fut chargé au troisième siècle de cette mission ; ensuite, il ne put choisir ces magistrats municipaux que parmi ses membres. L'administration de la cité fut donc entièrement entre les mains de la curie.

Les empereurs romains employèrent les autorités locales : magistrats municipaux, curie, princes indigènes, gouverneurs des nomes, chefs des villes et chefs des villages égyptiens, comme intermédiaires entre l'administration impériale et les habitants des cellules administratives, afin d'assurer l'exécution des charges qui pesaient sur les citoyens vis-à-vis de l'empire.

Les autorités locales étaient non seulement chargées de la levée des impôts, du recrutement des soldats, de l'exécution des travaux publics et de la satisfaction de toutes les réquisitions, mais elles étaient encore responsables de leur accomplissement vis-à-vis du pouvoir central; tout le poids des charges publiques retombait donc sur elles. Aussi ne considéraient-elles pas les dignités dont elles étaient investies comme un honneur: elles cherchaient à s'y soustraire.

Les décurions étaient plus particulièrement atteints que les autres autorités locales. Là où la curie existait, la noblesse impériale se développait; la curie avait donc non seulement à supporter les charges que les empereurs lui imposaient, mais elle avait en plus à souffrir de la puissance de la noblesse d'empire, qui absorbait toutes les petites propriétés, et ne lui laissait que des landes. Les décurions cherchant à se retirer de la curie, que Majorien, au milieu du cinquième siècle, appelait l'âme des villes et le nerf de la République, les empereurs firent tous leurs efforts pour les maintenir éternellement dans leurs fonctions.

La curie, dans laquelle on n'entrait que par hérédité ou grâce à la richesse, et qui était à la merci de la noblesse impériale, n'était en aucune façon la représentation du peuple de la cité, pas plus que ne l'avaient été les magistrats municipaux; elle s'acquittait même de ses fonctions à l'encontre des intérêts du peuple; elles surchargeait celui-ci de taxes, afin de pouvoir favoriser la noblesse impériale, qu'elle craignait.

Les empereurs voulurent protéger le peuple

contre les exactions de la curie en lui donnant un représentant qui aurait défendu ses intérêts contre les agissements des grands. Avec Valentinien Ier, ils créèrent en 364 le *defensor civitatis*, fonctionnaire nommé par l'empereur, chargé de jouer le rôle de juge de paix dans les différents entre grands et citoyens et de porter les plaintes du peuple devant les tribunaux et même devant l'empereur.

Mais dès 387 le *defensor civitatis* cessa d'être nommé par l'empereur et il fut élu par les classes dirigeantes de la cité. Il perdit par suite peu à peu les fonctions dont il était investi. Il ne put plus défendre les petits contre les grands ; il n'exerça plus son pouvoir judiciaire. En outre, il hérita des fonctions des magistrats municipaux et devint le subordonné des gouverneurs provinciaux.

Les évêques s'emparèrent de ces fonctions de protection.

Justinien essaya de rendre au *defensor civitatis* sa raison d'être en en faisant le représentant de la cité et en le rendant indépendant du gouverneur. Il décida en 535 que le *defensor* serait élu pour deux ans par l'évêque, le clergé et toute la population de la cité urbaine et rurale, avec la confirmation du préfet du prétoire et qu'il présiderait la curie. Afin que le defensor ne prît trop d'autorité, il ne serait rééligible que deux fois. Il serait révocable par le préfet du prétoire et non par le gouverneur ; au besoin il pourrait remplacer ce dernier et donner des ordres à son office. Les attributions du *defensor* seraient surtout judiciaires.

Mais cette réorganisation du *defensor* fut vaine ; les évêques empiétèrent comme avant sur les fonctions de protection du *defensor*.

Tous les essais que firent les empereurs d'Orient pour se servir de la cité comme organe administratif n'aboutirent donc pas, et au neuvième siècle Léon VI fut forcé d'abolir le système des curies des villes et la division en *civitates*.

Les échecs des empereurs d'Orient pour réorganiser administrativement la cité et la suppression définitive du dernier vestige de la cité administrative par Léon VI étaient dus à la disparition de la cité sociale, disparition survenue après la disparition de la cité politique. Mais un nouvel organe social se forma dans l'empire byzantin : ce fut la commune (1) ; les empereurs Léon III au huitième siècle, Romain Lécapène au neuvième siècle la protégèrent contre les empiétements des grands propriétaires, des monastères et du domaine impérial. Au dixième siècle, la commune devint un organe administratif ; le système administratif se mit donc en harmonie avec l'organisation sociale.

Liaison des cellules administratives avec le pouvoir central. — Pour relier les cellules administratives au pouvoir central, les empereurs romains créèrent des rouages intermédiaires : des assemblées provinciales d'abord et ensuite des assemblées de diocèse, lorsque Dioclétien eut réuni les provinces en diocèses.

(1) Voir t. I, l. I, chap. II.

En Hellade, les Romains détruisirent tout d'abord les confédérations des villes, mais ils les laissèrent ensuite se reformer : Hadrien fonda à Athènes le Panhellénion, assemblée ne comprenant que les cités grecques situées en Grèce (1).

En Thessalie, Auguste maintint l'assemblée provinciale qui se réunissait à Larissa.

En Macédoine, les villes grecques formèrent une confédération et eurent une assemblée.

En Thrace, lorsque furent fondées des villes grecques, sous Trajan, une assemblée thrace fut instituée à Philipopolis.

Sur la côte ouest du Pont-Euxin, les villes grecques se réunirent en confédération.

En Asie Mineure, les Romains conservèrent les confédérations des cités et leurs assemblées qui existaient avant la conquête (2).

En Galatie, les Grecs de cette province eurent leur assemblée, tandis que les Galates eurent la leur.

L'Égypte fut la seule province romaine qui n'eut pas de représentation générale.

Les assemblées provinciales furent créées ou maintenues par les Romains pour relier les cités à Rome, pour combattre l'aristocratie provinciale et pour empêcher que les fonctionnaires impériaux ne devinssent trop puissants dans les provinces et ne cherchassent à s'émanciper du pouvoir central.

---

(1) Les Romains de la République rétablirent les Amphictionies pour l'Achaïe, et Auguste y adjoignit l'Épire et la Macédoine; mais cette assemblée n'avait qu'un caractère religieux.
(2) Les plus fameuses étaient celles de Lydie.

Leur rôle était purement administratif; il consistait à faire connaître au gouverneur ou à l'empereur les désirs des habitants des cités, qui envoyaient des députés à ces assemblées. Mais les assemblées provinciales ne furent composées que de décurions et de la noblesse d'empire. Aussi ne furent-elles pas un organe par lequel le peuple pût participer à l'administration de l'empire.

Dans ces assemblées, il était permis en droit d'adresser toutes sortes de réclamations au pouvoir impérial; mais de nombreuses entraves empêchaient les plaintes de parvenir à l'empereur et l'envoi d'une députation à l'empereur était trop onéreux pour que les assemblées employassent ce moyen.

Les assemblées provinciales ne remplirent donc pas le but pour lequel elles avaient été créées. En Orient, elles perdirent bientôt leur rôle administratif; les Grecs ne virent dans ces réunions que l'occasion de jeux et de fêtes, qu'ils aimaient toujours passionnément et, de plus, ils ne conservèrent à ces assemblées que leur caractère secondaire, le caractère religieux, que leur donnait la célébration du culte de l'empereur (1).

Lorsque le Christianisme prit de l'extension, les chrétiens ne se rendirent plus à ces réunions ; lorsqu'il devint religion d'État et que, par suite, le culte de l'empereur fut aboli, les anciens prêtres

____

(1) On a vu le caractère religieux de ces assemblées à l'Évolution religieuse (t. I, l. II, chap. I).

ne reçurent plus que la mission d'organiser les fêtes. Les assemblées provinciales tombèrent alors peu à peu en désuétude, et avant Justinien elles n'existaient déjà plus.

Les institutions créées par les empereurs romains pour faire participer le peuple à l'administration de l'empire, soit au moyen de magistrats municipaux, soit au moyen d'assemblées provinciales, ne remplirent donc pas le but qu'ils leur avaient assignée et elles disparurent dans l'empire d'Orient et dans l'empire byzantin. Le peuple byzantin ne prit donc pas plus part à l'administration de l'empire qu'à son gouvernement politique, sauf vers la fin de l'empire et, en quelques points seulement, là où s'établirent les communes.

Liaison du pouvoir central avec les cellules administratives. — Pour relier le pouvoir central aux cellules administratives, il fallait doter l'empire d'un puissant organisme administratif; l'organisme administratif de la cité républicaine aristocratique ne pouvait convenir à un grand empire territorial, pas plus que l'organisme politique de la cité romaine n'avait pu satisfaire les intérêts politiques d'un grand État territorial.

1° *Disparition des anciens organes politiques et administratifs de la République romaine.* — L'ancien organisme administratif, comme l'ancien organisme politique, fut donc supplanté par un nouvel organisme administratif.

Les fonctions administratives et politiques étant sous la République romaine généralement exercées par les mémes organes, ceux-ci disparurent peu à peu.

Les premiers empereurs maintinrent cependant les institutions civiles de la République; ils semblè-rent méme, comme Auguste et Trajan, gouverner avec elles; mais en réalité ils s'appuyèrent sur leur garde prétoriennne. La toute-puissance des empe-reurs et l'absorption par eux des hautes fonctions eurent pour résultat d'enlever aux titres adminis-tratifs et politiques de la République leur caractère de fonctions et de leur donner simplement celui de dignités.

Le nombre des préteurs fut réduit à trois, lorsque les préfets de Rome et de Constantinople acquirent la juridiction civile et criminelle. Les préteurs n'ayant plus d'attributions judiciaires importantes se consacrèrent entièrement à l'organisation des fétes pour le peuple. Au commencement du cin-quième siècle, Marcien décida que les trois pré-teurs de Constantinople seraient nommés chaque année par le sénat. Sous Justinien, ils n'avaient qu'un pouvoir de police; ils obtinrent de cet empe-reur le droit de juger sur-le-champ.

Le nombre des questeurs qui, sous la République, était de deux, s'accrut avec les conquétes, les gou-verneurs des provinces ayant leurs questeurs.

A Rome, les questeurs, qui étaient sous la Répu-blique élus par le peuple, le furent en fait par l'empereur sous l'empire. L'un d'entre eux fut chargé de lire au sénat les communications que l'empereur avait à faire à cette assemblée; son rôle devint ainsi plus important et il siégea parfois dans le consistoire impérial.

Après Titus, à la fin du premier siècle, la dignité de censeur fut supprimée; mais elle fut rétablie par Décius au milieu du troisième siècle, lorsque le sénat reprit de la puissance.

La dignité proconsulaire se maintînt chez les Byzantins jusqu'au onzième siècle, mais elle devint bientôt une simple sinécure.

Sous l'empire, les consuls furent nommés en théorie par le sénat, mais en réalité par l'empereur. Dioclétien mit le droit en conformité avec le fait. Les deux consuls furent désormais choisis par l'empereur seul.

La cérémonie de leur installation avait lieu le 1er janvier; accompagnés des principaux magistrats, ils se rendaient du palais impérial à la principale place de la ville et y exerçaient un acte d'autorité. Des fêtes étaient données dans les grandes villes à Rome, à Constantinople, à Antioche, à Alexandrie et à Carthage. Les consuls ne remplissaient aucune fonction pendant l'année de leur charge. Seuls les riches ou les favoris de l'empereur pouvaient être consuls, car les frais des fêtes qui étaient l'accompagnement forcé de la cérémonie d'installation de cette dignité étaient payés soit par le nouveau magistrat, soit par le Trésor impérial.

Les empereurs, de Carus au sixième consulat d'Honorius, ayant été toujours absents de Rome le 1er janvier, cette ville fut privée pendant cent vingt ans de la cérémonie d'installation des consuls.

Sous la domination des Ostrogoths en Italie, l'un des consuls de Rome fut nommé par l'empereur d'Orient Anastase, l'autre par le roi des Ostrogoths Théodoric. Ils furent définitivement supprimés en 541 par Justinien.

Dans l'empire d'Orient, le titre de consul fut porté souvent par les associés de l'empereur (1) et même par l'impératrice sous Justinien (2). En 535, Justinien ne nomma qu'un consul : Bélisaire; en 542, il n'en nomma aucun. Désormais les empereurs seuls furent investis du titre de consul jusqu'à Léon VI le Philosophe qui supprima définitivement cette dignité.

Pour faire revivre les anciens titres de patriciens, Constantin créa le titre de patrice, dignité conférée par l'empereur et immédiatement inférieure à celle de consul; elle était à vie, tandis que celle de consul n'était qu'annuelle. D'après Zénon, le titre de patrice ne pouvait être accordé qu'à ceux qui avaient été consuls de fait ou consuls honoraires, préfets du prétoire ou de la ville, maîtres des offices ou de l'armée.

Lorsque la République romaine fit ses conquêtes, son organe politique, le sénat, voulut avoir la direction de l'administration des pays soumis. Il créa donc un organisme administratif dans lequel son action pût se faire puissamment sentir. A la tête

---

(1) Justinien fut quatre fois consul sous le règne de son oncle Justin Ier.

(2) Théodora porta la dignité de consul.

des provinces qu'il forma, le sénat mit un gouverneur, proconsul ou propréteur, pris parmi ses membres, et concentrant en lui les pouvoirs administratifs, judiciaires et militaires. Seule l'administration financière de la province n'appartenait pas directement au gouverneur; mais le questeur qui en était chargé dépendait de celui-ci.

Le sénat avait la direction de l'administration des provinces non seulement en raison du recrutement des hauts fonctionnaires, mais aussi par suite du droit qu'il s'était réservé de contrôler l'administration des gouverneurs et la gestion des questeurs.

Avec cette organisation administrative, les provinces furent mal administrées; les gouverneurs ne pouvant rester dans leurs fonctions qu'un an ou deux s'empressaient de s'enrichir, au détriment de la province à la tête de laquelle ils étaient placés, afin qu'à leur retour à Rome ils eussent sur le peuple la puissance et l'ascendant que seule la fortune donnait alors. Les membres du sénat devant être appelés à tour de rôle à gouverner les provinces, cette assemblée fermait les yeux sur les exactions commises.

Lors de l'établissement de l'empire, avec Auguste, les empereurs enlevèrent au sénat l'administration d'une partie des provinces. Celles qui étaient soumises à l'administration impériale furent beaucoup mieux administrées que celles du sénat; les fonctionnaires impériaux restant longtemps à leur poste ne cherchaient pas à s'enrichir pour venir briller à Rome et ils parvenaient à connaître les besoins de leurs ressortissants; aussi les populations préféraient-elles l'administration impériale à celle du sénat. Les empereurs enlevèrent d'ailleurs peu à peu à cette assemblée l'administration des provinces que cet ancien organe politique s'était réservé et au quatrième siècle leur administration s'étendait à tout l'empire.

Au début de l'empire, les sénateurs et les chevaliers voulurent participer à l'administration de l'empire pour ne pas laisser celle-ci entièrement aux mains de l'empereur. Les sénateurs continuèrent à avoir le gouvernement des provinces, sauf celui de l'Égypte. Les chevaliers furent investis de nombreuses charges relatives à la justice et à la perception des impôts; ils purent être préfets du prétoire (1). Mais les empereurs évincèrent peu à peu les sénateurs et les chevaliers de l'administration de l'empire.

2° *Formation d'un nouvel organisme administratif.* — L'organisme administratif de la République romaine disparut donc; mais il se forma et se créa un nouvel organisme beaucoup plus important et plus complexe pour gérer les intérêts de l'empire; cet organisme fut l'œuvre des empereurs et non celle de l'État.

L'organisme administratif qu'Auguste institua était rudimentaire; les fonctions n'étaient pas hiérarchisées et les gouverneurs des provinces concen-

_____

(1) Voir t. II, chap. iii, page 120, les fonctions militaires des sénateurs et des chevaliers.

traient à la fois les pouvoirs civils et militaires.

Cet organisme fut perfectionné par les successeurs d'Auguste, il devint plus complexe, les fonctions se spécialisèrent et se hiérarchisèrent.

La réunion des pouvoirs civil et militaire entre les mêmes mains donnait aux gouverneurs une grande puissance et leur permettait par suite de se révolter contre l'autorité impériale (1); aussi, les empereurs, avec Hadrien, commencèrent-ils à séparer les deux pouvoirs et, avec Constantin, ils rendirent cette mesure générale. Mais cette réforme fut intempestive; elle facilita l'invasion des Barbares, rendant plus difficile la convergence des efforts des deux pouvoirs.

Les questeurs furent remplacés par les *procuratores* ou les *rationales* dans les provinces impériales; ils furent supprimés dans les provinces du sénat, sous Sévère.

Dans le Bas-Empire, les gouverneurs étaient répartis en différentes classes, bien qu'appartenant tous à la classe des honorables. Ils étaient toujours investis d'attributions administratives, judiciaires et même financières.

Pour la levée des impôts, ils avaient sous leurs ordres des officiers et, sous Justinien, ils étaient responsables du recouvrement des contributions.

Pour exercer leurs attributions judiciaires, les gouverneurs tenaient des assises dans les princi-

-----

(1) De Commode à Constantin, cent gouverneurs se soulevèrent.

paux lieux de leur ressort (1). Afin qu'ils ne pussent opprimer les gens riches ou les nobles, ils ne pouvaient prononcer comme peine ni l'exil ni de fortes amendes et ils ne pouvaient condamner à mort les criminels, qui avaient le droit de choisir une mort douce, privilège réservé aux nobles seulement.

Pour seconder les gouverneurs dans la gestion des finances, sur lesquelles ils n'avaient d'ailleurs que la haute main, on leur adjoignit des receveurs provinciaux.

Constantin groupa les provinces en diocèses (2), à la tête desquels furent placés soit des vicaires, soit des vice-préfets; il y eut exception pour le premier des diocèses, qui fut gouverné par le comte de l'Orient, et pour l'Égypte, qui fut administrée par un préfet. La gestion des finances du diocèse était assurée par un comte des largesses.

Constantin réunit les diocèses en quatre préfectures, dirigées chacune par un des préfets du prétoire; ceux-ci avaient été portés au nombre de quatre par Dioclétien, qui en avait affecté un à chacune des cours des quatre princes; les prétoriens ayant été supprimés par Constantin, il n'y avait plus lieu de maintenir les préfets du prétoire comme fonctionnaires militaires.

Comme les gouverneurs des provinces, les pré-

______

(1) Les magistrats municipaux en matière criminelle arrêtaient les criminels et procédaient à une instruction préparatoire.

(2) L'empire fut divisé en treize diocèses et cent seize provinces.

fets du prétoire, devenus magistrats civils, avaient des attributions administratives, judiciaires et financières. Ils possédaient le pouvoir réglementaire ; ils pouvaient compléter et même modifier les règlements généraux. Ils avaient le droit de déplacer les gouverneurs et de révoquer les magistrats (1). Le tribunal du préfet du prétoire, composé de celui-ci assisté du questeur ou du chancelier, était le tribunal d'appel de toutes les juridictions inférieures, en matière civile et en matière criminelle ; on ne pouvait faire appel des jugements de ce tribunal que devant l'empereur. Seuls les préfets du prétoire avaient le droit de prononcer l'exil, les fortes amendes (2) et de permettre aux criminels de choisir le genre de mort. Ils pouvaient lever des impôts pour pourvoir aux besoins extraordinaires et imprévus relatifs au service de l'État.

Rome et Constantinople étaient les seuls lieux de l'empire qui échappassent à l'autorité des préfets du prétoire. Pour assurer la tranquillité de ces deux grandes villes, les empereurs avaient créé un préfet dans chacune d'elles (3). Ces préfets eurent bientôt à diriger presque toute l'administration de chacune des deux capitales. N'ayant d'abord juridiction civile et criminelle que sur les esclaves et les gens sans aveu, ils l'acquirent peu à peu sur l'ordre équestre et la noblesse de leur cité ; ils évincè-

_____

(1) Lois de Valentinien, de Théodose et de Justinien.
(2) De plus de 50 livres d'or.
(3) Celui de Rome fut créé par Auguste, celui de Constantinople le fut trente ans après la fondation de cette ville.

rent ainsi les préteurs de leurs attributions judiciaires.

A Constantinople, Justinien ayant supprimé le consulat, cet empereur chargea le préfet de la ville de la présidence du sénat à la place du consul en exercice qui remplissait jusqu'alors cette fonction. Justinien donna aussi au préfet comme emploi la mise aux enchères de la ferme des marchés moyennant une redevance annuelle. Il créa deux nouvelles magistratures pour juger les affaires criminelles, bien que le préfet eût pu le faire à lui seul.

En haut des organismes administratifs, judiciaires et financiers, les empereurs avaient institué auprès d'eux une administration centrale pour pouvoir donner l'impulsion d'ensemble à ces divers organismes. Cette administration centrale dérivait du consistoire impérial; à sa tête étaient placés trois ministres : le grand maître des offices, le questeur et le grand comte des largesses.

Le plus important d'entre eux était le grand maître des offices, avec ses quatre bureaux; ses fonctions principales étaient l'organisation et le fonctionnement des postes et des arsenaux de l'empire, l'inspection des écoles civiles et militaires, le jugement des appels de certaines personnes privilégiées qui, par suite de leur situation, échappaient aux juridictions ordinaires.

Le questeur qui avait été appelé peu à peu à siéger dans le consistoire impérial remplissait les fonctions de chancelier.

Le grand comte des largesses était à la tête de l'administration financière de l'empire. Il avait sous ses ordres des centaines de commis. Bien que les vicaires et les gouverneurs eussent des attributions financières, l'administration financière de tout l'empire relevait du grand comte des largesses; les circonscriptions financières ne correspondaient pas d'ailleurs avec les circonscriptions administratives; les comtes des largesses provinciaux et les receveurs provinciaux dépendaient du grand comte des largesses; les comtes des mines relevaient directement de celui-ci. De plus, le grand comte des largesses était chargé de la frappe de la monnaie, il remplissait les fonctions de ministre du commerce et avait sous ses ordres directs les comtes du commerce.

L'administration centrale communiquait avec l'administration des provinces par la poste dont le fonctionnement était facilité par la construction de routes.

Auprès de l'empereur, il y avait non seulement l'administration centrale, mais encore la cour. A la tête de celle-ci étaient placés des ministres. Indépendamment des trois ministres de l'administration centrale, qui étaient chargés aussi de fonctions de cour, quatre autres ministres qui ne remplissaient pas de fonctions de gouvernement étaient attachés particulièrement à la cour.

C'étaient: 1° le chambellan dont les attributions principales étaient d'accompagner partout l'empereur et de gouverner l'intérieur du palais; 2° le trésorier particulier de l'empereur, chargé de la gestion des revenus et des domaines particuliers de celui-ci ; 3° et 4° les deux comtes des domestiques qui commandaient les gardes du palais.

Au-dessous de ces ministres se trouvaient à la cour de nombreuses charges (I) et de nombreuses fonctions, dont les titres et dignités étaient savamment hiérarchisés et dont le nombre croissait continuellement.

Pour que l'administration provinciale ne cherchât pas à s'affranchir du pouvoir central, celui-ci faisait sentir son action sur elle en changeant fréquemment les préfets du prétoire et en employant des agents spéciaux. Les empereurs envoyaient, au quatrième siècle, des *palatini* dans les provinces pour surveiller les agissements des fonctionnaires provinciaux ; ils se servaient aussi des agents des postes, qui, pouvant ouvrir les correspondances et communiquer facilement et rapidement avec le pouvoir central, pouvaient avertir celui-ci de tout complot contre l'autorité impériale.

Les fonctionnaires étaient rétribués par les provinces qu'ils administraient. Quant aux préfets du prétoire, les empereurs leur donnaient des appointements fixes ; mais en outre ces hauts fonctionnaires avaient un casuel important, provenant des présents de leurs administrés et des taxes qu'ils établissaient eux-mêmes.

(1) Sous Constance, il y avait mille charges de barbiers, mille chefs de gobelets, mille cuisiniers et un nombre élevé d'eunuques.

En dehors des fonctionnaires de l'administration impériale, ceux qui exerçaient des professions libérales recevaient, au début de l'empire d'Orient, des allocations de l'État; des professeurs, des médecins et des avocats touchaient des traitements; mais Justinien supprima ces appointements.

Tandis que se formait ainsi un puissant organisme administratif, judiciaire et financier, il se développait dans l'empire romain une organisation judiciaire et un système d'impôts que les organismes judiciaires et financiers faisaient fonctionner respectivement.

L'organisation judiciaire reposait sur l'appel; avec Auguste, tout citoyen romain eut le droit de faire appel devant l'empereur d'une sentence rendue par un gouverneur. Plus tard, lorsque Constantin eut créé un rouage intermédiaire entre le gouverneur et l'empereur : le préfet du prétoire, celui-ci reçut appel des décisions des tribunaux inférieurs.

Dans l'empire d'Orient, sous Justinien, c'était devant le grand prétoire d'Orient que les appels étaient portés, sauf pour les provinces qui ne dépendaient pas de lui : Illyrie, Afrique et Italie, et pour lesquelles le recours pouvait être directement reçu par l'empereur. Quant au recours en cassation, il était inconnu.

Les requêtes des suppliants aux empereurs d'Orient étaient communiquées par des officiers appelés référendaires; ceux-ci proposaient devant le conseil les réponses qu'il y avait lieu de faire à chacune d'elles.

Par suite du pouvoir absolu de l'empereur, les parties pouvaient demander à l'empereur de juger en première instance.

Le cours de la justice pouvait être suspendu et modifié par l'empereur qui avait le droit d'évoquer devant lui des causes et de juger par commission extraordinaire.

Le préfet du prétoire avait aussi le droit de juger par commission extraordinaire.

Les lois pénales furent peu nombreuses dans l'empire romain et dans l'empire d'Orient; le Code et les Pandectes n'en édictent presque pas. Cette insuffisance de lois pénales provient de l'absence de crimes sous la République et du droit exclusif qu'eut primitivement le peuple de rendre des sentences pénales.

Le système d'impôts sous la République était simple : le butin des guerres et les tributs des provinces alimentaient le Trésor public; aussi les citoyens romains avaient-ils pu être exemptés d'impôts. Mais, lors de l'établissement de l'empire, tandis que l'État voyait se tarir une source de revenus, par suite de la fin de l'ère des conquêtes, il avait à faire face à des dépenses nouvelles nécessitées par l'organisation du nouvel empire et par la paye élevée des soldats, dont les exigences croissaient continuellement.

Devant l'insuffisance des tributs des provinces, Auguste dut soumettre à des impôts Rome et l'Italie; mais, afin que les citoyens de Rome sentissent le moins possible le poids des contributions,

Auguste et les empereurs du Haut-Empire établirent principalement des impôts indirects.

Auguste rétablit les douanes abolies depuis longtemps (1), et créa des impôts de consommation sur toutes les acquisitions faites dans les marchés et dans les ventes publiques (2).

Il soumit les citoyens romains à un droit sur les legs et les héritages d'une valeur importante et provenant d'autres personnes que du père de l'héritier.

Sauf les tributs, les impôts furent affermés, ce qui donna lieu à beaucoup d'abus et à de nombreuses exactions. Comme les provinces impériales furent administrées par un personnel plus intègre que celui des provinces du sénat et qu'elles comprirent parmi elles l'Égypte, la province la plus riche de l'empire, les finances impériales furent plus prospères que celles du sénat.

Lorsque avec Caracalla les habitants des provinces reçurent le droit de cité, ils furent soumis aux charges qui pesaient sur les citoyens romains, en plus des tributs qu'ils avaient à payer.

En outre des impôts dus à l'État, les habitants des villes étaient soumis à des impôts spéciaux destinés à assurer à leur ville des ressources pour subvenir aux dépenses particulières de celle-ci, notamment pour éclairer les lieux publics le soir,

----

(1) Elles avaient été supprimées pour l'Italie l'an 694 de Rome.

(2) Elles portaient sur tous les objets vendus, les maisons, les terres comme les petits objets.

et dans les grandes villes surtout pour assurer les distributions de blé et l'organisation des jeux.

Peu à peu, la forme et l'assiette des tributs des provinces se transformèrent; elles devinrent plus déterminées et eurent un caractère plus général.

Le tribut comprit des impôts directs :

1° L'impôt foncier, qui se payait soit en argent, soit en nature; dans ce dernier cas, les produits étaient transportés par les contribuables aux magasins impériaux, où on les destinait soit à la cour, soit à l'armée, soit aux deux capitales : Rome et Constantinople. Aux frontières, où les effectifs de l'armée étaient élevés, le paiement de l'impôt en nature avait pris une grande extension.

A partir du commencement du quatrième siècle, cet impôt foncier fut payé même par l'Italie, qui en avait été exemptée jusqu'alors, n'ayant pas eu à payer autrefois de tribut;

2° La capitation à laquelle étaient soumises les personnes ; mais celles-ci ne payaient pas toutes la même somme, cet impôt étant réel et non personnel. Plusieurs personnes pauvres étaient réunies pour former le caput, l'unité imposable, et inversement une personne riche pouvait représenter plusieurs caputs;

3° Les taxes sur les revenus commerciaux et industriels, frappant les petits commerçants et les petits industriels comme les grands commerçants et les grands industriels. Cette taxe n'était levée que tous les quatre ans; aussi l'appelait-on la contribution lustrale.

Tous ces impôts étaient des impôts de répartition; tous les ans le préfet du prétoire indiquait les sommes que devaient fournir chacune des provinces et chacune des cités. Dans celles-ci, les décurions étaient chargés de la répartition entre les habitants.

Ces ressources ne suffisant pas pour alimenter le Trésor de l'État, les empereurs cherchèrent à s'en procurer d'autres.

La législation multiplia le nombre des cas où les testaments et les legs seraient caducs afin d'en faire bénéficier le fisc impérial.

Les empereurs transformèrent en taxes régulières et obligatoires les dons gratuits que les provinces offraient spontanément aux empereurs dans des circonstances exceptionnelles, lors d'un triomphe, par exemple. Les sénateurs eux-mêmes n'échappèrent pas à cette mesure; alors que sous Maxence, ils faisaient encore des dons volontaires, depuis Constantin ils étaient soumis à des taxes perpétuelles.

En outre des impôts indirects qui subsistaient toujours, les habitants de l'empire avaient à satisfaire à des réquisitions en nature et en personne pour le service de l'empire.

Dans l'empire d'Orient, la prospérité des finances permit de supprimer des impôts; Constantin abolit la capitation pour les plébéiens des villes, et ses successeurs, en Orient, étendirent cette mesure à tous les citoyens de l'empire; sous Justinien cet impôt avait complètement disparu.

Anastase supprima le chrysargyre, c'est-à-dire l'impôt sur les commerçants et les industriels.

Justinien amoindrit la rigueur de la législation en ce qui concerne la caducité des testaments et des legs.

Par contre, l'impôt foncier continua à subsister.

Les dépenses excessives de Justinien forcèrent celui-ci à rétablir de nouveaux impôts beaucoup plus importants et plus lourds que les anciens. Il créa les synomes, les épiboles, les diagraphies et le subside aérien.

Les synomes soumettaient les propriétaires fonciers à l'obligation d'approvisionner Byzance en céréales, s'ils en étaient requis (1), et à nourrir les troupes de l'empire établies dans leur circonscription.

Les épiboles portaient sur les terres désertes et improductives qui avaient été abandonnées par leurs propriétaires et que l'État attribuait à un propriétaire voisin riche dont les terres étaient fertiles. En faisant supporter à celui-ci l'impôt dû par le fonds stérile, le fisc impérial ne voyait pas diminuer ses ressources.

La rente aérienne était la rétribution annuelle de trente centenaires que fournissait au Trésor public le préfet du prétoire (2).

----

(1) On a vu t. I, l. I, chap. iii, que Justinien en profita pour faire des spéculations sur les blés.

(2) On a vu t. I, l. I, chap. iii, que Justinien créa des taxes sur la navigation, qu'il mit des droits d'importation et d'exportation sur le commerçe des détroits qui en avaient été exempts

En plus de ces lourds impôts d'État, les citoyens de l'empire étaient toujours soumis aux impôts locaux.

En outre du Trésor public, l'empereur avait un trésor particulier, mais indépendant du premier. Le trésor particulier était formé et alimenté par les immenses domaines de l'empereur, domaines qui provenaient principalement des confiscations des biens des riches et des amendes que les empereurs avaient infligées à ceux-ci.

Sous Constantin, à la tête du domaine particulier de l'empereur était placé le comte trésorier particulier, qui commandait à un nombreux personnel indépendant de l'autorité des fonctionnaires de l'administration de l'empire.

Avec Justinien, imbu d'idées absolutistes, l'administration des biens privés se confondit avec celle du Trésor public.

Fonctionnement de l'organisme administratif jusqu'à Justinien. — Des considérations qui précèdent il résulte que les empereurs d'Orient séparèrent les pouvoirs militaires et civils, mais maintinrent dans les mêmes mains les pouvoirs administratifs et judiciaires et certaines attributions financières importantes, telles que la répartition des impôts.

Cette concentration de plusieurs pouvoirs dans les mêmes organes devait donner une puissance

jusqu'alors et qu'il établit des monopoles sur les denrées et sur les marchandises.

très grande à ceux-ci et leur permettre d'agir arbitrairement, sans qu'aucun pouvoir extérieur, même le pouvoir central, ne pût les en empêcher.

L'absence à peu près complète des lois pénales facilitait le développement de leur arbitraire.

Les gouverneurs et les décurions étant rendus responsables du recouvrement des contributions et étant chargés de leur répartition faisaient retomber tout le poids des impôts sur les petites gens afin de décharger les grands qu'ils craignaient et dont ils désiraient s'attirer les faveurs. L'institution de l'impôt en nature favorisait leurs injustices.

L'absence d'intermédiaires entre les citoyens et les hauts fonctionnaires rendait difficile l'exercice de l'administration ; aussi ces hauts fonctionnaires cherchèrent-ils à créer des suppléants pour les aider dans leurs fonctions. Mais les empereurs combattirent toujours ces mesures. Les gouverneurs ayant institué des juges pédanes pour les seconder dans l'exercice de leurs attributions judiciaires, Dioclétien défendit ces créations et ces juges disparurent. Justinien enjoignit expressément aux préfets de l'Orient, de l'Illyrie, au comte des largesses et à celui des biens privés, aux présidents ou archontes des provinces et aux hauts magistrats locaux de s'abstenir de se choisir des délégués et il déclara se réserver la nomination de ceux-ci en cas de nécessité.

Les vices de constitution de l'organisme administratif de l'empire percèrent au grand jour et furent favorisés dans leur développement par le mauvais recrutement des fonctionnaires de l'empire.

Ceux-ci furent choisis après Caracalla parmi les nombreux jurisconsultes et avocats qui pullulaient dans les provinces intérieures de l'empire (1).

Le personnel administratif recruté parmi des individus qui s'étaient consacrés à l'étude du droit aurait semblé devoir donner toute garantie pour la bonne administration de l'empire.

Mais le droit ne fut plus bientôt inspiré et dirigé par la philosophie grecque; dans les écoles de droit, on ne fit que répéter les connaissances acquises.

Les avocats et les jurisconsultes considérèrent leurs fonctions comme un pur métier, s'efforçant de le rendre le plus lucratif possible.

Les effets oratoires permettant seuls d'acquérir de la réputation, ils négligèrent les questions de droit. L'anarchie juridique facilitant les injustices, ils ne défendirent avec ardeur que les clients fortunés; aussi les riches gagnaient-ils à peu près toujours leur cause et les pauvres perdaient-ils presque généralement leur procès.

Lorsque ces avocats et ces jurisconsultes fournirent des recrues pour les fonctions impériales, ils apportèrent la même moralité dans l'exercice de leurs attributions. Ils sacrifièrent dans leurs décisions le pauvre au riche; ils furent cupides et

____

(1) Les provinces frontières fournissaient des recrues à l'armée.

firent preuve de vénalité en matière de justice et d'impôt.

Mais indépendamment d'agents spéciaux qui mettaient les empereurs au courant des actes des fonctionnaires, la délation si développée alors éveillait l'attention des empereurs. Ceux-ci prirent aussi quelques mesures pour empêcher les exactions des fonctionnaires. Constantin défendit aux gouverneurs de se marier dans la province qu'ils administraient et d'y acheter des terres. Justinien édicta que les fonctionnaires révoqués resteraient quelque temps après leur révocation soumis aux réclamations des citoyens lésés. Mais toutes ces mesures furent vaines.

Le recrutement de l'administration centrale était encore plus mal assuré que celui de l'administration provinciale. Le pouvoir central appartenait souvent à des favoris que ni leurs services antérieurs, ni leurs connaissances n'avaient préparés aux hautes fonctions qu'ils remplissaient (1); de plus, ces favoris ne considéraient leurs fonctions que comme un moyen de s'enrichir. Les charges de cour étant devenues peu à peu vénales, les fonctionnaires de la cour, notamment les référendaires, trafiquèrent plus que jamais de leurs faveurs pour les fonctions de l'administration provinciale, afin

---

(1) Sous Constance, c'était un barbier qui était receveur des finances. Le conseil d'Arcadius était composé de danseurs et de cuisiniers; sous cet empereur, un ancien cardeur de laines commanda l'armée d'Asie.

Le pouvoir de l'empire appartint souvent à des eunuques.

de recouvrer le prix de leurs charges; ils donnaient ces fonctions au plus offrant; aussi celles-ci devinrent-elles également vénales. Sous Justinien, alors que les embarras financiers de l'État forcèrent cet empereur à accepter tous les expédients pour faire face aux dépenses excessives de son règne, toutes les charges furent vendues; Justinien édicta vainement qu'à l'avenir les magistratures seraient déférées gratuitement et que le serment serait imposé aux nouveaux fonctionnaires qu'ils n'avaient rien payé de leur charge (1).

La vénalité des fonctions sous Justinien amena l'admission de beaucoup de grands propriétaires fonciers dans les fonctions publiques. L'administration impériale fut composée de fonctionnaires qui cherchèrent à recouvrer le prix de leur charge, qui n'avaient par suite de leur origine aucune connaissance de droit et qui étaient tout disposés à ménager les grands au préjudice des petites gens.

Aussi sous Justinien les exactions furent-elles plus fortes que jamais. Les hauts fonctionnaires chargés de percevoir la rente aérienne pour le préfet du prétoire en profitaient pour tirer de leurs subordonnés des sommes qu'ils conservaient pour eux-mêmes.

Justinien vendait des sentences particulières pour se procurer de l'argent. Aucune étude de droit, semble-t-il, n'était plus exigée pour être juge, puis-

<hr>

(1) Les magistrats de l'empire d'Orient commençaient donc l'exercice de leurs fonctions par un parjure, comme cela eut lieu pour nos magistrats du parlement de Paris au seizième siècle.

qu'une loi (1) de Justinien déclara les militaires capables d'exercer les fonctions de juge comme les autres. Justinien supprima les traitements des avocats, et bientôt après ceux-ci disparurent.

Dans l'empire d'Orient, malgré la mauvaise administration des fonctionnaires, malgré les invasions des Barbares et malgré les hautes payes à payer à l'armée, les finances de l'empire furent prospères. Ce fait résulta de ce que les provinces de l'Asie Mineure, de la Syrie et de l'Égypte n'eurent pas à subir les invasions des Barbares (2) et qu'étant dans une situation économique très florissantes, elles purent combler le déficit produit par les remises des tributs accordés aux provinces de la péninsule des Balkans qui, elles, eurent à souffrir des invasions des Barbares.

Pendant cent ans, de Théodose II à Justinien, il n'y eut pas de grandes invasions de Barbares dans l'empire d'Orient. Sauf Léon qui fit une expédition contre les Vandales (3), les empereurs d'Orient ne cherchèrent pas à secourir l'empire d'Occident ou à l'aider à reprendre les provinces que les Barbares avaient enlevées à celui-ci. Aussi lorsqu'Anastase mourut, cet empereur laissa-t-il un trésor d'une valeur actuelle de trois milliards, bien que les empereurs eussent aboli certains impôts et qu'Anastase

(1) Loi de 530.

(2) Dans ces provinces, il y eut de longues guerres contre les Perses, mais celles-ci ne causèrent que peu de ravages et se limitèrent généralement aux places frontières.

(3) Voir la cause de cette expédition, t. I, l. I, chap. III.

eût dispensé de tribut pendant sept ans les villes qui avaient souffert des invasions ennemies.

Justinien songea à tirer un profit personnel de l'œuvre des prédécesseurs de son oncle Justin Ier. Afin de s'assurer de nombreux partisans qui lui permissent d'arriver d'abord au consulat et ensuite à l'empire, Justinien fit dissiper en sa faveur par son oncle Justin toutes les économies d'Anastase. Lorsqu'il fut empereur, il fut forcé de se créer toutes sortes de ressources pour faire face aux dépenses excessives dues aux guerres de l'empire et à la fondation de nombreux monuments.

Indépendamment des impôts qu'il établit (1), il employa de nombreux expédients (2). Il confisqua les fortunes de riches particuliers, de sénateurs, de fonctionnaires ; il enleva à des villes leurs revenus particuliers pour les donner au Trésor impérial ; il supprima les distributions faites au peuple d'Alexandrie et aux pauvres de Constantinople ; il n'accorda aucune remise d'impôts ; il altéra les monnaies d'argent et de cuivre (3) ; il abolit les retraites des officiers du palais ; il fit des économies sur les postes et par suite désorganisa ce service public.

Malgré les charges écrasantes que Justinien fit supporter à son peuple, son successeur Justin II eut des sommes considérables à payer. Grâce à ses éco-

______

(1) Voir t. II, chap. II, page 66.
(2) On a vu qu'il rendit les charges vénales, qu'il vendit des sentences particulières ; qu'il supprima les traitements des professeurs, médecins et avocats.
(3) Elles ne le furent plus ensuite jusqu'aux croisades.

nomies, Justin II put néanmoins remettre des arrérages des tributs à ceux qui avaient souffert des calamités de la nature ou des ravages des guerres. Un de ses successeurs, Maurice, géra également les finances de l'Etat avec intelligence et avec économie.

Les luttes que l'empire d'Orient eut à soutenir sous Héraclius contre les Perses épuisèrent les finances de l'empire ; on put éteindre la dette contractée vis-à-vis de l'Église avec les trésors du grand roi ; mais il fallut soumettre à des contributions forcées les provinces ; les finances de l'empire n'avaient pas recouvré leur ancienne prospérité lorsque surgit l'invasion arabe et elles ne purent faire face aux dépenses occasionnées par ce formidable assaut.

Organisme administratif de l'Afrique et de l'Italie byzantines. — Les guerres de Justinien rendirent à l'empire deux anciennes provinces : l'Afrique et l'Italie ; celles-ci furent organisées d'une façon générale comme les autre provinces.

En Afrique, Bélisaire établit un préfet du prétoire ayant sous sa juridiction civile les gouverneurs des sept provinces : quatre consulaires et trois présidents. Après le départ de Bélisaire, le pouvoir militaire fut remis provisoirement entre les mains du préfet du prétoire ; l'administration militaire devenant de plus en plus prépondérante, on créa en 591 un nouveau fonctionnaire possédant des attributions militaires et civiles : ce fut l'exarque ; le préfet du prétoire, dont le pouvoir avait été bien diminué, continua à exister jusqu'à la fin de l'empire byzantin.

En Italie, lors du rétablissement de la domination impériale, Justinien créa un préfet du prétoire ayant sous sa dépendance deux vicaires : celui d'Italie, siégeant à Gênes, et celui de Rome ; en outre, il y eut à Rome un préfet de ville.

Le préfet du prétoire avait des attributions législatives, administratives, judiciaires et financières.

Avec les invasions des Lombards, l'organisme administratif se mit en harmonie avec l'organisation sociale ; il passa comme celle-ci par un regrès (1) ; les pouvoirs civils et militaires furent concentrés peu à peu dans les mêmes organes.

Justin II établit au-dessus du préfet du prétoire un exarque. Celui-ci enleva graduellement au préfet du prétoire ses attributions et, au milieu du septième siècle, le préfet du prétoire disparut. L'exarque, personnage civil et militaire, éloigné du siège du pouvoir central, était tout puissant ; il recevait les appels des gouverneurs des provinces en matière judiciaire ; il nommait les fonctionnaires ; il intervenait au nom de l'empereur dans certaines questions d'ordre religieux ; il possédait même des attributions législatives.

Pour contre-balancer la toute-puissance des exarques, les empereurs ne les laissèrent pas longtemps en fonctions, ne faisant d'exception que pour Narsès, et ils envoyèrent en Italie des *missi*. Cependant, des exarques se révoltèrent (2).

(1) Voir t. I, l. I, chap. II.
(2) Eulathérius en 619, Olympius en 650.

Le même regrès administratif se produisit au sujet des gouverneurs de provinces : au milieu du septième siècle, les provinces étaient administrées par des ducs qui possédaient à la fois des attributions militaires, administratives, judiciaires et financières. A Rome, le duc empiétait sur la juridiction du préfet de la ville, ne laissant à celui-ci que sa juridiction criminelle (1). La nomination des ducs était faite par l'exarque et devait être ratifiée par l'empereur; mais, par suite de l'éloignement de Constantinople, cette confirmation n'avait pas toujours lieu.

Dans les cités, au sixième siècle, avaient disparu certains magistrats municipaux, et les magistrats municipaux qui existaient encore, les *duumvirs*, n'avaient plus aucune attribution. Il ne restait au sixième siècle que le *defensor* aux attributions judiciaires et le curateur aux attribution administratives et judiciaires. A la fin du sixième siècle, ceux-ci n'avaient plus aucun pouvoir par suite de l'absorption de leurs fonctions par l'évéque (2). Le pouvoir central créa alors dans la cité un nouvel organe : le *tribunus*, qui fut investi comme les hauts fonctionnaires de pouvoirs militaires, administratifs et judiciaires, et qui dépendit du pouvoir central jusqu'au commencement du huitième siècle, époque à laquelle il commença à se rendre indépendant.

(1) Le pape se substitua ensuite à eux.
(2) Voir t. I, l. I, chap. II.

Développement et fonctionnement de l'organisme administratif de l'empire byzantin de Justinien à la chute de l'empire. — Dans l'empire d'Orient, à partir de Justinien, l'organisme administratif subit de nombreuses modifications, dont les plus essentielles furent la concentration des pouvoirs civils et militaires dans les mêmes mains et la grécisation de l'administration.

La première modification, qui constitua un regrès administratif, fut amenée par les guerres de Justinien au sixième siècle et par les invasions des Arabes à partir du septième siècle.

Dès 535-36, Justinien plaça un certain nombre de provinces sous l'autorité d'un gouverneur à la fois civil et militaire, appelé tantôt préteur, tantôt proconsul, tantôt modérateur, tantôt comte ou même duc ; dans ces provinces, les tribunaux ordinaires furent suspendus et l'état de siège y régna en quelque sorte. Cette réunion des pouvoirs civils et militaires dans le même organe existait déjà avant Justinien, mais pour deux provinces seulement : celle d'Arabie, soumise constamment au pillage des Arabes, et celle d'Isaurie, habitée par des peuples belliqueux qui ravageaient souvent l'Asie Mineure et qui ne reconnaissaient que difficilement l'autorité de l'empereur.

Après Justinien, la substitution de gouverneurs à la fois civils et militaires aux gouverneurs civils se généralisa peu à peu dans l'empire, et au dixième siècle, il n'existait plus de gouverneurs civils.

La deuxième modification importante apportée à

l'organisation de l'empire résulta de l'adaptation de l'organisme administratif romain à l'être social byzantin. Cet organisme d'importation étrangère se grécisa à partir de Justinien ; on vit d'abord à la tête des provinces non seulement des présidents, mais des archontes, des éparques, des exarques, et certaines de ces provinces furent appelées éparchies. Peu à peu toutes les dénominations latines disparurent, ainsi que l'emploi de la langue romaine dans l'administration, pour faire place aux dénominations grecques et à l'usage de la langue grecque. Au dixième siècle, toutes les fonctions et dignités portaient des noms grecs.

Sur les monnaies, les lettres grecques commencèrent à être introduites au commencement du sixième siècle, sous Anastase ; au neuvième siècle, elles remplacèrent complètement les lettres latines (1).

Indépendamment de ces deux modifications essentielles, d'autres modifications importantes furent introduites dans l'organisme administratif.

Sous Constantin Pogonat, aux provinces, éparchies et préfectures commencèrent à succéder les thèmes et sous Constantin Porphyrogénète, l'empire byzantin ne comprenait plus que des thèmes. Mais dans la division de l'empire en thèmes, les Byzan-

______

(1) On a vu, page 33, que les Basiliques furent rédigées en grec ; dès le troisième siècle on avait dû traduire en grec certaines parties de l'ancien droit, et au sixième siècle avait paru en grec une paraphase grecque des Institutes et de certaines parties du Digeste.

tins ne tinrent pas compte des nationalités diverses des peuples, comme l'avaient fait les Romains lorsqu'ils organisèrent leur empire en provinces.

Les thèmes avaient une étendue moins grande que les anciennes provinces; ils étaient par conséquent plus nombreux ; aussi l'administration impériale pouvait-elle se faire sentir davantage avec cette nouvelle organisation qu'avec l'ancienne organisation en provinces. Les thèmes frontières, où l'administration était plus difficile et devait être plus active, étaient moins étendus que les autres.

Les thèmes servirent primitivement de lien entre les *civitates;* mais lorsque Léon VI, consacrant l'évolution sociale, abolit la cité administrative, les thèmes reposèrent sur les communes, nouvel organe administratif, possédant généralement une assez grande autonomie sous la haute autorité du gouverneur du thème, et sous la surveillance directe des chefs militaires inférieurs.

A la tête des thèmes étaient placés les stratèges, personnages investis de la classe personnelle comme les anciens gouverneurs de province et concentrant à la fois des attributions militaires et civiles. Au-dessous du stratège, la confusion des pouvoirs n'existait plus. Il y avait un personnel militaire (1) et un personnel civil distincts l'un de l'autre.

L'administration du thème, la perception de l'impôt et la gestion des revenus publics étaient confiés

______

(1) Voir à l'évolution politique extérieure, t. II, chap. iv, l'organisation du thème au point de vue militaire

au protonotaire ou secrétaire général. En tant qu'administrateur, le protonotaire dépendait du stratège ; en tant que fonctionnaire des finances, il relevait directement du grand trésorier de l'empire. Le protonotaire avait sous ses ordres deux importants personnels : le personnel d'administration proprement dit et le personnel d'inspection des finances. Par suite de cette organisation et par suite de la différence d'extraction du protonotaire et du stratège — le premier étant généralement de petite origine, le second d'origine noble — les finances de l'empire étaient mises hors d'atteinte du pouvoir du stratège.

Dans certains thèmes, le pouvoir judiciaire était donné aussi au protonotaire ; mais dans d'autres il appartenait au juge du thème, personnage sous la dépendance du stratège. Le protonotaire ou le juge du thème se voyait disputer ses attributions par les juridictions ecclésiastiques et militaires ; il avait à lutter contre les empiètements constants de celles-ci.

Indépendamment des fonctionnaires proprement dits du thème, certains fonctionnaires, tout en étant sous l'autorité du stratège, relevaient directement de leur chef particulier de l'administration centrale ; tels étaient les directeurs des manufactures impériales, les curateurs des domaines impériaux, les directeurs d'hospices.

Les stratèges étaient sous la dépendance directe du pouvoir central ; les anciens organes intermédiaires entre les gouverneurs et l'administration centrale, vicaires et préfets du prétoire avaient disparu. L'empire d'Orient n'ayant plus qu'une étendue égale à l'une des quatre anciennes préfectures de l'empire romain, le préfet du prétoire était devenu un rouage inutile, puissant et par suite dangereux.

Le préfet de la ville existait toujours à Constantinople; il avait la surveillance et la police des marchés; il avait juridiction sur les personnes qui avaient commis des crimes dans la capitale et dans la banlieue, tandis que le questeur l'avait sur les personnes de passage.

L'administration centrale comprenait au dixième siècle cinq ministres principaux :

1° Le logothète du génikon ou grand trésorier de l'empire, de qui dépendaient directement les logothètes de l'empire;

2° Le logothète du trésor privé de l'empereur;

3° Le logothète chargé de l'administration financière de l'armée;

4° Le protasicritis ou directeur des affaires étrangères;

5° Le grand logothète : c'était le ministre le plus important; directeur des postes au huitième siècle, disposant ainsi d'un service qui renseignait le pouvoir central sur les agissements des fonctionnaires impériaux dans les provinces, il était parvenu au dixième siècle à avoir la direction de l'administration civile de l'empire.

Dans la cour, les empereurs craignant que le curopalate ne prît une puissance trop grande, qui eût mis le palais et la couronne impériale à sa discrétion, lui substituèrent un personnage qui avait eu primitivement des attributions de peu d'importance et ils transformèrent la charge de curopalate en un titre purement honorifique. Le nouveau personnage qui fut ainsi placé à la tête de la cour fut le protovestiaire. Il avait l'administration du palais et juridiction sur tous les officiers du palais; en outre, il présidait aux audiences privées et publiques de l'empereur.

Au palais impérial, au-dessous du grand logothète et du protovestiaire, il y avait un grand nombre de dignitaires remplissant à la fois des fonctions de cour et des fonctions de gouvernement.

Telle était dans sa physionomie générale la constitution de l'organisme administratif de l'empire au dixième siècle; mais cet organisme ne possédait pas dans tout l'empire un caractère d'uniformité; il avait subi de nombreuses modifications dans les pays où l'autorité impériale se faisait sentir difficilement ou par intervalles seulement; mais tant que l'empereur conservait dans ces régions une parcelle de pouvoir, il y maintenait un stratège et un centre d'administration.

Dans l'empire byzantin proprement dit, les thèmes où l'autorité impériale était souvent contrecarrée étaient: l'Isaurie, l'Albanie et certaines parties des thèmes de la péninsule des Balkans.

Les Isauriens (1), peuple d'humeur vagabonde,

____

(1) Les Isauriens étaient les descendants des anciens pirates

se livrant au brigangade, méconnaissaient fréquemment l'autorité impériale, malgré les guerres nombreuses que leur firent les empereurs. Établis dans les nids d'aigle situés au sommet de leurs montagnes, ils résistèrent presque toujours aux tributs auxquels voulut les soumettre le pouvoir central.

Les Albanais, les descendants de la race illyrienne refoulée dans les montagnes du nord de l'Épire, maintinrent dans leurs montagnes escarpées leur indépendance presque complète, et ne purent étre subjugués que momentanément par les empereurs byzantins; même sous Constantin VII, alors que l'administration impériale faisait sentir énergiquement son action dans toutes les parties de l'empire, les Albanais ne payaient qu'un simple tribut et avaient comme chef un des leurs, choisi il est vrai par le stratège au nom de l'empereur.

L'anarchie politique qui régnait dans le sud de la péninsule des Balkans, le développément de l'empire bulgare (1), la fondation de l'empire latin, la

de la Méditerranée orientale que Pompée avait combattus en 68.

De Gallien à Zénon, les Isauriens furent indépendants.

Il était essentiel de les renfermer dans leurs montagnes, car ils pillaient l'Asie Mineure de l'Hellespont à Damas et du Pont-Euxin à Tarse.

Anastase, après avoir chassé les Isauriens de la garde impériale formée avec eux depuis Zénon, soumit les Isauriens; mais ceux-ci résistèrent à tout tribut.

L'occupation de la Cilicie par les Arabes du septième au dixième siècle favorisa leur indépendance.

(1) L'Albanie appartint aux Bulgares de 800 à 1017.

création d'une principauté d'Épire indépendante de Byzance, la fondation de l'empire serbe (1), et aussi la situation de l'Albanie entre ces groupements politiques, amenèrent la rupture complète du faible lien qui unissait les Albanais à Byzance.

Lors de l'invasion des Turcs, la souveraineté était entièrement démembrée en Albanie ; chaque village, chaque ville, chaque district avait son prince, son seigneur, souvent indépendants les uns des autres et possédant chacun son château fort ; au-dessus de la petite noblesse s'était formée une grande noblesse composée de familles puissantes (2). A la tête de chaque famille était un chef qui avait un pouvoir absolu ; les familles se réunissaient en tribus et parfois les tribus se confédéraient passagèrement entre elles ; au début de la conquête turque, les États albanais, composés des chefs de clans, chargèrent un des leurs, Scanderbeg, de la défense du pays.

L'infiltration des tribus slaves dans la péninsule des Balkans rendit assez précaire l'autorité impériale dans les thèmes de cette péninsule.

Les Slaves du Péloponèse furent indépendants depuis leur établissement dans cette région (587) jusqu'en 815. Les empereurs parvinrent alors à soumettre quelques tribus et imposèrent à celles-ci les conditions suivantes : 1° accepter les chefs que leur nommait le stratège, chefs qui étaient, il est vrai,

(1) Douchan soumit les Albanais au quatorzième siècle.
(2) C'étaient les Acionnites, les Castriota, les Topia, les Span.

souvent ceux qui avaient été choisis par les tribus
et auxquels le stratège se bornait à donner l'investiture ; 2° satisfaire au service militaire ; 3° payer
l'impôt.

Mais les tribus des montagnes conservèrent
presque toujours l'indépendance, et dès que la puissance de l'empire déclinait dans les thèmes de la
péninsule des Balkans, les tribus slaves en profitaient pour s'affranchir de toute espèce de soumission vis-à-vis de Byzance (1).

La situation politique des tribus valaques des
monts Rhodope et du Pinde par rapport à l'empire
était analogue à celle des tribus slaves.

En dehors de l'empire byzantin proprement dit,
certaines provinces de l'empire avaient une situation
particulière vis-à-vis de Byzance. Telles furent la
Dalmatie, l'Italie du Sud et Kherson.

Eloignées du siège de l'autorité impériale, composées de populations d'origine latine, les villes de
Dalmatie, après avoir formé le thème de Dalmatie,

(1) De 675 à 681, alors que les Arabes faisaient le premier
siège de Constantinople, des Slaves s'unirent pour assiéger souvent Salonique.

Constantin Pogonat et Justinien II s'efforcèrent de soumettre
les Slaves de Thrace et de Macédoine ; en 688, Justinien II
en fit transplanter 30,000 en Asie. Copronyme dirigea des
expéditions contre les Slaves en 758 et 769. En 789 fut dirigée une expédition contre les sclavinies du Sud, mais la soumission qu'elle obtint ne fut qu'apparente. Sous Irène, des
armées byzantines parcoururent la Thessalie, la Hellade et
le Péloponèse afin d'obliger les Slaves à payer le tribut ; mais
en 807, les Slaves du Péloponèse se joignirent aux Sarrasins
pour assiéger Patras.

s'étaient affranchies au huitième siècle de la dépendance de Byzance. Mais lorsqu'elles furent menacées par terre par les Croates et les Serbes et par mer par les Sarrasins, elles implorèrent la protection de l'empereur et rentrèrent sous sa domination; la Dalmatie fut alors gouvernée par un catépano. Quelque temps après, l'action militaire de l'empire ne pouvant plus se faire sentir dans l'Adriatique, Basile II chargea Venise, vassale puissante de Byzance, du protectorat des îles dalmates. Le doge devint alors simple administrateur du thème dalmate, et reçut à cet effet les titres palatins de patrice et d'anthypatos. La Dalmatie ne fit plus jamais retour à l'empire.

L'Italie du sud, sous la domination byzantine, forma deux thèmes lorsque l'empire fut organisé en thèmes. Les luttes que les Byzantins eurent à subir dans cette région contre les Sarrasins, les Lombards, les Allemands et la papauté forcèrent Basile II à réunir les deux thèmes sous l'autorité d'un chef militaire appelé catépano; celui-ci eut nominalement sous ses ordres les nobles terriens qui formaient alors une véritable puissance sociale et qui avaient absorbé toutes les fonctions publiques (1).

Kherson, cité qui sous la domination romaine s'était intitulée royaume du Bosphore, profita des embarras de l'empire lors des invasions des Barbares pour se rendre indépendante au quatrième

______

(1) Voir t. I, liv. I, fin du chap. II.

siècle. Justinien la fit rentrer sous l'autorité de l'empereur d'Orient. Au dixième siècle, elle était vassale plutôt que sujette de l'empire byzantin ; elle était gouvernée par un stratège secondé dans l'exercice de ses fonctions par un sénat que présidait le premier magistrat municipal.

Dans l'empire byzantin, le système d'impôts institué par les empereurs d'Orient subit aussi des modifications.

Après Justinien, ses successeurs rétablirent les droits sur les successions ; mais Tibère II supprima les épiboles, et Irène réduisit les droits de commerce perçus par les douanes du Bosphore et de l'Hellespont.

Pour faire face aux dépenses occasionnées par les guerres contre Haroun al-Rashild, Nicéphore Iᵉʳ, au commencement du neuvième siècle, releva les droits de douane perçus à Abydos et établit deux impôts qui furent impopulaires : le kapnikarion ou impôt de capitation, et l'allélengyon ou impôt de garantie mutuelle.

Le premier était le rétablissement d'une ancienne taxe qui avait été complètement supprimée avant Justinien.

Le second avait non seulement pour but d'abaisser la noblesse, mais encore de substituer en matière de recouvrement d'impôts la responsabilité des puissants (1) à celle des curies, dont la pauvreté était grande et dont la disparition était proche.

____

(1 Voir t. I, I I, chap, II.

Le premier fut aboli par Zimiscès en 973.

Le second le fut bientôt par les successeurs de Nicéphore, mais il fut rétabli par Basile II, non seulement pour enrayer le développement de la puissance de la noblesse, mais aussi pour assurer la rentrée des impôts, les curies supprimées par Léon VI n'étant plus là pour remplir ce rôle. Mais les successeurs de Basile II, qui renoncèrent à combattre la noblesse, abolirent définitivement l'allélengyon.

Les empereurs byzantins continuèrent à imposer le commerce. Au dixième siècle, les droits de douane à l'importation et à l'exportation subsistaient toujours. Du onzième siècle à la fin de l'empire, l'agriculture et l'industrie déclinant, le territoire de l'empire allant en diminuant, le commerce devint à peu près la seule matière imposable; au douzième siècle, à Byzance, les hôtelleries, les boutiques, les places des marchés étaient soumises à des taxes, ainsi que les marchandises qui abordaient par terre et par mer dans la capitale. Du rétablissement à la fin de l'empire grec, le commerce étranger alors aux mains des Génois, étant exempt de taxes, tout le poids des impôts retombait sur les commerçants byzantins.

Le recrutement des fonctions publiques se fit après Justinien de plus en plus parmi les grands propriétaires fonciers ; aussi les fonctionnaires favorisèrent-ils les nobles au détriment des petites gens et du pouvoir central. L'administration impériale continua ses exactions (1) et elle fut toujours d'une mauvaise moralité (2).

Les empereurs cherchèrent à empêcher que les stratèges se rendissent trop indépendants; ils changeaient fréquemment ces hauts fonctionnaires et les choisissaient souvent parmi les domestiques du palais qui étaient devenus des personnages importants; certains, comme Constantin VII, envoyèrent des inspecteurs pour surveiller l'administration des stratèges. Andronic Ier, à la fin du douzième siècle, essaya d'abolir la vénalité de la justice.

Mais toutes ces mesures furent vaines, les fonctionnaires continuèrent leurs exactions et fusionnèrent de plus en plus avec les grands propriétaires fonciers, ce qui devait contribuer à amener le démembrement de la souveraineté (3).

Quant aux hauts fonctionnaires du milieu du neuvième siècle à la fin de l'empire, ils provinrent souvent des élèves de l'Université de Constantinople (4) et certains d'entre eux furent des lettrés éminents.

En ce qui concerne les finances de l'empire, ce fut sous les Macédoniens qu'elles furent le mieux gérées.

(1) Dans l'Italie byzantine, les exactions de l'administration impériale furent une des causes de la désaffection des populations vis-à-vis de Byzance; il en fut de même en Afrique, où les Arabes furent par suite bien accueillis.

(2) Lors de l'arrivée de la quatrième croisade à Constantinople, le grand-duc faisait trafic de voiles, de mâts et de cordages.

(3) Voir t. I, l. I, chap. II,

(4) Voir t. I, l. II, chap. III.

Basile Ier établit un budget; il équilibra les recettes et les dépenses, et assigna un fonds particulier à chaque service. Il affecta les revenus de deux domaines patrimoniaux à la dépense de sa table et consacra les impôts que payaient les citoyens de l'empire à la défense de l'État et au développement de la prospérité de celui-ci.

Per suite de la situation florissante du commerce au dixième siècle, les douanes donnèrent des revenus élevés et les empereurs purent dégrever certaines branches d'industrie et de commerce, qu'il était utile de développer (1).

Au dixième siècle, les revenus de l'empire se seraient montés à une somme équivalant actuellement à trois milliards.

A la mort du Basile II, malgré les nombreuses guerres qu'il fit, la réserve atteignait deux cent vingt millions.

Mais après les Macédoniens, l'état des finances de l'empire alla en déclinant jusqu'à la chute finale de Constantinople.

Les guerres étrangères sous les Comnènes et les dépenses excessives occasionnées à la cour par le nombreux personnel du palais (2), par le luxe de la famille des Comnènes, par les fêtes somptueuses données à la cour, sous Alexis Ier, Manuel Ier et Isaac l'Ange épuisèrent le trésor malgré les nombreux impôts que ces empereurs établirent et qui

____

(1) Voir t. I, l. I, chap. II.

(2) Sous Isaac l'Ange, il y avait à la cour vingt mille eunuques et domestiques.

leur permirent d'avoir à la fin du douzième siècle des revenus dont la somme équivaudrait aujourd'hui à trois milliards. Jean Comnène essaya vainement de réduire les dépenses de cour.

Les curies ou l'allêlengyon n'étant plus là pour assurer la rentrée des taxes, le pouvoir impérial donna la perception des impôts à ferme à partir d'Alexis Comnène; cette mesure eut pour résultat d'augmenter les charges que les citoyens avaient à supporter, par suite des bénéfices particuliers que prélevaient les intermédiaires et par suite des nombreuses exactions de ceux-ci.

Après le rétablissement de l'empire grec, vers la fin du treizième siècle, les finances de l'empire tombèrent dans un état de plus en plus pitoyable.

Le commerce, qui était à peu près la seule matière imposable, avait considérablement décliné. Souvent, les impôts ne pouvaient même plus être levés dans le peu de territoire qui restait à l'empereur byzantin (1); la souveraineté se démembrant de plus en plus, les stratèges et les despotes ne recevaient aucune ressource du pouvoir central, vivaient sur le pays qu'ils administraient et ne cherchaient pas à alimenter le trésor impérial.

Les empereurs employaient alors toutes sortes d'expédients pour se procurer des ressources; au commencement du quatorzième siècle, pour payer

____

(1) C'est ainsi qu'en Morée le peuple, soumis de nouveau à la domination byzantine, refusa de payer tout impôt.

la solde des Catalans, Andronic II établit une taxe sur la récolte des laboureurs, bien que ceux-ci fussent déjà très appauvris par les guerres civiles et étrangères ; il retrancha un tiers des appointements aux officiers publics et altéra la monnaie de telle sorte qu'on ne trouva plus que cinq parties d'or sur vingt-quatre.

L'indigence des Grecs éclata quand ils vinrent en Italie, quand Jean se rendit à Rome (1) et quand les Grecs parurent à Ferrare.

Lorsque l'empire byzantin succomba définitivement, son organisme administratif craquait de toutes parts : il agonisait et il ne fonctionnait pour ainsi dire plus.

(1) Lorsque Jean revint de Rome, il fut retenu à Venise pour dettes.

CHAPITRE III

ÉVOLUTION POLITIQUE EXTÉRIEURE

I. — Invasions du monde méditerranéen après la fondation de l'empire romain. — Rôle particulier de l'empire byzantin. — Organisation militaire de l'empire d'Orient. — II. — Luttes de l'empire d'Orient contre les peuples étrangers jusqu'à l'invasion arabe. — Lutte contre les peuples germaniques. — Luttes contre les peuples finniques. — Luttes contre les peuples slaves. — Luttes contre la Perse. — Luttes contre l'Arménie.

I. — LES INVASIONS. — ROLE ET ORGANISATION MILITAIRE DE L'EMPIRE BYZANTIN.

Invasion du monde méditerranéen après la fondation de l'empire romain. — Lorsque Rome eut réuni le monde méditerranéen sous sa domination, la partie de l'ancien continent située au nord du Sahara et de l'océan Indien comprenait trois grands États : l'empire romain, la Perse (1) et la Chine. Au nord et au sud de ces trois États existaient des peuples qui n'étaient pas parvenus à fonder d'État durable. Au nord vivaient des peuples aryens, les

(1) La Perse était alors sous la domination des Parthes, qui formèrent un royaume séparé de 255 avant Jésus-Christ à 226 après Jésus-Christ; la fondation de leur grand empire eut lieu en 160 avant Jésus-Christ.

Germains et les Slaves, puis les peuples finniques, les peuples touraniens et les peuples mongols. Au sud se trouvaient des peuples sémitiques, en Arabie, puis les peuples de l'Inde et les peuples de l'Indo-Chine. Parmi les populations qui se trouvaient au nord et au sud des trois grands États, seules celles des Indes et de l'Indo-Chine occupaient des régions essentiellement fertiles et séparées par de hautes chaînes de montagnes des deux États voisins : la Perse et la Chine. Au contraire, les peuples du nord et parmi ceux du sud ceux de l'Arabie, occupaient des régions où l'agriculture se développait difficilement, où le climat était pénible : glacial dans les régions du nord, brûlant en Arabie et aucun obstacle naturel ne séparait ces pays des trois grands États. Les peuples établis au nord des trois grands empires et ceux d'Arabie devaient donc chercher à envahir ces trois grands États facilement accessibles, riches et situés dans les régions tempérées et fertiles. Ces peuples habitués à mener une vie rude dans leur pays d'origine acquirent une forte énergie et des instincts guerriers qui leur servirent dans leur lutte contre les États qu'ils assaillirent.

Les peuples germaniques s'attaquèrent à l'empire romain ; pesant sur les frontières du Rhin et du Danube de cet empire, s'infiltrant dans cet État, y faisant des incursions, ils l'envahirent une première fois au cinquième siècle sous la poussée des peuples finniques. Leur deuxième invasion, avec les Northmans, commença au neuvième siècle. Comme ceux-ci ne pouvaient pas pénétrer dans l'Europe centrale, occidentale et méridionale, occupée par d'autres peuples germaniques, ils la contournèrent en se divisant en deux groupes, prenant chacun un chemin différent. Le premier groupe glissa le long des côtes de l'océan Atlantique, cherchant à s'établir sur le littoral et y réussissant en plusieurs endroits. Le second groupe contourna l'Europe germanique par l'est, pénétra dans le nord-ouest de la Russie, descendit par le Dniéper sur la mer Noire, se mêla à des éléments slaves, prit le nom de Russes et rejoignit presque le premier groupe dans l'est de la Méditerranée.

Les invasions slaves furent provoquées et déterminées par les invasions finniques.

Les peuples de race finnique semblent originaires de l'Altaï; avant la fondation de l'empire des Perses, une partie des peuples finniques s'infiltra entre le Pamir et la Caspienne sur le plateau de l'Iran et vint aboutir à l'Assyrie.

Au septième siècle avant Jésus-Christ les Massagètes ayant chassé les peuples finniques, ceux-ci, passant entre l'Oural et la Caspienne, se rendirent dans la Scythie d'Europe, y provoquèrent l'invasion des Cimmériens dans l'Asie occidentale par le Caucase, tandis qu'une partie de ces peuples finniques franchissant aussi le Caucase, vint se briser contre les Mèdes.

Lorsque l'empire des Perses fut formé et se développa, les peuples finniques ne purent plus emprunter le seuil situé entre le Pamir et la mer Caspienne; ils cherchèrent constamment à pénétrer dans cette trouée; une lutte continuelle s'engagea entre eux et les Perses qui virent en eux Ahriman, le principe du mal, qui avait pris un visage humain (1).

Les rois perses voulurent en finir avec la puissance des peuples finniques. Cyrus s'attaqua en Asie aux Massagètes et Darius aux Scythes d'Europe, mais les expéditions de ces rois échouèrent.

Au commencement du troisième siècle les Goths vinrent s'établir dans la Scythie d'Europe, conquérant le pays entre les Carpathes et le Tanaïs, tandis que les Alains occupaient le pays compris entre le Caucase, la mer Caspienne, le bas Volga et le bas Tanaïs. Les peuples finniques perdirent donc une grande partie du territoire où ils dominaient.

Recevant des renforts des peuples de même race qui étaient poussés vers l'ouest par les conquêtes chinoises, profitant de l'affaiblissement des Goths qui avait été produit par l'émigration d'une partie de ceux-ci vers la Méditerranée, s'appuyant sur les peuples vassaux des Goths, les Roxolans entre autres, les peuples finniques appelés Huns (2) dé-

(1) Les Perses les appelèrent Touraniens, parce qu'ils habitaient la Touranie et non parce qu'ils étaient de race touranienne.

(2) Les Huns semblent être les Scythes d'Hérodote; l'épée trouvée qui présagea à Attila la conquête du monde n'était-elle pas le cimeterre, simulacre du dieu de la guerre des Scythes et devant lequel ceux-ci, chaque année, faisaient de nombreux sacrifices ? Le bûcher construit par Attila en Champagne n'était-il pas cette pile de bois, temple du dieu de la guerre des Scythes? Cette solution est fortifiée par le fait qu'il

truisirent l'empire goth (375). Les Huns avaient déjà précédemment vaincu les Alains, provoquant sans doute l'invasion de l'Asie Mineure par ceux-ci sous l'empereur Tacite (275).

Les peuples finniques s'attaquèrent alors à l'empire romain, dont la domination s'étendait sur le monde méditerranéen. Deux voies s'ouvraient pour se rendre de Scythie d'Europe sur les bords de la Méditerranée : l'une vers le sud par le Caucase, l'autre vers l'ouest par la Germanie et par la plaine du Danube.

La première route n'était pas favorable aux grandes invasions; il fallait traverser une haute chaîne de montagnes, le Caucase, ne possédant que deux passages étroits : les portes Caspiennes à l'est et les portes d'Ibérie au milieu; on se heurtait à deux États aryens, la Perse et l'Empire romain, et à des régions montagneuses : l'Arménie et le Taurus.

La route vers l'ouest était beaucoup plus favorable aux grandes invasions que la première.

Les Huns, habitués à vivre dans des grandes plaines, étaient naturellement beaucoup plus incités à prendre cette voie que celle du Caucase.

La Germanie étant occupée par des peuples nombreux et guerriers, et la Hongrie n'étant habitée

---

est impossible de remplir l'intervalle du temps qui s'est écoulé depuis que les Hiong-Nou disparurent des environs de la Chine jusqu'au moment où les Huns se montrèrent sur les frontières des Romains. Il est d'ailleurs certain que les Hiong-Nou n'étaient pas les Huns, mais un peuple de race touranienne.

que par des peuples clairsemés et relativement
pacifiques, les Huns se dirigèrent sur la Hongrie.

Après avoir vaincu les Goths, la majeure partie
des Huns envahit la Hongrie sous la direction de
Rugilas. Un faible détachement, traversant le Caucase par les portes Caspiennes, se jeta sur l'Arménie, la Cappadoce, la Cilicie, fit trembler Antioche,
mais il fut finalement défait par les Perses en Arménie.

Plus tard, sous Justinien et Chosroès, les deux
États aryens, Empire romain et Perse, se solidarisèrent pour empêcher le retour d'incursions de
peuples finniques en Arménie ; ils construisirent
des murs dans le Caucase et s'unirent pour en assurer l'entretien.

Établis en Hongrie, les Huns avaient le choix
entre trois voies pour poursuivre leur invasion du
monde méditerranéen : deux voies vers l'ouest et
une voie vers le sud.

La première route, après avoir suivi la haute
vallée du Danube, après avoir traversé peu d'obs-
tacles : quelques défilés le long du Danube, le Jura
de Souabe et la Forêt noire, aboutissait aux plaines
fertiles situées entre le plateau central et le Rhin.

La deuxième route, passant au sud des Alpes cen-
trales par la vallée du Pô, traversant les Alpes occi-
dentales, aboutissait dans la vallée du Rhône contre
le plateau central, que l'on pouvait contourner soit
par le nord, soit par le sud ; en prenant cette voie
on pouvait encore, traversant les Pyrénées, aboutir
aux plateaux arides et accidentés de l'Espagne.

La troisième route ne donnait accès qu'à un pays montagneux et peu fertile : la péninsule des Balkans.

De ces considérations, il résulte que les peuples établis en Hongrie devaient, de préférence, emprunter la première voie, puis la seconde et en dernier lieu la troisième.

Bien que Genséric, qui désirait que l'expédition dirigée contre lui par Théodose II n'aboutît point, attira Attila vers l'empire d'Orient, ce roi des Huns ne fit qu'une simple diversion dans la péninsule des Balkans, ne voulant pas prendre la route d'invasion la moins bonne. Il répondit, au contraire, entièrement à l'appel du frère aîné de Mérovée, qui songeait à venger la défaite de Clodion par Aétius ; il se dirigea ainsi par la meilleure des trois routes principales d'invasion. Mais les peuples germaniques, qui avaient conscience de leur communauté de race et qui considéraient les Huns comme des sauvages, se solidarisèrent contre les peuples finniques ; ils se réunirent sous le commandement du général romain Aétius et arrêtèrent définitivement en Champagne l'invasion d'Attila (451). Repoussé de la première route d'invasion vers l'ouest, Attila, après s'être retiré en Hongrie, se rejeta sur la deuxième route, celle de la vallée du Pô ; mais il ne tarda pas à rentrer en Hongrie, où il mourut quelques mois plus tard.

Les plaines du Danube reçurent ensuite de nouveaux peuples finniques, et par suite le monde méditerranéen eut à subir de nouvelles invasions.

Ces peuples furent les Bulgares, les Avares et les Hongrois ou Madgyars. Leurs invasions eurent lieu respectivement à la fin du cinquième siècle, au milieu du sixième siècle et au neuvième siècle.

Les Bulgares et les Hongrois, qui rejoignirent dans la plaine du Danube des peuples de même race qu'eux, se détachèrent du gros de leur nation établi entre le Volga et l'Oural et qui forma des États assez importants au treizième siècle (1).

Les Avares qui vinrent s'établir dans la plaine du Danube provinrent des Geougen. Ce peuple avait détruit en Asie centrale l'empire des Sienpi, nation qui dominait dans cette région depuis la fuite des Hiong-Nou, un siècle avant Jésus-Christ. Le centre de la puissance des Geougen était entre l'Altaï et la Selinga, leur capitale était située près de l'Altaï et de l'Irtisch ; leur domination s'étendait sur les pays au nord de la Chine, de la Corée à l'Irtisch.

Les Turcs, qui étaient sous le joug des Geougen, se soulevèrent contre eux et s'affranchirent de leur pouvoir. Pour échapper aux vengeances de ceux qu'ils avaient opprimés auparavant, une partie des Geougen quittèrent leur pays d'origine; ne pouvant entamer la Chine, empire trop puissant, ce détachement se dirigea vers l'ouest, empruntant sans doute

(1) Au treizième siècle, on trouve entre les monts Ourals, le moyen Oural et le moyen Volga, une Bulgarie ayant sa capitale près de Kazan. Au treizième siècle, on trouve une Hongrie sur la rive gauche du Volga.

D'autres peuples finniques se rendirent dans le nord et l'ouest de la Scythie d'Europe, principalement dans la Finlande actuelle.

le seuil entre l'Altaï et les monts Tian-Chan (1).

N'essayant pas d'entamer la Perse, il passa au nord du Caucase et rejoignit les peuples finniques établis dans la vallée du moyen Danube.

Les Bulgares, les Avares et les Hongrois s'atta·quèrent comme les Huns à l'Europe occidentale et à l'empire d'Orient.

Les Bulgares, peu nombreux, envahirent principalement la péninsule des Balkans.

Les Avares firent des incursions dans l'empire d'Orient et se répandirent dans la haute vallée du Danube (2), mais ils furent finalement repoussés de cette voie d'invasion.

Charlemagne, qui fonda l'unité du monde germanique sous la direction des Francs, voulut en finir avec les peuples finniques et les anéantir. Il envahit le pays des Avares et les vainquit.

Mais les luttes intestines qui suivirent la mort de Charlemagne, les guerres défensives des peuples de l'Europe occidentale contre les Northmans et les Slaves, affaiblirent le monde germanique, tandis que les peuples finniques établis dans la plaine du moyen Danube reçurent des renforts. Avec les Hongrois, ces peuples reprirent l'offensive contre l'Europe germanique ; mais cette offensive échoua

(1) Dans ce seuil, on trouve deux sillons principaux : celui du nord, dont le point le plus élevé est à 765 mètres d'altitude, et celui du sud, dont l'altitude moyenne est de 200 mètres.

(2) Sigebert, roi d'Austrasie, les arrêta en 562, mais ils pénétrèrent en Bavière et en Franconie six ans plus tard ; ils remportèrent alors une victoire indécise sur Sigebert et rentrèrent en Pannonie

finalement (1). Ce fut la dernière guerre entre les peuples germaniques et les peuples finniques. Déjà séparées des peuples finniques du nord de la Scythie par des peuples touraniens, slaves et germaniques (Northmans), les peuples finniques de la plaine du Danube le furent encore plus au treizième siècle avec les invasions mongoles. Ils ne reçurent donc plus de renforts.

De plus, les peuples germaniques de l'Europe occidentale et les peuples finniques du moyen Danube entrèrent dans la gestation d'une nouvelle organisation sociale; lorsqu'ils furent, plus tard, de nouveau en contact, ces deux peuples de même religion s'unirent entre eux au lieu de se combattre; la première croisade passa par la Hongrie, et ce fut le roi de Hongrie, Sigismond, qui commanda les croisés français à la bataille de Nicopoli, livrée contre les Turcs (1396).

Après les peuples finniques, les peuples touraniens se jetèrent sur le monde aryen. Avant de s'attaquer à celui-ci, les peuples touraniens avaient

---

(1) Arnulf, le premier roi de Germanie, appela les Hongrois contre les Slaves, qui menaçaient l'Allemagne sur les bords de l'Elbe et de la Saale; les Hongrois firent disparaître en **896** le royaume de Bohême.

Les Hongrois firent plus tard quelques apparitions en Lorraine, en Bourgogne (**926**) et même en Aquitaine.

En **934**, tandis que le gros des Hongrois se répandit dans la vallée de l'Elbe et de la Saale, quelques groupes se jetèrent sur l'Italie. Henri Ier battit le corps principal des Hongrois à Mersebourg.

Quelques années plus, en **955**, Othon Ier battit les Hongrois à Augsbourg.

cherché, depuis des siècles, à envahir l'empire chinois. Mélangés d'éléments finnois et mongols, les Hiong-Nou, peuple de race turque, faisaient des incursions continuelles dans l'empire chinois avant le troisième siècle avant notre ère. Les Chinois ne possédant pas, comme les Romains, de frontières constituées par des fleuves, élevèrent, en 214 avant Jésus-Christ, la muraille de Chine pour se protéger contre les incursions des Hiong-Nou. En 165 avant Jésus-Christ, les Hiong-Nou chassèrent du Kan-Sou les Huns blancs, colonie aryenne (1), qui s'enfuit jusque sur les bords de l'Oxus.

Sous les Han, la plus glorieuse dynastie des empereurs chinois, ceux-ci voulurent en finir avec les Hiong-Nou; de 146 avant Jésus-Christ à 70 avant Jésus-Christ, ils s'attaquèrent à eux et détruisirent leur puissance. Les Chinois poursuivant leurs succès soumirent les royaumes de Khotan et de Kaschgar (2), et, à la fin du premier siècle après Jésus-Christ, une armée chinoise atteignait les côtes orientales de la mer Caspienne.

Ces événements politiques eurent pour résultat

(1) Les Huns blancs étaient de couleur blanche, comme les Aryens; ils abandonnèrent bientôt les mœurs pastorales de Scythie, comme les Aryens; leur respect dans la foi des traités, leur humanité en temps de guerre, leur modération dans leurs victoire contre les Perses dénotent un esprit différent des peuples de race finnoise ou touranienne et semblable à celui des peuples aryens.

(2) La domination des Chinois à Khotan et Kaschgar existait encore au septième siècle, car lorsque les Arabes envahirent la Perse, le fils de Yezdegerd se sauva chez les Chinois qui avaient des garnisons dans ces deux villes.

de chasser des peuples finniques vers l'Europe, où ils renforcèrent des peuples de même race qui y étaient établis, ce qui provoqua l'invasion hunnique.

Quant aux Huns blancs, rejetés vers le sud, ils occupèrent la Sogdiane, le nord de la Perse et la vallée de l'Indus aux environs de l'ère chrétienne ; pendant longtemps, les rois de Perse cherchèrent vainement à détruire leur puissance, ils n'y parvinrent qu'au milieu du sixième siècle, peu de temps après que les Huns blancs eussent été vaincus par les Turcs établis au nord de la Sogdiane.

Après la fuite des Hiong-Nou, la domination de la Mongolie passa aux peuples finniques : Sienpi, puis Geougen ; mais les Turcs se soulevèrent contre eux, et rendirent ainsi la prépondérance à la race touranienne en Mongolie, au sixième siècle après Jésus-Christ. Renonçant à envahir l'empire chinois, les Turcs se dirigèrent vers l'ouest, sans doute par le seuil situé entre l'Altaï et les monts Thian-Chan, et essayèrent de franchir l'intervalle entre le Pamir et la mer Caspienne pour gagner la Méditerranée. Mais les Huns blancs et les Perses les en empêchèrent. Une partie des Turcs, les Khozares, continua alors à marcher vers l'ouest et s'établit entre la mer Caspienne et le Don. A la fin du sixième siècle, les Perses ayant anéanti la puissance des Huns blancs, des Turcs pénétrèrent dans le Khorasan ; lorsque les Arabes eurent détruit la Perse — le rempart du monde aryen contre les invasions asiatiques par la Bactriane — les Turcs s'infiltrèrent dans l'empire arabe, comme les Barbares germains s'étaient infiltrés dans l'empire romain, et lorsque l'empire arabe se dissocia, les races touraniennes, passant par le plateau de la Perse, se jetèrent sur l'Asie Mineure et la péninsule des Balkans.

Des trois grands États existant lors de l'ère chrétienne, Empire romain, Perse et Chine, seul ce dernier avait donc résisté aux invasions de ses voisins. Au commencement du treizième siècle les peuples mongols (1) qui habitaient autour du lac Baïkal l'entamèrent; ils se jetèrent sur l'Europe, mais la Chine les attira davantage.

Au treizième siècle, les races touraniennes ne parvenant pas à défendre le seuil de la Bactriane, une partie des Mongols, prenant par la Perse, se répandit jusqu'en Anatolie et en Syrie; une autre partie, la plus importante des deux, empruntant la route au nord de la mer Caspienne, brûlant Kiev et Moscou, détruisant Cracovie et Lublin, battant les Slaves de Pologne à Liegnitz, se jetant sur les peuples finniques de Hongrie, vint menacer les peuples germaniques. Frédéric II fit alors appel aux princes de ces derniers peuples : aux princes d'Allemagne, au roi de France et à celui d'Angleterre, pour se coaliser contre les Mongols; mais la Chine, située plus près du berceau de la race mongole, attirait plus les Mongols que l'Europe médi-

---

(1) Aux Mongols se joignirent beaucoup de tribus de race touranienne et de race finnique qui étaient restées en Asie.

terranéenne, et céux-ci se retirèrent alors sur le Volga.

L'empire mongol s'étant dissocié, un Mongol, Tamerlan, voulut le reconstituer à son profit au début du quinzième siècle. Il réunit sous son pouvoir l'ancien empire mongol, sauf la Chine, mais y ajouta l'Hindoustan. La Chine restant à conquérir, Tamerlan, qui venait de vaincre à Ancyre les races touraniennes, préféra abandonner la conquête de l'Europe méditerranéenne dont la voie lui était ouverte, pour se mettre en marche vers la Chine. La Chine sauva donc l'Europe méditerranienne des invasions mongoles du quinzième siècle comme de celles du treizième siècle.

Entre les invasions finniques et les invasions touraniennes, les peuples des déserts de l'Arabie se jetèrent sur les pays riches situés au nord de cette presqu'île. Ces peuples de race sémitique, habitant au sud des frontières établies entre la Perse et l'empire d'Orient — dernier vestige de l'empire romain — se précipitèrent sur ces deux États aryens.

Des luttes entre les peuples de race sémitique et les peuples de race aryenne avaient eu lieu bien antérieurement à l'invasion arabe. Elles s'étaient toujours terminées à l'avantage des peuples de race aryenne. La Perse aryenne avait soumis l'Assyrie, la Syrie et l'Égypte sémitiques; puis les Grecs aryens, à partir d'Alexandre, avaient dominé en Syrie et en Égypte. Rome aryenne, après une lutte vive et disputée, avait fini par triompher de Carthage sémitique. La direction du monde méditerranéen et des peuples du plateau de l'Iran semblait alors assurée pour toujours aux races aryennes.

Mais avec l'invasion arabe les peuples sémitiques s'attaquèrent de nouveau aux peuples aryens. Ils détruisirent la Perse, et s'élancèrent à la conquête du monde méditerranéen. La Syrie et les pays du nord de l'Afrique ayant le même aspect que l'Arabie, ils se répandirent de préférence dans les pays situés au sud de la Méditerranée. Ils essayèrent d'entamer par l'est et par l'ouest les pays situés au nord de la Méditerranée. A l'est, ils se heurtèrent à l'empire byzantin, ils échouèrent dans leurs tentatives contre Constantinople; à l'ouest, ils se brisèrent à Poitiers contre les peuples de race aryenne germanique qui accoururent à l'appel de Charles-Martel, se solidarisant comme ils l'avaient fait autrefois contre les peuples finniques, comme l'empire d'Orient et la Perse l'avaient fait aussi contre les peuples finniques établis au nord du Caucase.

Les peuples de race aryenne conservèrent donc la domination du nord de la Méditerranée; la puissance des Arabes dans le sud de la Méditerranée déclinant peu à peu, tandis que la leur croissait, ils ne tardèrent pas à reprendre la direction du monde méditerranéen tout entier.

Rôle particulier de l'empire byzantin. — Dans les invasions qu'eut à subir le monde méditerranéen, l'empire d'Orient situé dans la Méditerranée orientale, composé de provinces européennes, asiatiques et africaines, eut une part importante.

Grâce à sa position géographique excentrique par

rapport à la Germanie, il n'eut pas, en général, à essuyer les invasions des peuples germaniques qui, dirigées tout d'abord du nord au sud, furent rejetées ensuite vers le sud-ouest par les invasions finniques. Seul, un peuple germanique — le plus puissant, le plus civilisé (1), il est vrai — les Goths s'attaquèrent à l'empire d'Orient. Ce peuple, originaire de Scandinavie, trouvant dans sa marche vers les climats plus tempérés la Germanie occupée, avait dû obliquer vers l'est et prendre une direction sud-est. Il s'était établi tout d'abord entre les Carpathes et le Don, en attendant de poursuivre son mouvement vers les bords de la Méditerranée ; par suite, il était prêt à se jeter sur l'empire d'Orient.

Lorsque les secondes invasions germaniques, les invasions des Northmans, parvinrent à l'empire byzantin, elles avaient semé en route de nombreuses tribus et avaient, par suite, déjà perdu de leur force d'impulsion.

Les peuples germaniques enfin se précipitèrent sur l'empire byzantin à la faveur des croisades, mais avec beaucoup moins d'intensité que lorsqu'ils envahirent l'empire d'Occident au cinquième siècle (2).

---

(1) Les Goths formèrent, plus tôt que les autres peuples germaniques, un grand peuple, et lorsqu'ils parvinrent dans l'Occident, ils montrèrent une civilisation plus avancée que les autres peuples Barbares. Les Ostrogoths et Visigoths, les deux peuples principaux avec les Gépides qui composèrent la nation des Goths, cherchèrent toujours à se prêter aide mutuelle, bien qu'ils fussent séparés souvent, et ils essayèrent toujours de se réunir.

(2) Déjà au sixième siècle avec Théodebert, les Germains son-

Par suite de sa position géographique au sud-ouest de la Scythie d'Europe, l'empire d'Orient subit une partie des invasions des Slaves, peuples que les peuples finniques établis dans la plaine du Danube rejetèrent autour d'eux, les pressant et les comprimant entre eux et les peuples qui occupaient l'Europe occidentale et méridionale : Germains en Occident, Grecs au midi.

Les peuples finniques ayant établi le centre de leur puissance dans les plaines du moyen Danube, ayant été repoussés par les peuples germaniques des deux meilleures voies d'invasion, se rejetèrent sur la troisième voie, celle des Balkans, menaçant continuellement l'empire d'Orient. Mais les Slaves du nord de la péninsule des Balkans servirent de rempart à cet empire contre les incursions de ces peuples.

Les peuples sémitiques d'Arabie établis sur les limites orientales de l'empire d'Orient lui firent supporter l'effort principal de leurs invasions.

La Perse, qui servait de rempart à l'empire byzantin contre les invasions venant de la Sogdiane, ayant été détruite, l'empire byzantin reçut désormais directement les invasions provenant de la Sogdiane.

Les peuples touraniens qui empruntèrent, la plupart, le seuil entre le Pamir et la Caspienne, se jetèrent sur l'empire byzantin et finirent par le faire succomber.

gèrent à marcher sur l'empire d'Orient; ce roi d'Austrasie conçut ce projet, lorsqu'en 539 il fit une incursion dans la vallée du Pô, mais il n'y donna pas suite.

Les peuples mongols entamèrent très peu et seulement momentanément l'empire byzantin, car leur offensive fut tournée beaucoup plus vers la Chine que vers le monde méditerranéen, et de plus les peuples touraniens et les peuples finniques servirent de rempart contre eux à l'empire byzantin, respectivement en Asie et en Europe.

En dehors des luttes que l'empire d'Orient eut à subir contre les différentes invasions, il eut à lutter continuellement contre un État aryen, contre la Perse.

De ces considérations il résulte que l'empire byzantin joua généralement un rôle défensif (1) vis-à-vis des peuples étrangers avec lesquels il entra en contact. Il essaya d'abord de détourner ses ennemis qui le menaçaient; lorsqu'il n'y réussit pas, il chercha à les repousser par la force et en contractant contre eux des alliances avec d'autres peuples.

Organisation militaire de l'empire byzantin. — Par suite du rôle défensif qu'eut à remplir l'empire byzantin, il appuya son armée sur un système général de fortifications; en avant de celui-ci il établit peu à peu des États tampons, pour amortir le choc des grandes invasions; mais ces États voulant

---

(1) Il prit parfois l'offensive, même vigoureusement, comme sous Justinien en Afrique et en Italie, comme sous Basile II contre les Arabes et les Bulgares, mais cette offensive n'avait pour but que de reconquérir des provinces perdues; elle faisait donc partie de la défensive générale de l'empire contre ses ennemis extérieurs.

conquérir l'indépendance et même s'agrandir aux dépens de l'empire byzantin, il dut ensuite créer contre eux des marches militaires, où il transporta des populations belliqueuses de l'empire.

En plus de leur système de fortifications et de leur armée, les Byzantins possédèrent une solide marine, qui fut pour eux une force militaire de premier ordre, par suite de la situation de l'empire sur les bords de la Méditerranée orientale.

En raison de la situation de l'empire d'Orient à la fois sur l'Europe et sur l'Asie, le système défensif de cet empire devait permettre aux armées impériales de résister aux invasions venant d'Europe et à celles venant d'Asie. Il devait par conséquent comprendre deux systèmes généraux de fortifications : un en Europe, un en Asie. Protégé par ces deux systèmes ; profitant de sa position centrale, possédant une marine puissante ; étant maître incontesté de la mer, que les Barbares et les Perses, qui n'étaient pas des peuples maritimes, ne lui disputaient pas ; pouvant par suite transporter en toute sécurité des troupes d'Asie en Europe et réciproquement, à condition d'avoir entre ses mains les ports les plus importants, l'empire d'Orient pouvait faire face, tantôt en Europe, tantôt en Asie.

Telle fut l'idée générale dont s'inspirèrent les empereurs d'Orient pour établir peu à peu le système défensif de l'empire. Commencé avec Arcadius, ce système fut terminé sous Justinien.

Du côté de l'Europe, il fut organisé de la façon suivante : en avant de la presqu'île sur laquelle était située Constantinople, Anastase construisit un immense mur à quarante milles de cette capitale ; en outre celle-ci fut entourée de murs, dont l'un des plus importants fut construit sous la minorité de Théodose II. Le mur élevé dans l'isthme de la Chersonèse de Thrace par un général spartiate fut réparé et les villes de cette presqu'île furent entourées de murs. Thessalonique fut solidement fortifiée. Les Thermopyles furent fermées par une forte muraille et Justinien y établit une garnison de deux mille soldats, des magasins de blé et des réservoirs d'eau ; en arrière, il fit réparer les forteresses ; l'isthme de Corinthe fut aussi fortifié.

Les Barbares ne sachant pas faire la guerre de forteresses, les Grecs pouvaient toujours espérer conserver les points couverts par ces murs ; les troupes qui défendaient ceux-ci ayant leur ligne de communication par mer pouvaient recevoir des renforts par cette voie, reprendre l'offensive et reconquérir une partie du terrain perdu dans la péninsule des Balkans.

La situation de Thessalonique, au sommet d'un angle droit formé par la direction générale des côtes de la mer Égée, faisait de cette ville un point stratégique de premier ordre. Par Thessalonique, les Grecs pouvaient reprendre en queue toute invasion se dirigeant sur Constantinople et également toute invasion qui se porterait sur la Hellade.

En avant de ces points fortifiés, les empereurs élevèrent des forteresses : les unes furent de simples corps de garde ; les autres comprirent généralement une tour bâtie au milieu d'une aire carrée ou circulaire qu'environnaient un mur et un fossé, et dans laquelle se réfugiaient avec leur bétail les paysans surpris par une invasion. D'ailleurs, dans ce cas, ceux-ci avaient encore la ressource de se retirer dans les nids d'aigles des montagnes escarpées, si nombreuses dans la péninsule. Les Barbares ne sachant faire ni la guerre de forteresse, ni celle de montagnes et ne séjournant que peu de temps au même endroit, les paysans échappaient ainsi à leurs coups, et lorsque les envahisseurs avaient disparu, ils reprenaient leurs occupations.

Dans l'empire d'Orient, contrairement à ce qui eut lieu dans l'empire d'Occident, les empereurs firent élever de nombreuses forteresses auxquelles les Barbares se heurtèrent lors de leurs invasions (1); sous Justinien, la péninsule des Balkans présenta sans doute un aspect analogue à celui de la France lors de l'invasion des Northmans (2).

Indépendamment des forteresses (3) établies le long du Danube, ce fleuve était défendu par une flottille lorsqu'il n'était pas gelé (4).

L'occupation du Danube par une flotte grecque

(1) Lors de l'invasion d'Attila il y avait en Thrace cent quatre-vingt-deux châteaux ou forteresses; Théodose II fit élever des fortifications dans les villes d'Illyrie.

(2) Justinien répara six cents des forts de Dacie, d'Épire, de Thessalie, de Macédoine et de Thrace.

(3) Sous Justinien, de Belgrade à l'Euxin, il y avait quatre-vingt-quatre places fortes le long du Danube; Justinien fit convertir de simples corps de garde en citadelles.

(4) Sous Théodose II, il y avait sur le Danube deux cent cinquante vaisseaux.

II.

pouvait constituer un grand danger pour une armée ennemie battue par les armées grecques dans la péninsule des Balkans et par suite obligée de se retirer vers le nord ; cette armée ennemie avait sa ligne de retraite complètement coupée tandis qu'elle était attaquée en tête par les armées grecques victorieuses.

Par suite de l'organisation défensive de l'empire d'Orient en Europe, toute invasion venant de Dacie avait d'abord à franchir le Danube protégé par une flottille et par des forteresses ; elle avait ensuite à traverser des montagnes escarpées et défendues par de nombreuses forteresses ; puis elle se heurtait aux murs élevés en avant de Constantinople, à ceux de la Chersonèse de Thrace, à ceux de Thessalonique, à ceux des Thermopyles et à ceux de Corinthe ; si elle parvenait à s'en emparer, les Grecs avaient encore la ressource de se sauver dans les îles de la mer Égée et en Anatolie, où ils étaient complètement hors d'atteinte des Barbares, ceux-ci ne possédant pas de marine.

Du côté de l'Asie, la défense de l'empire avait pu être solidement organisée grâce à la possession d'une partie de l'Arménie et de l'Osrhoène (1).

L'empire d'Orient occupant ainsi les débouchés du Tigre et de l'Euphrate dans la Mésopotamie, ses armées pouvaient prendre l'offensive dans cette

______

(1) Les Romains construisirent des forteresses en Osrhoène après leurs guerres contre les Parthes sous Marc-Aurèle ; Nisibis fut une des places importantes. Sous Caracalla le royaume d'Osrhoène fut converti en province romaine.

plaine et se jeter sur le flanc de toute invasion dirigée de la Babylonie vers la Syrie.

Les empereurs défendirent les débouchés de ces fleuves dans la plaine au moyen de places fortes Parmi celles-ci les plus importantes furent Cercesium (1), Edesse (2), Nisibis (3), Dara (4) et Amida (5).

La rive droite de l'Euphrate étant bordée de déserts, toute armée ennemie venant de Babylonie pour se diriger sur la Syrie était obligée de prendre la rive gauche de l'Euphrate et d'en franchir les affluents qui coulaient perpendiculairement à la direction de marche de cette armée et dont la convexité était tournée vers l'Orient.

Au fur et à mesure que les colonnes de cette armée avaient effectué le passage de ces rivières, elles risquaient d'être prises en flanc par les garnisons grecques des places fortes.

En arrière de ce système défensif, en Syrie, les habitants avaient entouré les villes principales de murs.

Après avoir forcé les forteresses de l'Osrhoène, l'ennemi pouvait prendre deux voies différentes pour se rendre en Cappadoce.

---

(1) Circesium était au confluent du Nahr-Belik actuel et de l'Euphrate; sous Julien, cette forteresse avait une garnison permanente de six mille hommes.

(2) Edesse était l'Orfa actuel sur la rive occidentale du Karetchai actuel, affluent de l'Euphrate par le Nahr-Belik.

(3) Nisibis se trouvait sur la rive orientale du haut Chaboras.

(4) Dara était à quatorze milles de Nisibis et à quatre journées du Tigre.

(5) Amida était situé sur le Tigre, au nord de Nisibis.

La première, remontant la vallée de l'Euphrate, traversait les gorges de la Comagène dans le Taurus et aboutissait au coude que l'Euphrate fait vers l'ouest de Mélitène. De Mélitène, on avait facilement accès sur le plateau de Cappadoce; aussi, cette ville était-elle la clef de Cappadoce et les empereurs la fortifièrent solidement.

La deuxième voie, remontant vers l'Euphrate jusqu'à Samosate, se dirigeait ensuite vers l'ouest; elle atteignait le Djihoun actuel à Marach, tournant ainsi les hautes montagnes situées entre Antioche et le golfe d'Issus. De Marach on descendait en Cilicie et de Cilicie on pouvait gagner le plateau de Cappadoce, soit en remontant vers Césarée, soit en franchissant le Taurus de Cilicie, la plus haute chaîne de montagnes de l'Asie Mineure. Marach était donc la clef de la Cilicie; aussi les empereurs fortifièrent-ils cette ville solidement

Lorsque l'ennemi avait mis le pied sur le plateau de Cappadoce, aucun obstacle, ni naturel, ni artificiel, n'arrêtait plus sa marche vers Constantinople; il était le maître de l'Asie Mineure.

Le sort de l'empire d'Orient en Asie se jouait donc d'abord en Osrhoène et ensuite soit en Comagène, soit en Cilicie.

Mais après avoir envahi l'Asie Mineure, l'ennemi de l'empire d'Orient en Asie, la Perse, n'ayant pas de flotte, ne pouvait atteindre les Grecs en Europe; il ne pouvait s'emparer de Constantinople.

L'absence de marine chez les Perses permettait même aux Grecs de reprendre l'offensive en Asie

Mineure. Ayant la mer libre, ceux-ci pouvaient débarquer des troupes en un endroit quelconque de la côte d'Asie Mineure, en particulier, aux points où cette presqu'île est reliée au continent, c'est-à-dire au sud dans le golfe d'Issus, au nord à Trébizonde; ils pouvaient alors prendre en queue toute invasion arrêtée devant leur capitale. La position de Trébizonde était préférable à celle d'Issus, car de cette ville on pouvait gagner rapidement l'Arménie et le haut Euphrate, où les Grecs avaient élevé de nombreuses forteresses (I). D'Arménie, les Grecs n'avaient qu'à descendre l'Euphrate pour couper les communications d'une troupe ennemie occupant l'Asie-Mineure et venant de Mésopotamie; s'ils ne pouvaient pas prendre l'offensive, ils avaient la certitude de n'être délogés que très difficilement de ce pays coupé et montagneux et ils pouvaient y attendre l'occasion propice pour prendre l'offensive si l'ennemi ne rappelait pas ses troupes d'Asie Mineure.

Comme tout système défensif bien organisé, le système défensif de l'empire d'Orient était doté de bons moyens de communication.

Un réseau d'informations rapides avait été établi entre Constantinple et la région fortifiée de la frontière d'Asie Mineure; des routes sillonnaient la presqu'île afin de permettre de porter rapidement les troupes sur le point menacé.

(1) Théodose fonda Théodosiopolis à environ trente-cinq milles au nord-est d'Erzeroum.

Justinien éleva sept forteresses sur le haut Euphrate.

Une ligne de feux reliait Constantinople à Césarée, ville située à la rencontre des deux routes d'invasion, l'une par Mélitène, l'autre par la Cilicie, et près d'un piton qui dominait le plateau de Cappadoce; cette ligne de feux passait par les vallées de l'Halys, du Sangarius et par Nicomédie.

Un service de relais était établi dans les postes pour prévenir les empereurs d'Orient des dangers que courait telle ou telle frontière (1).

De plus, ces empereurs avaient des espions qui les mettaient au courant des mouvements de l'ennemi en avant de la zone fortifiée.

Les routes de l'Asie Mineure furent construites, la plupart, par les Romains (2). Le réseau de ces routes fut particulièrement serré dans la région fortifiée.

Dans l'organisation défensive de l'empire, les empereurs n'oublièrent pas la colonie grecque importante de Kherson; Justinien éleva des murs en Crimée pour la protéger des invasions des Barbares de Scythie.

---

(1) Lorsque Justinien fit des économies sur le service des postes, il désorganisa le système des relais.

(2) Les principales routes furent celles de Mélitène à Edesse par Samosate, celle de Mélitène à Tigranocerte et Nisibis, celle de Mélitène à Césarée, celle d'Antioche à Nisibis par Edesse et à Tarse en Cilicie.

Une grande route reliait Chalcédoine à Sébastée et à l'Arménie; sur cette route s'embranchait une route allant à Amisos sur la mer Noire, et une autre route allant à Tarse. Tarse était relié à Smyrne par une route sur laquelle s'embranchaient : 1º aux sources du Méandre une route sur Ephèse; 2º à Laodicée une route allant à Attalia sur la Méditerranée et 3º à Iconum une route allant à Séleucie sur la Méditerranée.

L'armée de l'empire d'Orient provenait de l'empire romain. Celle-ci avait perdu les caractères principaux de l'armée de la République romaine.

Par suite des nombreuses guerres de la République, les citoyens de Rome ne suffisant plus pour recruter les légions, les affranchis furent admis dans l'armée romaine avec Marius, et les provinciaux de l'Occident avec César. L'armée, par suite de son recrutement, se sépara des citoyens de Rome ; lorsque les légions gauloises furent entrées dans la capitale avec César, l'armée commanda aux pouvoirs publics, elle devint une puissance politique, elle fut l'ennemie de l'ancien gouvernement.

Avec l'empire, la séparation entre l'armée et la patrie s'accentue de plus en plus et l'armée romaine devient une armée de métier.

Au lieu d'être une institution passagère, dissoute après la guerre, elle est transformée en une institution permanente par Auguste. C'est à l'empereur que les soldats prêtent serment de fidélité et non à la patrie ; c'est à l'aigle de la légion qu'ils sont attachés et non à la patrie.

Les soldats font vingt ans de service actif : ils restent même souvent sous les drapeaux toute leur vie comme vétérans ; ils reçoivent une paye régulière, des gratifications nombreuses et enfin une retraite. Les esclaves sont admis dans les légions, sous la réserve du consentement de leurs maîtres ; les fils des vétérans qui avaient reçu des terres sont obligés d'être légionnaires. Les Barbares recrutent de plus en plus les légions ; les provinciaux, profitant de la faculté de se racheter, les légions ne sont bientôt plus composées que de Barbares (1)

Avec Septime Sévère, qui forme la garde prétorienne de l'élite des légions placées sur les frontières, même la garde prétorienne ne comprend plus que des Barbares.

Auguste rendit permanente la hiérarchie des fonctions militaires et, sous lui, les officiers de naissance primèrent les officiers de fortune.

Dans les débuts de l'empire, des sénateurs sont encore à la tête des légions et des chevaliers à la tête des cohortes et des escadrons; mais peu à peu les sénateurs désertent ces fonctions et lorsque Gallien, au milieu du troisième siècle, leur interdit tout service militaire, c'était inutile. Depuis Caracalla, les provinces extérieures de l'empire seules fournissaient des officiers et lorsque les Barbares entrèrent dans ces légions, ils occupèrent même les postes les plus élevés de l'armée (2).

L'empereur était le commandant de toutes les armées de l'empire, mais souvent ses courtisans l'éloignaient de la vie des camps.

Avec Constantin, l'organisation du commandement supérieur de l'armée se précisa; il fut créé deux maîtres généraux, un pour la cavalerie, un pour l'infanterie.

Lorsque l'empire fut divisé en empire d'Orient et en empire d'Occident, le nombre des maîtres généraux fut doublé; de plus, la défense des fron-

(1) Voir t. I, INTRODUCTION.
(2) *Ibidem*.

tières de l'empire fut divisée en quatre secteurs, et par suite il fut formé quatre armées distinctes : celle du Rhin, celle du Haut-Danube, celle du Bas-Danube et celle de l'Euphrate, ayant à leur tête un maître général ; il y eut ainsi en tout huit maîtres généraux.

Les officiers avaient sous leur commandement trente-cinq commandants militaires établis dans les provinces, portant le titre de comte ou celui de duc (1), et ayant, en outre de leurs appointements, une pension qui leur permettait d'entretenir cent quatre-vingt-dix-huit valets et cent cinquante-huit chevaux.

Sous Auguste, l'armée fut répartie le long des frontières de l'empire. comprenant vingt-cinq légions et des cohortes auxiliaires. Les empereurs conservèrent auprès d'eux, à Rome, la garde prétorienne (2). Dans les provinces où n'étaient pas cantonnées des légions, les Romains levèrent des milices municipales et des milices provinciales pour assurer la tranquillité publique.

A partir de Constantin, les troupes furent divisées en deux groupes distincts : 1° les troupes palatines, dans les villes de l'intérieur ; 2° les troupes des frontières.

La garde particulière que les empereurs créèrent pour remplacer la garde prétorienne, fut composée

______

(1) On a vu que les fonctions militaires étaient séparées des fonctions civiles.

(2) On a vu que la garde prétorienne fut supprimée par Constantin

de troupes d'infanterie et de troupes de cavalerie ; à la tête de chacune de ces armes étaient placés un comte, des domestiques. Au quatrième siècle, l'effectif de cette garde s'élevait à trois mille cinq cents hommes et elle comprenait sept unités ou écoles et deux compagnies d'élite : une d'infanterie et une de cavalerie ; les hommes de celle-ci étaient appelés protecteurs. Sous Justinien son effectif monta à cinq mille cinq cents hommes.

A partir de Théodose II, les empereurs d'Orient ne paraissant plus en tête des légions, leur garde ne prit plus part aux combats militaires ; les grades devinrent des titres purement honorifiques et lorsque plus tard les empereurs voulaient envoyer leur garde à la guerre, les officiers donnaient leur démission.

Recrutée tout d'abord parmi les Arméniens, la garde des empereurs d'Orient fut formée sous Zénon avec les Isauriens ; mais ceux-ci ayant terrifié la capitale, Anastase dut les chasser et la garde fut recrutée de plus en plus parmi des citoyens paresseux.

Sous Auguste, l'effectif de l'armée romaine fut de trois cent mille hommes ; il alla en croissant ; avant le règne de Justinien, il s'élevait à six cent quarante mille hommes.

Les Barbares, qui composaient l'armée du Bas-empire, étaient répartis dans l'infanterie et dans la cavalerie, suivant leurs aptitudes (1).

____

(1) C'est ainsi que les Grecs employèrent dans la cavalerie les

Sous Théodose Ier, l'infanterie quitta son armure ; les Huns, les Goths et les Alains adoptèrent pour la cavalerie une armure défensive.

Dans l'empire romain des arsenaux furent créés pour emmagasiner les armes défensives et offensives des troupes (I).

Les prétoriens, étant près du pouvoir central, étaient payés plus régulièrement que les soldats des légions de frontières ; souvent, surtout sous le Bas-Empire, ceux-ci ne touchaient pas leur solde ; aussi désertaient-ils et se répandaient-ils dans les campagnes qu'ils dévastaient. Sous le Bas-Empire la discipline se relâcha non seulement par ce fait, mais aussi par suite de l'envahissement du luxe dans les légions.

Lorsqu'à partir de Constantin les troupes de l'empire furent divisées en deux groupes distincts, les troupes des frontières, qui étaient plus éloignées du pouvoir central, reçurent les deux tiers de la solde des troupes palatines, bien qu'elles eussent un rôle plus pénible et plus périlleux à remplir que les troupes palatines ; aussi protestèrent-elles souvent contre cette injustice.

Des considérations qui précèdent il résulte que l'armée de l'empire romain fut formée entièrement par les empereurs, comme le système administratif

Barbares qui avaient participé à l'invasion finnique et qui passaient leur vie à cheval : c'étaient les Huns, les Goths et les Alains.

(1) A l'avènement de Théodose, il y avait trente-quatre arsenaux dans l'empire.

de l'empire; elle fut un organe de l'empereur et non de l'empire romain. Par suite de son organisation et de son recrutement, cet organe se détacha de plus en plus des populations de l'empire. Déjà disposées à se désintéresser de la défense de l'empire par suite de la disparition de la cité sociale, politique et morale, celles-ci se reposèrent sur l'armée pour repousser les envahisseurs, et les invasions des Barbares se produisirent au milieu de l'indifférence et de l'inertie complètes des populations de l'empire.

Dans l'empire d'Orient, la non-participation du peuple à la défense de l'empire et la séparation entre la nation et l'armée fut plus accentuée que partout ailleurs; les Grecs avaient l'esprit pacifique, méprisaient la force brutale, tandis que les Barbares qui recrutaient les légions étaient d'humeur belliqueuse, ne comprenaient pas la culture intellectuelle et ignoraient la langue grecque, la langue romaine restant longtemps la langue des militaires, comme celle de l'administration.

Mais, contrairement à ce qui eut lieu en Occident, où les populations, notamment les Gaulois perdirent vite leur combativité sous l'occupation romaine, l'empire d'Orient renferma des populations belliqueuses; tels furent les Thraces, les Illyriens, les Arméniens et les Isauriens. L'armée de l'empire d'Orient, tout en restant une armée de mercenaires, fut donc non seulement recrutée parmi les Barbares (1), mais aussi parmi des sujets

(1) Sous Justinien, les Barbares qui entraient dans la composition des légions étaient des Goths, des Hérules, des Massagètes,

de l'empire. Ceux-ci, dont la misère était généralement grande, étaient attirés par la solde. Parmi les populations de l'empire, les Thraces habitant un pays riche en chevaux fournissaient particulièrement des recrues pour la cavalerie issue de la nation byzantine, tandis que les Huns composaient la cavalerie des Barbares au service de l'empire.

Lorsqu'une expédition était décidée, de nouveaux éléments venaient s'adjoindre à cette armée. Des Barbares accouraient de fort loin pour se mettre au service de l'empire; leur nombre dépendait de la réputation militaire et de la libéralité du commandant de l'expédition (1). De plus, on levait parfois dans les populations de l'empire des recrues(2), mais c'était avec la plus extrême difficulté, et celles-ci se débandaient à l'approche de l'ennemi.

Sous Justinien, l'armée était toujours complètement séparée de la nation; cet empéreur fit même désarmer et désavoua les habitants qui cherchèront à se défendre contre les invasions; les charges que l'armée faisait peser sur les populations ne pouvaient qu'entretenir cette séparation (3).

des Gépides, des Huns, des Lombards, des Esclavons, des Vandales et des Maures.

(1) Sous Justinien, lorsque Germanus fut désigné pour commander en Italie, des Barbares accoururent du centre de l'Allemagne, par suite de sa réputation et de sa libéralité.

(2) C'est ce que fit Bélisaire lors de sa deuxième expédition en Italie; il chercha à recruter des soldats dans les villages de Thrace et d'Illyrie, mais il ne put réunir qu'à grand'peine quatre mille hommes, qui n'avaient d'ailleurs aucune valeur.

(3) Sous Justinien, à Byzance, les propriétaires reçurent au moins soixante-dix mille Barbares.

Sous Héraclius, dans la guerre contre la Perse, les populations prirent part, pour la première fois, à la défense de l'empire, par suite du caractère religieux de cette lutte. L'armée de l'empire ne comprit pas seulement des soldats mercenaires, mais aussi de véritables croisés volontaires; aussi eut-elle des effectifs bien supérieurs à ceux qu'elle avait eus jusqu'alors et put-elle repousser les armées victorieuses des Perses.

Les troupes barbares de l'empire d'Orient étaient solides, et sous Justinien leur valeur compensa souvent leur faible nombre (1). Les généraux les exhortaient pour stimuler leur courage. Mais, dans ces troupes, les généraux se jalousaient et elles étaient indisciplinées; ne recevant pas toujours leur solde, elles se révoltaient de temps en temps.

Après les guerres de Justinien, l'indiscipline dans les camps alla en croissant.

Maurice voulut réformer la discipline, mais il paya cette tentative de sa vie (2) et lorsqu'au début

(1) C'est ainsi qu'en 536, tandis que les Goths étaient au nombre de 200,000, Bélisaire n'avait que 7,000 hommes et le faible corps de Mundus qui marchait de la Dalmatie sur Ravenne.

Les effectifs les plus élevés qu'eut Narsès en Italie furent de 30,000 hommes (552). Lors de l'expédition d'Afrique, en 533, les Romains arrivèrent avec 15,000 hommes et une flotte de 500 navires montée par 20,000 matelots, tandis que le nombre des Vandales était de 80,000 hommes.

(2) L'empereur Maurice, ancien commandant de légions, reprit le premier le commandement de l'armée; ce fut sans doute cette mesure ainsi que les réformes qu'il voulut faire dans l'armée qui excitèrent le mécontentement des généraux et qui amenèrent son massacre.

du règne d'Héraclius les Perses s'attaquèrent aux armées de l'empire, ils les vainquirent tout d'abord facilement.

Dans l'empire d'Orient, la solde des militaires était répartie en trois classes; la partie administrative de l'armée était confiée à des intendants appelés plus tard logothètes.

L'empire d'Orient eut des arsenaux comme l'empire romain; ils étaient sous la haute direction du maître des offices et ils étaient remplis d'armes offensives et défensives (1).

De Théodose Ier à Maurice, les empereurs ne parurent plus en tête des armées; aussi, sous Justinien, Bélisaire, le commandant des expéditions d'Afrique et d'Italie, s'entoura-t-il d'une garde particulière à sa solde (2). Maurice ne prit que momentanément le commandement des armées. A partir de lui, les uns prétendirent que l'empereur ne devait pas exposer sa vie aux périls de la guerre (3), d'autres qu'il devait prendre en mains la défense de son empire. Héraclius, après quelques hésitations, se mit à la tête de ses armées en Asie Mineure, en Arménie et en Perse, bien que sa capitale fût menacée par les Perses.

(1) C'est ainsi que lors des guerres d'Héraclius, les arsenaux furent remplis d'armes.

(2) Lorsque Bélisaire partit pour l'Italie, sa garde comptait plus de 7,000 hommes; sa cavalerie, qui comprenait 200 Huns, 200 Maures et 4,000 confédérés, était plus importante que son infanterie dont l'effectif s'élevait à 3,000 hommes.

(3) Lorsque Maurice voulut se mettre à la tête de l'armée, le sénat, le patriarche et l'impératrice vinrent le supplier de ne pas s'exposer aux périls de la guerre.

Sous Justinien, les effectifs de l'armée furent considérablement réduits ; ils ne furent même que de 150,000 hommes lorsque l'empire comprit l'Afrique et l'Italie.

Si malgré le nombre relativement faible dont disposaient les généraux de l'empire d'Orient, ceux-ci remportèrent des victoires, ils ne les durent pas seulement à la solidité de leurs troupes, mais surtout à leur science militaire, à leurs connaissances tactiques et à leurs conceptions stratégiques.

Comme les Romains, les généraux de l'empire d'Orient formaient leurs troupes sur trois lignes, ce qui permettait d'alimenter le combat. Ils employaient aussi la fortification passagère(1), ce qui leur donnait un surcroît de force, et ils fortifiaient les villes aussitôt qu'ils s'en étaient emparés (2).

Lorsqu'avec Maurice les empereurs se mirent de nouveau à la tête des armées, certains firent preuve de connaissances militaires étendues. L'empereur Maurice composa douze livres sur l'art de la guerre. Héraclius, dans sa guerre contre la Perse, se révéla

(1) Grâce à l'emploi de la fortification de champ de bataille, Bélisaire battit à Dara (529) quarante milles Perses d'élite, bien qu'il n'eût sous ses ordres que vingt-cinq mille hommes indisciplinés.

Aussitôt que Bélisaire eut débarqué en Afrique, il forma un camp qu'il entoura d'un fossé et d'un rempart.

(2) Lorsqu'il eut pris Carthage, Bélisaire releva les murs et les fossés que les Vandales avaient laissé tomber en ruines.

Lorsqu'en Italie, il se fut emparé de Naples et de Cumes, il fortifia aussitôt ces deux villes.

comme un général de premier ordre par ses conceptions stratégiques (1).

La force de résistance de l'empire d'Orient contre ses ennemis extérieurs ne résida pas seulement dans son système défensif, dans son armée et dans la science militaire de ses généraux; elle résida aussi dans la puissance de sa marine.

Les empereurs romains avaient déjà compris le parti qu'ils pouvaient tirer de la puissance maritime de l'empire vis-à-vis des Barbares qui, pour la plupart, possédaient peu de notions de navigation. Grâce à leur marine, les Romains pouvaient échapper aux coups des Barbares et se rendre dans un endroit plus sûr de l'empire. Ravenne fut choisi comme résidence des empereurs d'Occident, en grande partie à cause de son voisinage de la mer.

En Orient, la puissance maritime de l'empire était développée plus que partout ailleurs; toutes les grandes villes étaient sur le bord de la mer et Constantinople communiquait beaucoup plus facilement avec Antioche, Alexandrie et Carthage qu'avec les villes de Mésie. Aussi les Grecs étaient-ils les maîtres incontestés de la mer, et les différentes parties de l'empire étaient-elles toujours reliées entre elles, malgré les succès de ses ennemis.

(1) Voir dans ce chapitre, page 163. Indépendamment de ses judicieuses conceptions stratégiques, Héraclius montra une connaissance assez grande de la guerre; c'est ainsi que dans sa marche de Cilicie à Cappadoce, il se fit précéder d'éclaireurs à cheval.

Lors des invasions, les Grecs pouvaient se sauver par mer (1) ; lorsqu'ils avaient perdu une province, les empereurs d'Orient n'avaient qu'à attendre que les Barbares qui l'occupaient se fussent affaiblis pour rentrer par mer avec une armée dans cette province et la reconquérir (2).

Ce fut aussi grâce à leur puissance maritime que les Grecs purent repousser, sous Héraclius, l'invasion des Perses, qui ne possédaient aucune marine (3).

Ayant conscience de la force qu'ils puisaient dans leur marine, les Grecs prirent des mesures contre les peuples qui menacèrent celle-ci et qui, jusqu'à l'invasion des Arabes, ne furent qu'au nombre de deux : les Goths et les Vandales. La fondation de Constantinople sur le Bosphore empêcha le retour des incursions des Goths dans la mer Egée. Quant aux Vandales, dont la puissance maritime fut beaucoup plus redoutable que celle des Goths, les empereurs d'Orient, qui étaient restés sourds aux appels des empereurs d'Occident contre les invasions des autres peuples barbares, organisèrent des expéditions contre eux. Théodose II réunit une première armée en Sicile (441), mais l'invasion des *Huns provoquée par Genséric suspendit les prépa-*

(1) Lorsque les Perses et les Arabes envahirent l'Égypte, les Grecs se sauvèrent sur des navires par le Nil.

(2) Ils rentrèrent ainsi en Afrique et en Italie.

(3) C'est grâce à l'absence de marine chez les Perses que les Grecs purent conserver Constantinople et c'est grâce à leur marine que les Grecs purent se jeter sur la ligne de communication de l'armée perse.

ratifs de la campagne. Léon Ier organisa une seconde expédition en 468, mais elle échoua aussi. A la mort de Genséric (477) la puissance maritime des Vandales déclina et elle reçut le coup de grâce avec Justinien qui conquit l'Afrique et rendit à la marine grecque le commerce de la Méditerranée occidentale.

Un fait qui pouvait aussi contribuer à assurer la résistance de l'empire dériva de l'organisation politique de celui-ci. Le siège du gouvernement étant là où était l'empereur, si Constantinople était pris par l'ennemi, l'empereur n'avait qu'à se transporter en un point quelconque de l'empire. Il fallait donc que l'ennemi occupât tout l'empire pour que celui-ci succombât.

II. — LUTTES DE L'EMPIRE D'ORIENT
CONTRE LES PEUPLES ÉTRANGERS

Les luttes que l'empire d'Orient eut à soutenir contre les peuples étrangers peuvent se diviser en trois phases.

La première s'étend jusqu'au milieu du septième siècle. Elle comprend, en Europe, les luttes contre les invasions germaniques, finniques et slaves, et en Asie les guerres contre la Perse et contre l'Arménie.

La deuxième s'étend du milieu du septième siècle au milieu du onzième siècle. Elle comprend, en Europe, les luttes contre les peuples germaniques, les Allemands et les Russes, contre les peuples slaves, et contre les Bulgares; en Asie contre l'Arménie; en Asie et en Europe contre les peuples sémitiques : les Arabes.

La troisième s'étend du milieu du onzième siècle à la chute de l'empire. Elle comprend, en Europe, les luttes contre les peuples germaniques : Normands et Occidentaux et contre les peuples slaves : Bulgares et Serbes ; en Asie et en Europe contre les Turcs.

L'empire d'Orient eut donc à lutter souvent à la fois contre ses ennemis en Asie et en Europe. Quelquefois ceux-ci parvinrent à faire leur jonction dans l'empire (1).

LUTTES CONTRE LES PEUPLES ÉTRANGERS
JUSQU'A L'INVASION ARABE

Luttes contre les peuples germaniques. — Lors de l'invasion de l'empire romain par les peuples germaniques, l'Orient n'eut à subir que l'invasion d'un seul peuple : les Goths (2).

(1) C'est ainsi que les Avares et les Perses parvinrent à assiéger en même temps Constantinople (626): que les Sarrasins et les Esclavons assiégèrent ensemble Patras (807); que les Sarrasins et les Allemands d'Othon Ier, à la fin du dixième siècle, attaquèrent l'Italie du sud byzantine en même temps.
(2) Voir page 108.

Une partie de cette nation vint s'établir au milieu du troisième siècle en Dacie d'où elle fit de fréquentes incursions (1) dans la péninsule des Balkans. Mais vers le milieu du quatrième siècle, comme les autres peuples germaniques (2), elle n'avait pas réussi à s'établir à demeure dans l'empire. En 375 la destruction de l'empire goth par les Huns précipita les Goths de l'Ouest, les Visigoths, sur l'empire d'Orient, comme elle jeta aussi, mais un peu plus tard, le monde germanique sur l'Occident (3).

Les Visigoths s'établirent dans l'empire d'Orient.

(1) En 250 les Goths envahirent la Thrace; ils vinrent jusqu'à Philippopoli, puis furent repoussés. Quelques années après, sous Gallien, une deuxième invasion des Goths eut lieu, mais par mer; après qu'ils se fussent emparés de Cherson, ils pillèrent les bords sud de la mer Noire, descendirent par le Bosphore de Thrace dans la mer Égée, ravageant la Grèce et même l'Italie, tandis qu'une autre invasion partait de Dacie. Ces deux invasions furent finalement repoussées. Claude détruisit la flotte des Goths et battit l'autre invasion à Naissus, en Dardanie (269).

Mais Aurélien, successeur de Claude, fut obligé d'abandonner aux Goths le Danube; ils furent paisibles pendant cinquante ans; puis, en 322, ils envahirent l'Illyrie, mais Constantin les repoussa et les vainquit en Dacie.

(2) Les Goths, qui traversèrent le Danube en 366 pour venir au secours d'un usurpateur, furent battus par les généraux romains et durent signer un traité en vertu duquel ils ne gardèrent plus que deux villes sur le Danube pour faire le commerce et perdirent tout subside. Ils restèrent paisibles pendant six ans.

L'invasion des Allemands fut repoussée en 357 à la bataille de Strasbourg et celle des Bourguignons qui venaient de la Lusace; celle des Saxons qui venaient de la Baltique et du Schleswig, le furent également à la même époque.

(3) L'invasion des Suèves, des Alains, des Burgondes eut lieu en 406.

Les Grecs pouvaient espérer s'assimiler ce peuple. Il était de race aryenne comme eux ; il avait acquis une teinte de romanisation pendant son long contact sur les frontières de l'empire ; la langue romaine, la langue officielle y avait pénétré ; il était chrétien comme les Grecs (1) ; il commençait à arriver, au point de vue économique, à l'état agricole ; ce peuple ne demandait qu'à reconnaître la souveraineté de l'empereur et à se mettre à son service. Il aurait donc pu être un élément de force pour l'empire ; il aurait fourni à celui-ci des soldats qui l'auraient défendu et des agriculteurs qui auraient donné la prospérité aux campagnes.

Mais les tribus germaniques étaient trop indisciplinées, trop belliqueuses et encore trop peu habituées à se livrer longtemps à l'agriculture dans le même endroit. Elles furent donc un élément de trouble pour l'empire ; elles se révoltaient (2), appelaient à leur aide des peuples extérieurs à

(1) Après leur invasion sous Gallien, les Goths emmenèrent en captivité des chrétiens, et l'Évangile se répandit chez eux ; en 325, un évêque goth siégea à Nicée. La conversion de Constantinople à l'arianisme fit sentir son influence chez les Goths ; Ulphilas, leur apôtre en 360, était arien, et comme l'Écriture Sainte fut traduite dans leur langue, ils n'eurent plus de rapports religieux avec l'Église et l'empire romain ; ils restèrent ariens.

(2) Peu de temps après avoir reçu des terres de l'empereur (376), les Goths se révoltent, pénètrent dans la Thrace, prennent pour auxiliaires des Huns et des Alains et battent Valens à Andrinople (378). Théodose Ier les défit ensuite et les soumit, mais il leur accorda un subside. Ils se révoltèrent en 395 avec Alaric et dévastèrent la Grèce.

l'empire, dévastaient les campagnes et faisaient trembler l'empire. Les armées impériales composées de Barbares ne pouvaient leur opposer une résistance sérieuse (1). Aussi, les empereurs d'Orient, s'appuyant sur ce que les Goths se considéraient comme des sujets au service de l'empire, les éloignèrent-ils de leur empire en leur donnant des conquêtes à faire. Arcadius lança ainsi Alaric sur l'Italie, et celui-ci établit le centre de sa puissance en Illyrie, où il pouvait se relier avec les Ostrogoths qui, entraînés aussi par l'invasion hunnique, s'étaient établis dans les plaines de la Theiss et du Danube.

Après avoir éloigné les Visigoths de l'empire, il restait à éloigner les Ostrogoths de Dacie, qui, de ce pays, menaçaient l'empire d'Orient; Zénon donna à leur roi Théodoric la mission de reprendre en son nom l'Italie aux Hérules, et les Ostrogoths quittèrent la Pannonie pour l'Italie.

Seuls des peuples germaniques, les Gépides entraînés en Dacie par les Huns pouvaient menacer l'empire d'Orient (2) bien qu'ils se déclarassent fidèles alliés de Justinien; cet empereur appela alors contre eux un autre peuple germanique : les Lombards, qui venaient de vaincre les Hérules dans le midi de la Pologne.

---

(1) Sous Arcadius, le Goth Tribigild ayant soulevé la colonie des Goths établie en Phrygie, Eutrope envoya contre lui le Goth Gainas; mais Gainas se réunit à Tribigild (400) et obtint le grade de maître général des armées romaines.

(2) Ils occupaient Sirmium et Belgrade.

Les Lombards s'établirent dans la Pannonie et la Norique et, avec l'aide des Avares, détruisirent le royaume des Gépides (566). Attirés par leurs compatriotes au service de Byzance en Italie, ils envahirent cette péninsule quelques années plus tard, en 570. Ce fut le dernier peuple germanique qui parut dans la plaine du moyen Danube.

L'empire d'Orient n'eut donc à subir qu'une seule invasion des peuples germaniques : celle des Visigoths, et au commencement du cinquième siècle les empereurs avaient déjà éloigné ce peuple de l'empire.

Avec Justinien, les empereurs d'Orient, seuls successeurs des empereurs romains, voulurent même reprendre aux peuples germaniques des provinces que ceux-ci avaient conquises sur l'empire d'Occident.

Lorsque Justinien monta sur le trône, l'empire d'Orient était florissant; son commerce et son agriculture étaient prospères ; il n'avait pas eu à subir de grandes invasions de Barbares de Théodose II à Justinien, et les incursions des Barbares avaient affecté seulement les provinces d'Europe ; il n'avait pas eu à soutenir de guerre contre la Perse, pendant plus de cent ans jusqu'à Anastase ; il avait été sagement administré par les empereurs de Théodose II à Justinien Ier exclusivement, principalement par Zénon et Anastase; son trésor possédait, à l'avènement de Justin Ier, des réserves importantes, d'une valeur actuelle de trois milliards; ses arsenaux et ses magasins étaient remplis d'armes et de matériel; son système défensif était presque terminé, sa marine et son armée étaient puissantes.

Le moment de passer à l'offensive était donc arrivé pour l'empire d'Orient.

Justinien tourna ses regards sur l'Afrique et sur l'Italie. La conquête de ces deux pays fut entreprise pour mettre sous la domination de l'empire d'Orient les deux seuls patriarches de la chrétienté qui étaient alors indépendants de cet empereur, et par suite pour permettre à celui-ci de diriger entièrement le monde chrétien.

La conquête de l'Afrique fut décidée, en outre, par Justinien, pour achever d'anéantir la puissance des Vandales, en décadence depuis la mort de Genséric, pour les empêcher de disputer de nouveau aux Grecs la prépondérance dans la Méditerranée centrale et de menacer la marine grecque dans la Méditerranée orientale; enfin pour faire passer entre les mains des Grecs seuls le commerce de la Méditerranée occidentale et, par conséquent, celui de toute la Méditerranée.

La conquête de l'Afrique et de l'Italie fut facilitée aux armées de l'empire par le bon accueil que leur firent les anciennes populations, par la participation de celles-ci aux fonctions publiques et par le caractère religieux que prirent les expéditions des Byzantins dans ces deux pays. Les anciennes populations regrettaient le gouvernement de l'empire romain; elles préféraient celui-ci à la domination des Barbares; l'empereur d'Orient, le seul successeur des empereurs romains, leur apparut comme un libérateur (1).

Les Barbares, qui ne s'étaient considérés que comme des soldats au service de l'empire lors des invasions, avaient maintenu les anciennes institutions dont étaient dotées les provinces lorsqu'ils les occupèrent; de plus, leur ignorance les obligea à recruter les fonctions publiques parmi les anciennes populations. Justinien, s'étant déclaré orthodoxe, eut l'appui des populations catholiques et du patriarche de Rome contre les Barbares ariens, et ce fut un évêque d'Orient qui décida l'empereur hésitant à entreprendre l'expédition d'Afrique. En Afrique et en Italie les armées grecques eurent donc, pour les aider dans leurs conquêtes, les anciennes populations, les fonctionnaires civils et l'Église.

Afin de pouvoir consacrer tous ses efforts vers l'ouest de l'empire, Justinien signa une trêve avec le voisin de l'est de l'empire, avec la Perse.

En Afrique, les Vandales n'opposèrent pas une grande résistance. Ces peuples du Nord avaient bientôt perdu leur ancienne vigueur dans ces cli-

(1) C'est ainsi que lorsque Bélisaire, après avoir battu les Vandales, arriva devant Carthage, les habitants de cette ville allumèrent des torches pour manifester leur joie, enlevèrent la chaîne du port, ouvrirent les portes et appelèrent à grands cris leurs libérateurs.

Lorsque Bélisaire arriva la première fois devant Rome, les Goths renoncèrent à défendre cette ville devant l'état des esprits de ses habitants; ceux-ci accueillirent avec enthousiasme Bélisaire et lui livrèrent la ville.

mats chauds ; maîtres du pays, ils préféraient se reposer à l'ombre des jardins que d'aller combattre. Ils employaient dans leurs armées les Maures, peuple belliqueux qui les avait aidés à conquérir le nord de l'Afrique et qui, autrefois, s'était toujours vaillamment défendu contre les Romains.

Après avoir vaincu les Vandales (1), Bélisaire réorganisa la province au point de vue administratif (2), donna satisfaction aux anciennes populations (3) et aux catholiques (4), et assura la défense de sa nouvelle conquête (5). Les Byzantins reprirent aussi la Sardaigne et les îles Baléares qui appartenaient aux Vandales et assurèrent ainsi à leur marine la domination complète dans la Méditerranée occidentale.

Mais en Afrique, les armées de Justinien eurent

(1) Bélisaire débarqua au promontoire de Caput-Vadæ, à cinq journées au sud de Carthage, se dirigea sur Carthage, battit les Vandales, entra dans Carthage, puis marcha sur Gélimer, qui avait rassemblé les débris de son armée, et réuni des princes maures ; il les vainquit à la bataille de Tricaméron. En 534, les Byzantins parvinrent à s'emparer de Gélimer.

(2) Voir t. II, chap. II, page 74.

(3) Il permit aux familles dépossédées par les Vandales de réclamer, même au troisième degré et en ligne collatérale, des maisons et les terres qui avaient appartenu à leurs parents.

(4) Il rétablit le culte des catholiques, obligea les Ariens à céder à ceux-ci leurs églises, supprima le culte des Ariens et défendit les assemblées des Donatistes.

(5) Il établit quatre ducs ou commandants à Tripoli, Leptis, Cirta, Césarée et calcula le nombre de troupes palatines ou soldats de frontière nécessaire pour la défense de cette province.

à combattre un ennemi beaucoup plus redoutable que les Vandales : les Maures; elles vainquirent ceux-ci sur les hauts plateaux (1).

Malgré leurs victoires les Grecs virent bientôt décliner leur puissance en Afrique. Les populations s'éloignèrent de l'empire dont l'administration pesait lourdement sur elles par ses tributs accablants et ses exactions. Les soldats barbares de l'armée byzantine, qui étaient ariens, s'unirent aux filles des Vandales ariens; les Vandales et les Ariens purent ainsi relever la tête au détriment des anciennes populations et des catholiques. Les Maures, qui n'avaient jamais été réellement soumis par les Byzantins, en profitèrent pour sortir des hauts plateaux : ils firent de nombreuses incursions dans les possessions de l'empire en Afrique et parvinrent à réduire considérablement celles-ci.

Lorsqu'un siècle après la conquête de l'Afrique par les Byzantins les Arabes pénétrèrent dans cette province, les gouverneurs byzantins ne trouvèrent aucun appui auprès des populations désaffectionnées de Byzance et les Maures tendirent la main aux Arabes (2).

---

(1) Salomon, successeur de Bélisaire dans le commandement de l'Afrique, livra aux Maures deux grandes batailles où périrent soixante mille Barbares et il continua la guerre pendant plusieurs années du côté de Lambessa.

(2) Le préfet Grégoire fut battu près de Tripoli par les Arabes (647); après avoir été arrêtés quelque temps par leurs discordes civiles, les Arabes vainquirent dans l'Afrique byzantine une armée de trente mille Grecs; ils prirent Carthage en 698. Les Maures, après avoir bien accueilli les Arabes, cher-

En Italie, quoique sous Théodoric ce pays fût prospère, les anciennes populations supportèrent difficilement la domination des Ostrogoths et elles ne se mélangèrent nullement avec ceux-ci (1). Il est vrai que Théodoric, bien qu'arien, fut tout d'abord très tolérant vis-à-vis des catholiques; mais lorsque Justinien eut persécuté dans ses États les Ariens, ce roi des Ostrogoths, usant de représailles, se montra plus sévère vis-à-vis des catholiques, et ceux-ci appelèrent Justinien pour les délivrer du joug des Ariens. Cet empereur profita des discordes qui suivirent la mort de Théodoric chez les Goths pour répondre aux désirs des Italiens. Il fit conquérir d'abord la Sicile par Bélisaire, qui venait de soumettre l'Afrique; puis il le chargea de la conquête de l'Italie. Celle-ci fut terminée en 539 (2).

chèrent ensuite à s'affranchir de leurs nouveaux maîtres; ils se révoltèrent sous la conduite de la reine Kahina (698), mais ils furent vaincus par Musa (709).

(1) Les Goths étaient campés dans l'Italie; ayant obtenu le tiers des terres de l'Italie, comme les Barbares avaient reçu le tiers des terres sous Odoaire, ils étaient dispersés dans le pays; dès que la trompette les appelait, ils se groupaient autour de l'officier commandant la province; un tour de service était établi entre les troupes pour le service du palais et celui des frontières.

(2) Après avoir pris la Sicile, Bélisaire passa ensuite en Italie, à Reggio et longea la côte jusqu'à Naples se tenant en communication avec la flotte; il entra dans Naples (536) et dans Rome. Mais les Goths proclamèrent roi Vitigès, qui était leur général, après avoir détrôné leur roi Théodat. Vitigès revint devant Rome avec toutes ses forces, assiégea la ville (537). Justinien envoya alors en Italie un premier secours sous les ordres d'Euthalius; celui-ci débarqua à Terracine; puis trois mille Isauriens débarquèrent à Ostie; deux mille chevaux furent débarqués à Tarente.

Mais les Goths se réunirent sous la conduite de Totila, tandis que Justinien était obligé d'envoyer des troupes contre la Perse qui avait rompu la trêve et que les populations, déjà tyrannisée par les exactions de l'administration byzantine, avaient perdu de leur enthousiasme primitif pour Byzance. Aussi Totila put-il reprendre l'Italie (1), la Sicile, la Sardaigne, la Corse et même menacer l'empire d'Orient (2).

Justinien, qui venait de nouveau signer une trêve

Ces forces se réunirent à l'embouchure du Tibre et les Goths effrayés levèrent le siège de Rome (538). Bélisaire les attaqua alors dans la retraite qu'ils firent sur Ravenne. Théodebert, roi d'Austrasie, vint d'abord au secours des Goths, mais il attaqua bientôt ceux-ci et ravagea la vallée du Pô ; décimés dans une deuxième incursion par une maladie, les Francs repassèrent les Alpes. Bélisaire assiégea alors Ravenne qui dut finalement se rendre.

(1) Totila battit les Grecs à Faënza, se dirigea sur Naples et Cumes, qu'il réduisit pour empêcher les secours d'arriver aux Grecs. Il se porta ensuite devant Rome. Bélisaire fut renvoyé en Italie ; il débarqua à Ravenne encore aux mains des Byzantins. Mais comme il ne disposait d'aucune force, il repassa l'Adriatique et attendit à Dyrrachium l'arrivée des renforts. Bélisaire, pour éviter dese mesurer avec les Goths qui tenaient la voie Appienne, préféra se porter avec ses troupes près de Rome par mer. Il ne put arriver à délivrer Rome et cette ville dut se rendre aux Goths (546) ; mais elle fut bientôt reprise par Bélisaire (547). Bélisaire ayant été rappelé de nouveau par Justinien, les Goths reprirent Rome (549) ; comme lors de leur première entrée dans cette ville, trois ans auparavant, ils se firent remarquer par leur clémence et cherchèrent à se concilier les bonnes grâces de la population que la tyrannie des Grecs indisposait déjà contre l'empire d'Orient.

(2) Des Goths débarquèrent même à Corcyre et en Épire et s'avancèrent jusqu'à Dodone.

avec la Perse, envoya en Italie une armée sous Narsès qui conquit définitivement ce pays et anéantit la puissance des Goths (554) (1).

L'Italie fut organisée par Byzance au point de vue administratif (2) et religieux (3) et une armée fut chargée d'assurer la domination de l'empire.

L'armée d occupation d'Italie comprit des régiments de l'armée régulière, se recrutant par voie régulière, des milices provinciales (4) encadrées dans l'armée régulière et des troupes de renfort que les empereurs envoyèrent parfois.

La domination byzantine était établie en Italie depuis une quinzaine d'années lorsque les Lombards envahirent cette péninsule. Dans leur résistance contre ces Barbares, les Grecs ne trouvèrent aucun appui auprès des populations que les exactions de leur administration avaient éloignées

---

(1) Tandis qu'une flotte et une armée commandées par Artaban s'emparait de la Sicile et battait la flotte des Goths, Narsès s'avança par l'Illyrie et gagna Ravenne par le nord de l'Adriatique en suivant les côtes. Il se porta ensuite par Rimini vers Rome, battit les Goths de Totila près de Terni et entra dans Rome. Il vainquit ensuite Teias, le successeur de Totila, près de Naples. Des Francs et des Allemands, appelés par les Goths, et qui venaient d'envahir la plaine de Milan (553), ayant fait subir un échec à un corps byzantin, les Goths reprirent courage, se joignirent aux Francs et aux Allemands, descendirent en deux colonnes d'une part vers la Pouille et la Calabre, d'autre part vers la Lucanie et le Bruttium ; mais la première colonne fut décimée par une maladie, tandis que la seconde fut vaincue près de Capoue par Narsès (554).

(2) Voir t. II, chap. II, page 75.

(3) Voir t. I, l. I, chap. I.

(4) Voir t. I, l. I, chap. II.

d'eux, ni auprès de l'Église romaine mécontente de la création de l Église de Ravenne.

Occupé par les guerres contre la Perse, l'empereur d'Orient Tibère II ne put détacher aucune troupe en Italie ; il fit alors appel aux Francs, qui se bornèrent à faire une simple diversion (1).

Grâce à leur puissance maritime, les Grecs purent conserver la Calabre et le Bruttium, la Sicile, la Sardaigne, la Corse, Naples, Rome, l'exarchat de Ravenne et Venise. Mais au huitième siècle, par suite de l'évolution sociale accélérée par l'invasion des Lombards, le démembrement de la souveraineté était un fait accompli dans les possessions de l'empire en Italie ; les populations italiennes continuaient à se détacher de l'empire. Peu à peu Amalfi, Naples, Rome et Venise se rendirent indépendantes.

Quant aux Lombards, leur puissance ne tarda pas à décliner. Ils étaient à une stade de l'évolution économique moins avancé que ne l'étaient les Ostrogoths, lorsque ceux-ci envahirent l'Italie. Si certains Lombards forcèrent les propriétaires à leur céder une partie de leurs terres, la plupart les obligèrent à leur donner le tiers des produits de leurs champs, et ils continuèrent à se livrer à la chasse, à l'élevage des chevaux, des bœufs et des buffles et à mener une vie pastorale. Les Lom-

---

(1) Les Francs furent vainqueurs des Lombards, mais les Grecs ne firent pas leur jonction avec les Francs et ceux-ci se retirèrent.

bards traitèrent les agriculteurs comme des esclaves ; ils établirent des lois territoriales et non personnelles, n'admirent pas dans leurs conseils de
législation les évêques, qui auraient pu y défendre
les intérêts des populations soumises ; ils étaient en
outre de religion arienne tandis que les Italiens
étaient catholiques ; aussi les Italiens supportèrent-
ils difficilement la domination des Lombards et
cherchèrent-ils à leur créer des difficultés. A cette
cause de faiblesse vint s'en ajouter une autre : les
dissensions entre les ducs lombards que les exarques de Ravenne s'efforcèrent d'entretenir. Le
déclin de la puissance des Lombards permit à
Byzance de maintenir sa domination dans l'exarchat encore un siècle et demi.

Au huitième siècle, les populations italiennes
voulurent profiter des embarras de l'empire en
Orient pour s'affranchir de la domination byzantine ; elles se soulevèrent sous la direction de
l'Église romaine (1). Peu de temps après, les Lombards, après s'être tout d'abord alliés aux Grecs,
se déclarèrent ensuite contre eux et leur enlevèrent
l'exarchat. La domination byzantine ne subsista
plus alors que dans le sud de l'Italie.

Luttes contre les peuples finniques. — Les peuples
finniques furent pour l'empire d'Orient un adversaire plus dangereux que les peuples germaniques,
non seulement en raison de la situation du centre
de leur puissance dans les plaines du moyen Da-

(1) Voir t. I, l. I, chap. I.

nube, mais encore par suite des caractères généraux qu'ils présentaient.

Les peuples finniques étaient des peuples pasteurs, chasseurs et possédant de nombreux chevaux, par suite nomades; les empereurs d'Orient ne pouvaient espérer les fixer dans les provinces que ceux-ci envahirent et en faire des agriculteurs (1) comme avec les peuples germaniques. Habitués à vivre de la chair de leurs troupeaux, qu'ils portaient sur leurs chevaux, et à ne pas manger de pain, les peuples finniques étaient beaucoup plus sanguinaires et féroces que les peuples germaniques. Ils étaient polythéistes et très superstitieux, par suite de religion différente de celle des Grecs, tandis que les Goths étaient chrétiens lorsqu'ils envahirent l'empire. Etant de race différente des Grecs, ils ne pouvaient pas être absorbés par ceux-ci, comme cela aurait pu avoir lieu pour les peuples germaniques, qui étaient de race arienne comme les Grecs.

Lorsque les peuples finniques commencèrent à s'établir dans la plaine du moyen Danube, les empereurs d'Orient voulurent agir envers eux comme avec les peuples germaniques (2); mais les peuples finniques ne se considérèrent pas sous la souveraineté des empereurs comme ceux-ci; ils traitèrent

---

(1) Lorsque les Huns s'établirent dans la plaine du moyen Danube, ce furent les Goths qui leur fournirent des céréales : du millet et de l'orge,

(2) C'est ainsi que Théodose II nomma général le roi des Huns, Rugilas.

de puissance à puissance (1) avec les empereurs d'Orient et même regardèrent le tribut que celui-ci leur payait comme la reconnaissance de sa vassalité vis-à-vis d'eux (2).

Si l'empire d'Orient ne fut pas détruit en Europe par les peuples finniques, il le dut en grande partie à l'organisation politique de ceux-ci et au caractère géographique de la péninsule des Balkans.

Chez les peuples finniques l'organisation politique ne dépassait pas généralement la tribu ; ces tribus se groupaient parfois dans un but militaire sous un chef appelé khan, ne possédant qu'un pouvoir militaire ; suivant la réputation de ce khan, le nombre des tribus réunies était plus ou moins grand, et par suite la puissance des peuples finniques plus ou moins redoutable. Mais, l'expédition terminée ou le khan mort, ces tribus reprenaient leur indépendance et les peuples finniques n'étaient plus alors à craindre.

Habitués à vivre dans de grandes plaines et à les parcourir en grandes troupes et à cheval, les peuples finniques étaient plus attirés vers l'Europe occidentale, où se trouvaient des plaines, que vers la péninsule des Balkans, hérissée de montagnes.

______

(1) Les Grecs et les peuples finniques s'envoyaient des ambassades ; les Grecs en envoyèrent une à Attila, dans son palais de Pannonie ; les Avares en envoyèrent une à Justinien II en 566.

(2) Lorsque Théodose II voulut faire assassiner Atti'a, celui-ci lui reprocha de conspirer comme un esclave perfide contre la vie de son maître.

Aussi les expéditions que firent les peuples finniques dans les provinces d'Europe de l'empire d'Orient n'eurent-elles pas le caractère d'invasions, mais celui d'incursions, incursions après lesquelles ces peuples rentraient dans la plaine du Danube, où était le centre de leur puissance.

L'expédition des Huns sous Théodose II dans la péninsule des Balkans coûta à l'empire la rive droite du Danube (1) ; mais à la mort d'Attila (453), par suite des dissensions entre les prétendants à sa succession, la puissance des Huns se dissocia.

Les Ostrogoths et les Gépides, qui étaient sous leur domination, en profitèrent pour recouvrer leur indépendance, et une partie des Huns se retira dans la Scythie. Pour empêcher le retour d'invasions finniques dans la péninsule des Balkans, l'empereur Marcien, qui considérait les Ostrogoths sous sa souveraineté, leur céda la Pannonie et une partie de la Mésie ; Théodoric, leur roi, vainquit les Bulgares, les Gépides et les Sarmates (488).

De nouveaux peuples finniques ne tardèrent pas à menacer l'empire d'Orient ; dès le commencement du sixième siècle, les Bulgares subjuguèrent les Slaves établis sur le bas Danube et firent ensuite des incursions dans la péninsule des Balkans ; au milieu du sixième siècle, les Avares arrivèrent dans les plaines du moyen Danube. Celles-

---

(1) Genséric, roi des Vandales, lança Attila contre l'empire d'Orient en 441. Attila ravagea la péninsule des Balkans, forçant les Grecs à se retirer derrière les murs de Constantinople.

ci étaient alors occupées par des Bulgares, des Sarmates, des Lombards et des Gépides (1). Ces deux derniers peuples étaient les plus puissants. Les Avares soumirent les Bulgares et les Sarmates; puis, s'unissant aux Lombards, ils détruisirent le royaume des Gépides. A la suite de cet événement, les Lombards et les Avares restèrent seuls en présence dans la plaine du moyen Danube. En 570, les Lombards, dont Justinien voulait faire l'ennemi des Avares, se jetèrent sur l'Italie, et les Avares dominèrent seuls dans la plaine du moyen Danube, étendant leur puissance sur l'Elbe supérieur et étant libres de se précipiter sur la péninsule des Balkans.

Pour détourner les Avares de l'empire d'Orient, les empereurs Maurice et Héraclius voulurent opposer les Avares et les Lombards les uns aux autres, mais ce fut en vain (2).

Comme les Huns, les Avares ravagèrent souvent la Thrace et se firent payer un tribut par l'empire d'Orient. Depuis Justinien, toute l'attention des empereurs étant tournée vers la Perse, les forteresses de la péninsule des Balkans furent dégarnies de troupes et les Avares ne rencontrèrent aucune opposition dans leurs incursions.

----

(1) Les Ostrogoths étaient partis, comme on l'a vu, à la conquête de l'Italie.

(2) Maurice demanda aux Avares de marcher contre les Lombards.

Par l'entremise de l'exarque de Ravenne, Héraclius se concilia l'amitié des Lombards, qui promirent d'occuper les Avares.

L'empereur Maurice, tranquille sur le sort de ses frontières d'Asie, par suite de son alliance avec la Perse, voulut détruire la puissance des Avares; ses troupes, après avoir été victorieuses des Avares, s'avancèrent jusqu'au delà du Danube, jusqu'à la Theiss. Mais ces succès furent inutiles, et sous Héraclius les Avares profitèrent des victoires des Perses pour reprendre leur lutte contre l'empire; ils s'avancèrent même jusque sous les murs de Constantinople et assiégèrent cette ville par l'ouest, tandis que les Perses atteignaient Chalcédoine, ville située sur la rive d'Asie en face de la capitale.

Mais comme les Perses et les Avares n'avaient pas de marine, ils ne purent ni faire leur jonction entre eux, ni se prêter un mutuel appui, et les Avares furent finalement vaincus par les Byzantins (626).

Ce fut la dernière attaque des Avares contre l'empire d'Orient; leur puissance déclina ensuite : ils eurent à lutter contre les Venètes de Carinthie, gouvernés par le roi Sano, qui venait d'exterminer trois armées franques sur les bords de la Save, et contre les Bulgares, qui cherchaient à s'affranchir de la domination des Avares. En 635, les Bulgares se rendirent indépendants, tandis que dix mille familles d'entre eux se portaient en Bavière, où elles étaient exterminées par le roi Dagobert.

Au sud, les Avares furent arrêtés par les Serbes et les Croates qu'avait appelés Héraclius pour protéger l'empire contre leurs incursions.

A la fin du huitième siècle, lorsque Charlemagne

eut détruit la puissance des Avares, l'empire d'Orient n'eut plus à craindre d'invasions de peuples finniques. Sauf les Bulgares, peu nombreux d'ailleurs et qui furent bientôt absorbés par les Slaves établis au sud du Danube, les peuples finniques dans cette phase des luttes de l'empire d'Orient n'entamèrent donc pas plus celui-ci que ne l'avaient fait les peuples germaniques.

Luttes contre les peuples slaves. — Les invasions des peuples slaves eurent un caractère tout différent de celles des peuples germaniques et des peuples finniques. Ce caractère provint de l'état économique et social dans lequel se trouvaient les Slaves lorsqu'ils furent entraînés par les Goths et les Huns vers l'ouest et vers le sud. En général, ils se livraient alors à l'agriculture, cultivant surtout le millet et le panis, et ils se consacraient à l'élevage des moutons et des bêtes à cornes. Ils habitaient dans des huttes en bois réunies en villages. La famille était dirigée par un ancien, et quelquefois plusieurs familles se réunissaient pour former une tribu ; la tribu avait à sa tête un chef dont le pouvoir était d'ailleurs assez précaire. Les Slaves étant sédentaires et dispersés, leurs tribus ne comprenaient pas un grand nombre d'individus ; de plus, comme ces peuples n'étaient pas d'humeur belliqueuse et avaient le goût de la liberté très prononcé, leurs tribus se réunissaient rarement sous l'autorité d'un même chef.

Attachés au sol par suite de leur état économique, ne formant que des petits groupes séparés les uns des autres, en raison de leur état social, les Slaves ne quittèrent leur pays que contraints et forcés et n'émigrèrent généralement pas en peuples entiers comme les Germains et les Finnois.

Les Slaves parurent pour la première fois dans l'empire d'Orient avec les Goths au troisième siècle. S'établissant en Dacie, lorsque les colons d'Aurélien en furent partis, ils ravagèrent de temps en temps la péninsule des Balkans. Mais les véritables invasions ne commencèrent qu'au sixième siècle. Attaquées sur le bas Danube par les Bulgares au début de ce siècle, et en Dacie par les Avares au milieu de ce siècle, les Slaves se répandirent dans la péninsule des Balkans (1) et couvrirent celle-ci de leurs colonies vers le milieu du septième siècle (2).

Indépendamment de ces Slaves qui s'infiltrèrent dans l'empire, deux peuples slaves, les Serbes et les Croates, vinrent s'établir au sud du Danube et de la Save.

Ces peuples s'y rendirent non par petits groupes, mais en corps de nation. Ils habitaient au nord des Carpathes et de l'Erz-Gebirge (3) quand Héraclius

---

(1) En **547**, des Slaves ravagèrent l'Illyrie jusqu'à Dyrrachium ; en **549**, ils firent de nouvelles invasions jusqu'à la mer Égée et furent arrêtés à un jour de Constantinople ; en **551**, ils firent des invasions en Épire.

(2) En Thrace, en Macédoine, en Thessalie, en Épire, en Attique et en Péloponèse. Voir à l'Évolution sociale (t. I), et à l'Évolution politique intérieure (t. II).

(3) Au dixième siècle, on trouve au nord des Carpathes une Serbie blanche et une Croatie blanche.

les appela pour servir de peuple tampon entre les Avares et les provinces de Thrace et de Macédoine.

Après s'être entendus avec Héraclius, les Croates se dirigèrent vers la Dalmatie, refoulant les Avares surpris.

Les négociations entre Héraclius et les Serbes furent conduites par l'intermédiaire du roi des Venètes ; la moitié des Serbes se porta au delà du Danube et reçut la Mésie supérieure, la Dacie inférieure et la Dardanie.

En s'adressant à des peuples slaves, peuples relativement sédentaires et d'humeur généralement pacifique, Héraclius espérait que l'empire d'Orient n'aurait pas à subir leurs invasions et que ceux-ci tourneraient toute leur attention vers les peuples établis au nord du Danube et de la Save. Lorsque les Slaves se furent plus tard convertis au christianisme, les Byzantins pouvaient penser se les assimiler par suite de la communauté religieuse qui vint s'ajouter à la communauté de race.

Luttes contre la Perse. — En Asie, la guerre que l'empire d'Orient eut à soutenir contre la Perse eut un caractère tout différent de celles qu'il eut à soutenir contre les peuples germaniques, finniques et slaves. Il luttait contre un État dont le centre de la puissance était fixe et non contre des peuples mobiles, comme ceux qui attaquèrent l'empire en Europe. De part et d'autre, la guerre était une guerre savante, où chacun faisait preuve de connaissances de stratégie et de tactique et où la guerre de forteresse jouait un grand rôle.

La Perse, avant d'être l'ennemie de l'empire d'Orient, avait été l'adversaire du prédécesseur de celui-ci : de l'empire romain ; les deux États étaient donc des ennemis séculaires et, entre eux, les traités de paix étaient plutôt des trèves.

La Perse, par sa situation géographique, ne pouvait se développer ni du côté de l'est où elle se heurtait aux montagnes du Pamir et aux monts Solimans, ni du côté du nord où elle se trouvait en présence des peuples belliqueux et insaisissables de Touranie et où elle n'avait à conquérir que des steppes stériles ; sa puissance ne pouvait donc se développer que vers l'ouest, où elle prendrait pied sur les bords de la Méditerranée et du Pont-Euxin. Elle parvint à établir sa domination en Arménie, en Asie Mineure, en Syrie, en Égypte, avec Cambyse et Darius ; mais au quatrième siècle avant Jésus-Christ, Alexandre, chef d'un autre peuple arien, le peuple grec, détruisit l'empire perse.

L'État qu'Alexandre fonda se dissocia après sa mort ; puis les Parthes chassèrent les Séleucides et fondèrent dans la partie ouest de la Perse un puissant royaume contre lequel les Romains firent des expéditions presque toujours malheureuses.

Ce royaume fut renversé au troisième siècle par le Sassanide Artaxerxès qui rétablit l'empire perse. Les Perses cherchant à posséder un port soit sur la Méditerranée du côté de la Syrie, soit sur la mer Noire, luttèrent contre l'empire romain et son successeur l'empire d'Orient, jusqu'à ce que leur puissance fût détruite par les Arabes au septième siècle. Pour affirmer le désir de faire des conquêtes vers l'Ouest, les Sassanides fixèrent leur résidence à Ctésiphon sur le Tigre.

Dans l'empire perse des Sassanides deux puissances sociales importantes s'étaient formées et se développaient : c'étaient la caste sacerdotale et la noblesse.

Ces deux puissances sociales formaient deux véritables castes ; le sacerdoce se transmettait héréditairement ; il en était de même des satrapies, sous la réserve illusoire de la confirmation du roi.

Les prêtres ou mages avaient, sous les Sassanides, un grand pouvoir ; ils étaient très nombreux ; ils possédaient des biens immenses et levaient des taxes importantes sur les populations (1) ; chaque cercle était soumis à l'autorité d'un haut mage.

Les satrapes se considéraient comme des rois et le roi de Perse s'appelait le roi des rois.

Les rois de Perse eurent à lutter continuellement contre ces deux puissances sociales, ce qui fut une cause importante de faiblesse pour la Perse. En droit, la royauté se transmettait héréditairement, mais sans droit de primogéniture. Certains rois de Perse parvinrent à diriger eux-mêmes

(1) Zoroastre avait admis l'établissement des dîmes pour secourir les pauvres et pour entretenir le culte simple qu'il avait créé. Mais le destour, s'appuyant sur ce qu'il était l'intermédiaire entre Ormuzd et les fidèles, forçait ceux-ci à lui donner des sommes élevées, s'ils ne voulaient pas que leur âme s'en allât en enfer.

leur État ; d'autres en furent empéchés, soit par la caste sacerdotale, soit par la noblesse; d'autres enfin restèrent enfouis dans leur harem et dans leurs magnifiques palais (1), laissant à leur vizir le soin de gouverner l'empire.

Le peuple perse se livrait à l'agriculture, dont Zoroastre par ses prescriptions avait encouragé le développement. Il se consacrait aussi au commerce, qui avait pris en Perse une assez grande extension par suite de la situation de cet État entre la Chine et l'empire romain.

Les Perses étaient de race arienne comme les Romains et les Grecs ; mais ils étaient de religion différente des Grecs de l'empire d'Orient. La religion de Zoroastre qu'ils avaient adoptée avait été tout d'abord monothéiste; mais elle avait été bientôt modifiée par les mages, qui étaient pleins de superstition et qui avaient développé celle-ci chez les Perses afin de les dominer (2). Le roi de Perse était un personnage à caractère religieux.

(1) Dans la résidence de Choroès II, à Dastagerd, les parcs étaient remplis de faisans, de paons, d'autruches, de chevreuils, de sangliers; souvent on y lâchait des lions et des tigres que l'on chassait. On y entretenait neuf cent soixante éléphants pour le service du grand roi; dans les écuries, il y avait 6,000 mulets ou chevaux ; 6,000 gardes occupaient le palais ; 12,000 esclaves étaient chargés du service; il y avait un sérail important ; des trésors étaient amoncelés dans cent voûtes souterraines ; il y aurait eu 30,000 tapisseries précieuses, 40,000 colonnes recouvertes de lames d'argent et 1,000 gobelets d'or suspendus à des dômes.

(2) C'est ainsi qu'au lieu d'adorer le feu comme le symbole de la divinité, les Perses n'adoraient que le feu lui-même.

La cavalerie des Perses était très bonne ; elle était recrutée parmi la noblesse ; quant à l'infanterie, si elle était nombreuse, elle était de mauvaise qualité ; elle était formée du ban des hommes en état de porter les armes, mais souvent les hommes n'étaient pas armés. Aux troupes perses venaient souvent se joindre des auxiliaires belliqueux : les Arabes.

La puissance offensive des Perses vis-à-vis des Romains et des Grecs fut affaiblie, non seulement par suite de causes d'ordre intime, mais aussi par suite des attaques continuelles qu'ils avaient à subir sur leur frontière de Sogdiane, sur laquelle pesaient les peuples de Scythie.

Les luttes entre la Perse et l'empire grécoromain ne pouvaient être décisives tant que l'Arménie resterait neutre ou indépendante, car le théâtre des opérations des armées des deux Etats était forcément la Mésopotamie, pays désert, où les troupes des deux adversaires avaient à supporter des souffrances qui devaient annihiler leurs succès militaires.

Si les Perses venaient à s'emparer de la Syrie, eur ligne de communication était menacée en flanc par l'organisation défensive des Romains (1). Si les Romains, s'étant emparés des vallées du Tigre et de l'Euphrate, voulaient s'enfoncer en Perse, les habitants n'avaient qu'à incendier le pays à leur approche, tandis que la cavalerie des Perses harcèlerait

(1) Voir dans ce chapitre, page 114.

les colonnes romaines, et l'armée romaine était alors finalement forcée de battre en retraite (1).

Au quatrième siècle, les Perses avaient concentré leurs défenses en arrière de la Mésopotamie, en Babylonie ; en avant de Ctésiphon sur le Tigre, ils avaient élevé des forteresses importantes, telles que Périsabor et Maogamalcha, appuyées sur de nombreux canaux entre le Tigre et l'Euphrate, qui permettaient d'inonder les alentours des forteresses.

Pour faire tomber ce système fortifié, les Romains n'avaient qu'à mettre à exécution le plan que conçut Julien dans sa campagne contre la Perse. Tandis que cet empereur devait descendre l'Euphrate avec le gros de ses forces, un autre corps partant de Nisibis devait traverser le Tigre, descendre ce fleuve sur la rive gauche, tourner les défenses de la Babylonie et ouvrir les passages du Tigre et de l'Euphrate au corps principal (2).

De la fondation de l'empire perse des Sassanides, sous Alexandre Sévère, à Jovien, l'empire romain eut à lutter presque continuellement contre la Perse (3).

(1) C'est ce qui arriva à Julien après sa conquête de la Babylonie ; il commit, de plus, la faute de brûler presque toute sa flotte et de se porter vers la Perse sans avoir réduit la garnison de Ctésiphon, qui pouvait menacer sa ligne de communication.

(2) Ce plan échoua par suite de la mauvaise volonté du roi d'Arménie.

(3) Alexandre Sévère fit contre le nouvel empire perse une expédition qui ne fut pas très heureuse.

En 242, les Perses arrivèrent presque jusqu'à Antioche ; mais l'empereur Gordien les repoussa au delà de l'Euphrate.

En 258, le roi Sapor venant de soumettre l'Arménie, l'empe-

Une longue ère de paix s'ouvrit ensuite entre les deux adversaires et dura plus de cent ans ; la

reur Valérien marcha contre lui, mais cet empereur fut défait et fait prisonnier (260).

Sapor ravagea la Syrie, entra dans Antioche, ravagea la Cilicie et la Cappadoce. Grâce a l'appui d'Odenat, puissant sénateur de Palmyre, les armées romaines forcèrent Sapor à repasser l'Euphrate.

Sous Probus (276-282), le roi de Perse, Narsès, demanda la paix, lorsqu'il apprit que cet empereur allait marcher contre lui.

Carus (282-283) dévasta la Mésopotamie, prit Séleucie, Ctésiphon et franchit le Tigre. Carus étant mort, Numérien ramena les légions vers le Bosphore.

Dioclétien, pour venir en aide au roi d'Arménie chassé du trône par les Perses, décida de faire la guerre aux Perses. Galère, après avoir été vaincu en Mésopotamie (296), fut vainqueur dans une deuxième campagne, près de l'Arménie (297). Narsès dut céder la Mésopotamie, cinq provinces au delà du Tigre, la suzeraineté de l'Arménie et de l'Ibérie.

Après la mort de Constantin, Sapor, petit-fils de Narsès, voulut profiter de l'anarchie politique de l'empire romain pour reprendre sa revanche ; il assiégea Nisibis et prit les places les plus importantes de la Mésopotamie. Constance marcha contre eux, leur livra la bataille de Singara (348) pour défendre la ligne du Chaboras, mais il fut vaincu. Sapor assiégea de nouveau Nisibis (350), au nord de Singara ; mais il dut se retirer par suite de l'invasion des Massagètes, à l'autre extrémité de son empire. En 359, Sapor reprit l'offensive ; il envahit la Mésopotamie, se rendit maître d'Amida, puis de Singara (360), s'emparant ainsi de la ligne du Chaboras.

En 363, Julien marcha par Alep vers l'Euphrate et le franchit près d'Hiérapolis ; tandis qu'il voulait descendre le long de l'Euphrate avec 65,000 hommes disciplinés et un corps auxiliaire de Scythes, il détachait vers Nisibis un corps de 30,000 hommes qui devait recevoir 20,000 fantassins et 5,000 cavaliers du roi d'Arménie. Julien franchit le Chaboras à Circesium, porta la garnison de cette forteresse de 6,000 hommes à 10,000 hommes. Il entra alors sur le territoire perse. Il s'avança en trois colonnes ; la colonne de droite maintenait la liaison de la guerre reprit sous Anastase (1), pour se poursuivre, interrompue de nombreuses trêves, jusqu'à la destruction de la Perse par les Arabes. Cette lutte devint particulièrement vive sous Chosroès Ier (2)

flotte de l'Euphrate avec celle du centre qui était la plus importante; celle de gauche était composée de cavalerie pour assurer la protection de l'armée. De plus un détachement de 1,500 soldats armés à la légère couvrait le front et le flanc des trois colonnes. Les bagages étaient placés entre les colonnes. Une arrière-garde protégeait l'armée. Julien prit Amatha; mais après, lorsqu'il arriva dans la Babylonie, les Assyriens inondèrent le pays. Julien s'empara de Perisabor, de Maogamalcha. Pour se rendre maître de Ctésiphon, il fit passer sa flotte de l'Euphrate sur le Tigre par un canal aboutissant en amont de Ctésiphon, pour qu'elle communiquât avec son armée; il fit aussi transporter pendant une nuit ses soldats sur la rive gauche du Tigre. Mais le détachement qui devait lui parvenir par la haute vallée du Tigre n'arriva pas. Il renonça alors à prendre Ctésiphon. Il s'avança en Perse; les habitants incendièrent le pays, la cavalerie des Perses harcela son armée et il dut battre en retraite; durant cette retraite, les Perses attaquèrent l'armée ennemie; Julien fut blessé mortellement et mourut (363); l'armée se démoralisa; Jovien, successeur de Julien, négocia avec Sapor, céda à celui-ci les cinq provinces au delà du Tigre, puis Nisibis et Singara, par conséquent la ligne du Chaboras. Jovien continua alors vers Nisibis sa retraite, dans laquelle il ne fut pas inquiété par les Perses, mais par les Arabes.

(1) Les Perses s'emparèrent d'Amida après l'avoir assiégée; une guerre de forteresses dura pendant trois ans, indécise. Edesse résista aux Perses. Anastase fortifia solidement Dara.

(2) Lorsque Chosroès monta sur le trône, il signa la paix avec Justinien moyennant onze mille livres d'or, ce qui permit à Chosroès de s'affermir sur le trône, et à Justinien de conquérir l'Afrique et l'Italie.

Mais Chosroès se ravisa en 540. Suivant l'Euphrate, ses armées prirent Dara, puis Antioche. Bélisaire, qui campait à six milles de Nisibis avec une faible armée, fit une diversion vers l'Assyrie, ce qui arrêta les mouvements de Chosroès vers la qui parvint à fonder la monarchie absolue dans ses États.

A la mort de Chosroès Ier, la noblesse voulut reprendre de la puissance ; elle se révolta sous la conduite de Bahram, contre les descendants de Chosroès. Grâce à l'appui de l'empereur Maurice qui envoya une armée au secours de Chosroès II, celui-ci fut rétabli sur le trône (591).

Jusqu'à la mort de Maurice, l'empire d'Orient et la Perse vécurent en paix ; mais à la mort de cet empereur, la lutte reprit entre les deux Etats.

Pour s'affermir sur le trône, Chosroès II voulut s'assurer l'appui de la caste sacerdotale et il donna alors un caractère essentiellement religieux à la lutte contre l'empire d'Orient. Il conquit la Syrie et l'Égypte ; ses succès rapides dans ces deux provinces furent dus au bon accueil que lui firent les Nestoriens, les Jacobites et les Juifs (1) persécutés

Palestine, puis il vint s'établir sur les derrières du grand roi près d'Hiéropolis, ce qui força les Perses à repasser l'Euphrate. Après le siège inutile d'Edesse par les Perses (544) une trève fut signée entre les deux États. Quelques années plus tard, la guerre reprenait entre eux en Colchide ; elle se terminait en 562 par un traité par lequel les Romains s'engageaient à payer à Chosroès un tribut annuel de trente mille pièces d'or.

En 572, Chosroès assiégea Dara, qui succomba. L'empereur Tibère II obtint une trève de trois ans, pendant lesquels il se prépara contre la Perse ; mais Chosroès le prévint, il passa l'Euphrate et les deux armées se rencontrèrent à Mélitène, clef de l'Asie Mineure ; après cette bataille, le roi de Perse dut se retirer et, en 579, les Romains descendirent en Assyrie, alors que Chosroès mourait.

(1) Les Juifs lui fournirent un corps de vingt-six mille hommes pour l'aider à conquérir Jérusalem.

par le clergé byzantin. Ensuite ses armées, après s'être emparées de l'Asie Mineure, s'établirent en face de Constantinople à Chalcédoine (1), où elles appelèrent à leur aide les Avares ; ceux-ci s'avancèrent sous les murs de Constantinople, ravageant la Thrace ; le blé de l'Égypte ne parvenant plus à Constantinople, la capitale souffrit de la famine. L'empire semblait perdu ; mais il fut sauvé grâce au manque de marine chez les Perses et chez les Avares, grâce aussi au caractère religieux de la guerre et à l'énergie et aux capacités militaires d'Héraclius.

Les Perses, qui ne possédaient pas de marine, restèrent dix ans en face de Constantinople.

Le caractère religieux que Chosroès II imprima à la guerre se retourna contre lui. Le pillage de Jérusalem par les sectateurs de Zoroastre ; l'alliance des Perses avec les Juifs, les Nestoriens et les Jacobites que les Byzantins détestaient, blessèrent les sentiments religieux des Byzantins, si facilement excitables.

La perte de la Syrie et de l'Égypte émut le

(1) Chosroès II prit comme prétexte pour recommencer la guerre l'assassinat de Maurice par Phocas. Chosroès II prit successivement Merdin, Dara, Amida et Edesse, villes fortifiées ; traversa l'Euphrate ; s'empara d'Hiérapolis, de Berrhée ou Alep et arriva devant Antioche, qui succomba à ses coups (611). Césarée, la capitale de la Cappadoce, fut saccagée par ses troupes ; mais Chosroès fut surtout attiré par Jérusalem dont il voulait s'emparer pour affirmer la victoire de Zoroastre sur Jésus-Christ. Après avoir conquis la Syrie, ses armées prirent l'Egypte, s'avançant jusqu'à Tripoli. Revenus en Asie Mineure, elles prirent Césarée et arrivèrent jusqu'à Chalcédoine,

clergé byzantin, qui avait fait subir de nombreuses persécutions aux sectes séparatistes de ces deux provinces pour y assurer sa seule juridiction. Aussi le peuple byzantin et le clergé de Byzance, le patriarche Sergius de Constantinople en tête, s'unirent-ils pour repousser l'envahisseur.

Les Grecs s'enrôlèrent en qualité de croisés et l'Église prêta ses richesses.

Héraclius profita habilement de la puissance maritime des Grecs et de la configuration géographique de l'Asie Mineure pour se jeter sur la ligne de communications des Perses.

En prenant Issus comme premier point de débarquement sur les derrières des Perses, Héraclius choisit un pays montagneux, la Cilicie, où il pouvait aguerrir ses nouvelles levées et faire une guerre avantageuse à la cavalerie des Perses, qui était leur meilleure arme (1).

En prenant ensuite Trébizonde comme deuxième point de débarquement sur les communications des Perses, Héraclius eut l'avantage de pouvoir s'établir en Arménie, pays inexpugnable, et qui tenait l'Asie Mineure, la Mésopotamie et les hauts plateaux de la Perse. De plus, il pouvait ainsi appeler à son aide les Arméniens, peuple qui fournissait les meilleurs soldats de l'empire, et dont les senti-

---

(1) Lorsque les Perses apprirent le débarquement d'Héraclius à Issus, ils environnèrent bientôt la Cilicie : mais Héraclius finit par les tourner et les vaincre ; il gravit ensuite le Taurus, atteignit les plaines de Cappadoce et vint s'établir sur les bords de l'Halys ; l'hiver l'arrêta.

ments chrétiens venaient d'être froissés par la victoire du magisme. Il avait aussi la facilité de se lier avec les Khozares dont il pouvait rechercher l'alliance.

Les combinaisons stratégiques d'Héraclius assurèrent à l'empire d'Orient la victoire après une lutte acharnée (1), et la Perse dut rendre à l'empire les conquêtes en Asie Mineure, en Syrie et en Égypte.

Ce fut la dernière guerre entre la Perse et l'em-

(1) En 623, Héraclius, après avoir débarqué à Trébizonde, s'avança par l'Arménie vers Tauris. Chosroès, qui était venu défendre la ville avec 40,000 hommes, y renonça et se retira. Héraclius détruisit Ourgmiah, vengeant la profanation de Jérusalem. L'hiver arrêtant Héraclius, celui-ci se retira en Albanie sur les bords de la Caspienne. Il se porta ensuite vers Caswin et Ispahan, et Chosroès dut rappeler ses troupes d'Asie Mineure et d'Égypte. Héraclius bat les Perses, traverse les montagnes de Kurdistan au printemps de 625, gagne la Cilicie par Amida; arrivé en Cilicie, il bat sur les bords du Sarus un corps de Perses et se rend ensuite à Sébaste en Cappadoce. Apprenant que les Avares s'étaient joints aux Perses contre Constantinople, Héraclius détache par mer un corps pour renforcer les troupes de la capitale. Il dirige en outre un corps contre les Perses en Mésopotamie et un autre en Arménie sous son propre commandement. Il se lie aux Khozares, qui lui fournissent 40,000 auxiliaires. Les Avares sont repoussés de Constantinople; le général perse Surban, qui commandait à Chalcédoine, s'insurge contre Chosroès; Héraclius reprend les villes de Syrie, de Mésopotamie et d'Arménie encore en possession des Perses. L'armée byzantine s'avance ensuite en Assyrie (627), rencontre à Ninive les Perses, qu'elle défait. Elle pénètre alors dans Dastagerd, se porte sur le plateau de Perse; mais, l'hiver survenant, elle se retire à Tauris. Tandis que Chosroès essuie ainsi ces revers, des satrapes et son fils Siroès se révoltent contre lui et l'assassinent (628). C'est alors que la Perse dut signer la paix.

pire d'Orient; l'invasion arabe survint bientôt après et anéantit la Perse épuisée par cette dernière lutte.

Les luttes séculaires, entre la Perse d'une part, et l'empire romain et son successeur l'empire d'Orient d'autre part, n'amenèrent donc dans leur ensemble aucun résultat; les deux États ne purent s'entamer définitivement ni l'un ni l'autre.

Luttes contre l'Arménie. — Dans leurs luttes entre eux, la Perse et les empires romain et d'Orient se disputèrent la possession de l'Arménie, car, par suite de la position géographique de ce pays, celui qui en aurait été maître aurait dominé l'Asie Mineure, la Mésopotamie et le plateau perse.

Lorsqu'au troisième siècle les Sassanides montèrent sur le trône, l'Arménie formait un État gouverné par un roi et possédait une puissante noblesse. L'existence de celle-ci permit aux Perses et aux Romains d'établir leur prépondérance (1).

(1) Lorsque les Sassanides montèrent sur le trône de Perse, ils profitèrent de la faiblesse des Romains pour détrôner le roi d'Arménie Tiridate, de la branche cadette de la maison d'Arsace; ils réunirent l'Arménie à la Perse pendant vingt-sept ans.

En **285**, Dioclétien donna l'investiture du royaume d'Arménie à Tiridate. Lorsque celui-ci apparut sur les frontières d'Arménie, les nobles qui supportaient difficilement la domination des Perses accoururent à lui. Tiridate chassa d'abord les Perses, grâce aux dissensions intérieures de la monarchie persane; mais lorsque Narsès fut reconnu seul roi de Perse, celui-ci détrôna Tiridate et rétablit l'Arménie sous la domination des Perses.

Sous Dioclétien, par suite du traité signé entre les Perses et

Quand, au quatrième siècle, le roi d'Arménie se convertit au christianisme, il se trouva beaucoup plus lié à l'empire romain qu'à la Perse ; mais les nobles se rapprochèrent de la Perse (1). Au commencement du cinquième siècle les Perses et les Romains se partagèrent l'Arménie (2) ; les Romains supprimèrent ensuite la monarchie dans les provinces qui leur échurent et mirent à leur tête un comte qui eut sous son autorité cinq satrapes.

les Romains après les victoires de Galère, Tiridate remonta sur le trône d'Arménie sous la suzeraineté des Romains, et les rois d'Ibérie, au lieu d'être menacés par les Perses, le furent par les Romains (297).

(1) A la mort de Constantin, les Perses voulurent profiter des dissensions de l'empire romain et des difficultés que les nobles arméniens opposaient à l'établissement du christianisme.

Ils voulurent reprendre l'Arménie avec l'appui des nobles ; mais les Romains parvinrent à rétablir sur le trône Chosroès, fils de Tiridate ; cependant celui-ci, qui était indolent, consentit à payer un tribut annuel à Sapor, roi des Perses, et à lui restituer l'Atropatène.

Lorsque Julien fit sa campagne contre les Perses, la colonne qu'il envoya par le Tigre ne réussit pas. Étant froissé de l'attitude de l'empereur, qui le traitait comme un esclave, le roi d'Arménie, Arsace Tiranus, fils de Chosroès, ne fournit aucun secours. A la suite de la campagne de Julien, les Romains, qui durent battre en retraite, abandonnèrent la suzeraineté de l'Arménie à Sapor.

(2) La partie occidentale de l'Arménie, qui était chrétienne, échappa aux Perses et passa sous la suprématie des Romains. Elle était gouvernée par Arsace ; à sa mort, les Romains supprimèrent la monarchie. Trente ans plus tard, les nobles de la partie orientale ayant appelé la Perse contre un prince qui la gouvernait, cette partie fut réunie à la Perse et reçut le nom de Persarménie.

Peu après, un traité entre la Perse et Rome consacra le partage.

La partie orientale de l'Arménie, mise sous la domination de la Perse et appelée Persarménie, fut cédée par Chosroès II à Maurice pour le récompenser de l'avoir soutenu contre la noblesse persane. L'Arménie fut alors tout entière sous la dépendance de l'empire d'Orient. La possession de ce pays permit à Héraclius de prendre pied sur le plateau de Perse et de vaincre ainsi les Perses.

Sous Justinien, l'empire d'Orient étendit sa domination au delà de l'Arménie sur les Laziques (1). Il fit aussi rentrer Kherson sous sa dépendance (2).

De cet aperçu des guerres qu'eut à subir l'empire d'Orient tant en Europe qu'en Asie il résulte qu'au moment de l'invasion arabe, au septième siècle, l'empire d'Orient avait été peu entamé en Europe et nullement en Asie. Les invasions germaniques ne l'avaient que très peu atteint, et que momentanément. Les invasions finniques avaient été finale-

(1) Lors de la conversion des Laziques au christianisme (522), l'influence romaine y fut substituée à l'influence persane. Justinien chercha à y établir sa domination; le roi des Laziques fit appel alors à Chosroès, roi de Perse; celui-ci, qui désirait avoir un port sur le Pont-Euxin, envoya une armée à son secours. Mais les Laziques se repentirent de s'être mis sous la protection des Perses; ils appelèrent alors Justinien (549); celui-ci envoya une armée qui remporta d'abord quelques succès; les Perses eurent ensuite quelques avantages, mais ce pays était éloigné de Perse, tandis qu'il communiquait facilement avec Byzance par mer; aussi les Perses abandonnèrent-ils cette guerre et finalement, par un traité (562), les Byzantins acquirent cette province.

(2) Voir t. II, chap. II, page 87.

ment repoussées et les Avares, dont la puissance déclinait, menaçaient de moins en moins l'empire. Seuls, les Slaves avaient réussi à pénétrer dans la péninsule des Balkans ; mais, sauf quelques tribus qui étaient parvenues à se rendre indépendantes, la plupart des Slaves, les Serbes et les Croates se reconnaissaient vassaux de l'empereur et ne pouvaient constituer alors un réel danger pour l'intégrité de l'empire.

En Occident, l'empire d'Orient avait même conquis des provinces de l'ancien empire d'Occident : l'Afrique et l'Italie; il est vrai que dans ces pays sa puissance déclinait peu à peu.

En Asie, la Perse avait été repoussée et vaincue; l'empire avait même étendu sa domination sur l'Arménie et sur le pays des Laziques.

L'empire d'Orient sortait donc complètement victorieux de la première phase des luttes qu'il avait eu à subir.

CHAPITRE IV

ÉVOLUTION POLITIQUE EXTÉRIEURE *(suite)*

Luttes de l'empire byzantin contre les peuples étrangers, de l'invasion arabe jusqu'au milieu du onzième siècle. — Invasion arabe. — Réorganisation militaire de l'empire byzantin. — Revanche de l'empire byzantin. — Luttes contre l'Arménie. — Luttes contre les Bulgares. — Les Serbes et les Croates. — Luttes contre les Hongrois et contre les Russes. — Luttes contre les Sarrasins et les Allemands dans l'Italie du Sud.

Invasion arabe. — Dans la deuxième phase des luttes qu'eut à subir l'empire byzantin, celui-ci soutint l'assaut le plus terrible qu'il eût soutenu jusqu'alors : l'invasion arabe.

L'empire byzantin et la Perse, dont les frontières communes se trouvaient au nord du monde arabe, ne s'étaient jamais préoccupés de la puissance de celui-ci ; avant le septième siècle, les Arabes, en effet, n'étaient pas parvenus à créer un organisme politique supérieur à la tribu, par suite des guerres continuelles que se faisaient les tribus. Aussi les deux grands États ariens n'avaient-ils considéré les Arabes que comme des pillards qu'ils employaient souvent comme auxiliaires dans les expéditions qu'ils dirigeaient l'un contre l'autre et n'avaient-ils organisé aucun système défensif contre une invasion possible de leur voisin commun. Ne se rendant pas compte que les sociétés humaines évoluent, ils ne s'étaient pas aperçus des profonds changements qui s'étaient opérés dans le monde arabe.

Étant composé de tribus sédentaires qui se livraient à l'agriculture et à l'élevage du bétail et de tribus nomades qui servaient de trait d'union entre les tribus sédentaires; étant situé entre les Indes et le monde méditerranéen, le monde arabe était parvenu bientôt à l'état économique complexe et était devenu surtout commerçant.

Aussi les tribus arabes, bien que souvent ennemies entre elles, étaient-elles unies par de nombreux liens d'interdépendance et avaient-elles été amenées à créer un centre commercial.

Logiquement celui-ci devait se trouver à la fois à peu près au centre de l'Arabie et à égale distance du petit nombre de pays réellement riches de cette région, c'est-à-dire de l'Yémen, entrepôt des marchandises des Indes; de la Syrie, entrepôt des marchandises du monde méditerranéen, et de l'Abyssinie. La Mecque, qui remplissait ces conditions, devint le centre commercial du peuple arabe.

Cette ville devint également un centre religieux. Les tribus, en venant à la Mecque pour faire leurs échanges commerciaux, y avaient apporté leurs dieux. La Mecque était ainsi devenue en quelque sorte le musée des dieux des tribus arabes, comme Rome l'avait été sous le Haut-Empire pour les dieux des peuple de l'empire romain. Arrivés au même stade de l'évolution religieuse que l'avaient été les peuples de l'empire romain sous le Haut-Empire, les peuples arabes ne devaient pas tarder à acquérir l'unité religieuse et à embrasser une religion monothéiste, comme l'avaient fait les peuples de l'empire romain. L'idée monothéiste, chez les Arabes, était en outre suscitée par l'immensité et l'uniformité de l'espace qu'ils parcouraient constamment et par l'observation de la régularité des mouvements célestes, sur lesquels leur attention était naturellement et continuellement portée par suite de leur vie nomade sous un ciel limpide.

La religion monothéiste que les Arabes adoptèrent ne fut aucune des religions monothéistes qui s'étaient développées dans les pays avoisinants. Au commencement du septième siècle, bien que d'après la tradition arabe ce furent Abraham et Israël qui insérèrent dans le mur de la Kaába la pierre sacrée qu'ils avaient reçue de l'ange Gabriel; bien que d'autres croyances religieuses rattachassent les Arabes à l'histoire du peuple juif, bien que des Juifs persécutés par les empereurs d'Orient se fussent infiltrés par le nord dans les déserts de l'Arabie, le judaïsme n'avait pas entamé le monde arabe. Bien que dans la péninsule arabique, des chrétiens eussent pénétré : au nord, des Nestoriens chassés par les empereurs d'Orient ; au sud, des Jacobites : les Abyssins, maîtres de l'Yémen au sixième siècle, le christianisme n'avait pas fait de prosélytes chez les Arabes. Bien que la Perse, succédant en 575 à l'Abyssinie dans la possession de l'Yémen, eût encore sous sa souveraineté cette province au commencement du septième siècle, la doctrine de Zoroastre ne se répandit pas non plus parmi les Arabes.

La religion monothéiste qu'adoptèrent les Arabes naquit et se développa dans leur centre religieux : à la Mecque; elle fut essentiellement nationale et non d'importation étrangère. Ce fut un Arabe, Mahomet, qui fut le fondateur de cette religion.

Pour répandre sa doctrine monothéiste, Mahomet chercha à s'appuyer tout d'abord sur les Chrétiens et les Juifs; mais comme il ne trouva pas chez eux l'aide sur laquelle il comptait, il ne tarda pas à rompre avec eux. Il conserva cependant à la religion qu'il fonda les bases fondamentales du christianisme; il le démocratisa encore plus que ne l'avait fait Jésus-Christ, qui avait employé souvent des formules ésotériques; il lui imprima une forme sémitique et non arienne et le ramena enfin au monothéisme pur (1). Afin d'empêcher la formation d'un clergé puissant qui aurait donné à sa religion un caractère aristocratique, comme cela avait eu lieu pour la religion chrétienne byzantine, il réduisit le culte de sa religion à sa plus simple expression, l'appropriant ainsi aux habitudes nomades des Arabes.

Faisant dans la morale de sa religion une large part à la charité, à l'aumône, Mahomet réprouva tout d'abord l'emploi de la violence; mais comme

(1) Voir t. I, l. II, chap. I.

il s'adressait à des peuples belliqueux et pillards, Mahomet ne pouvait prouver à ceux-ci le caractère divin de sa mission qu'en remportant des succès militaires. De plus, le monde méditerranéen, qui avait déjà adopté une religion monothéiste, ne pouvait pas être converti pacifiquement au mahométisme; lors de sa naissance, celui-ci ne se trouvait pas dans des conditions aussi favorables que le christianisme qui, au moment où il fut fondé, trouva devant lui le monde méditerranéen réuni sous une même autorité et ne possédant pas déjà une religion monothéiste. Pour ces différentes raisons, Mahomet fut amené à admettre la force comme moyen de propagation religieuse et à introduire dans sa religion le dogme de la prédestination.

Ce dogme, en vertu duquel l'heure de la mort était marquée par Dieu, incita le Mahométan à préférer la mort sur le champ de bataille, mort qui lui ouvrait les portes du paradis. Ce dogme par suite fit un soldat de premier ordre de l'Arabe, qui possédait déjà d'excellentes qualités militaires : la sobriété, la patience, le courage, l'esprit de vengeance et de rapine et le dévouement à sa tribu.

Lorsque le peuple arabe, uni par une même croyance religieuse, s'élança hors de l'Arabie, ses deux voisins, l'empire byzantin et la Perse, étaient épuisés par une guerre acharnée et longue qu'ils venaient de se faire. Dans l'empire byzantin le système de places fortes de l'Euphrate ne couvrait indirectement la Syrie que contre une attaque venant de Perse et non contre une attaque venant d'Arabie. En Syrie et en Égypte certaines villes avaient été entourées de murs, mais elles ne faisaient pas partie d'un système défensif d'ensemble. Dans la Perse, le système fortifié établi près de Ctésiphon, contre l'empire byzantin, pouvait être tourné facilement par une invasion venant d'Arabie. La Perse fut plus facilement vaincue par les Arabes que l'empire byzantin ; elle tomba en entier entre leurs mains, tandis que l'empire byzantin ne fut qu'entamé par eux.

En Perse, lors des invasions des Arabes, le développement des deux puissances sociales, la caste sacerdotale et la noblesse, conduisait au démembrement de la souveraineté ; les rois, bien que certains d'entre eux avaient été très puissants, n'avaient pu fonder d'une manière durable la monarchie absolue ; au moment où les Arabes assaillirent cet État, l'anarchie politique la plus grande y régnait ; en trois ou quatre ans six usurpateurs étaient montés successivement sur le trône, depuis la mort de Chosroès. Les Perses, bien qu'ayant adopté une religion monothéiste dans son principe, celle de Zoroastre, étaient en réalité polythéistes par suite des transformations qu'ils avaient fait subir à cette doctrine ; aussi furent-ils accessibles à la religion monothéiste de Mahomet (1). Le plateau de la Perse ressemblant au plateau de l'Arabie, les Arabes

_____

(1) C'est aussi pour cette raison que les Nestoriens purent faire des prosélytes en Perse, lorsqu'ils se réfugièrent dans cet État.

s'y répandirent facilement après qu'ils eurent pris pied dessus.

Dans l'empire byzantin, les deux puissances sociales, l'Église et la noblesse provinciale, n'étaient pas encore assez développées pour amener le démembrement de la souveraineté; mais l'instabilité du pouvoir impérial était pour cet empire une grande cause de faiblesse.

Chrétiens, par suite monothéistes, les Byzantins ne pouvaient adopter le mahométisme, autre religion monothéiste; aussi la lutte entre Byzantins et Arabes prit-elle un caractère religieux et fut-elle particulièrement acharnée, et en quelque sorte indéfinie, interrompue non par des traités de paix, mais par des trêves (1).

L'empire byzantin comprenait des peuples de race sémitique, par suite de race différente de celle des Grecs et de même race que celle des Arabes : c'étaient les Syriens et les Égyptiens. Ceux-ci, qui avaient toujours supporté difficilement la domination grecque, s'étaient de plus en plus éloignés de Byzance, par suite des persécutions religieuses dont ils avaient été l'objet; aussi les Arabes furent-ils bien accueillis par les Jacobites, les Nestoriens, les Juifs de Syrie et d'Égypte et ne rencontrèrent-ils d'opposition dans la conquête de ces deux provinces que devant les villes habitées par des Grecs. Tandis que dans l'empire byzantin l'Asie Mineure

(1) Lors des croisades, l'empire byzantin soutint encore ses anciens droits sur la Syrie et sur l'Égypte.

présentait un caractère différent de celui de l'Arabie, la Syrie, l'Égypte et l'Afrique byzantine présentaient le même caractère; aussi les Arabes se répandirent-ils de préférence dans ces provinces plutôt que dans l'Asie Mineure.

Les Arabes enlevèrent tout d'abord à l'empire byzantin la Syrie, l'Égypte, l'Afrique byzantine, et en Asie Mineure la Cilicie. Vainqueurs des Grecs en bataille rangée (1), ils ne furent retardés dans leurs conquêtes que par les places fortes (2); habitués en Arabie à lutter en rase campagne, ils ignoraient la manière de conduire un siège.

La possession de la Cilicie et de la Phénicie pouvait avoir des conséquences très funestes pour l'empire byzantin. Elle permettait aux Arabes, dont les aptitudes à la navigation s'étaient développées dans la mer Rouge et l'océan Indien, de construire une flotte. Les Arabes pouvaient anéantir la marine grecque, ce qui était indispensable pour que l'empire byzantin succombât complètement (3). La possession de la Cilicie pour les Arabes, en mettant entre leurs mains les passages de Taurus, leur permettait en outre de tenir l'Asie Mineure (4) et d'y répandre la guerre (5).

Les Arabes construisirent une flotte qui menaça

(1) La bataille d'Aïznadin et celle de l'Yermouk.

(2) C'est ainsi qu'en Égypte Babylone leur résista sept mois et Alexandrie quatorze mois.

(3) Voir t. 1, l. I, chap. III.

(4) Voir t. II, chap. III, page 116.

(5) Voir les conséquences de l'invasion arabe au point de vue économique, t. I, l. I. chap. III.

la puissance maritime des Byzantins (1); à deux reprises différentes, ils mirent le siège devant Constantinople, mais ils échouèrent dans leurs attaques, bien qu'ils prétendissent que Mahomet aurait dit que la première armée qui assiégerait la ville des Césars obtiendrait le pardon de ses péchés (2).

De même que les liens commerciaux entre les Arabes et la création d'un centre commercial chez eux amenèrent l'unité religieuse, de même l'unité religieuse amena l'unité politique; celle-ci fut cimentée dans les guerres faites par les Arabes pour propager leur nouvelle religion. L'organisme administratif de l'empire arabe fut calqué sur celui de l'empire byzantin.

Comme l'empire byzantin, l'empire arabe fut divisé en provinces (3); à la tête de chacune d'entre

(1) Lorsque les Arabes eurent conquis la Syrie, ils équipèrent une flotte de dix-sept cents barques, qui fit fuir les flottes grecques jusqu'à l'Hellespont, pillant Chypre, Rhodes et les Cyclades.

(2) Après le premier siège (668-675), les Arabes repoussés durent se contenter de piller les côtes d'Europe et d'Asie le long de la Propontide.

Lors du second siège (716-718), des navires arabes arrivèrent devant Constantinople, venant d'Égypte et de Syrie, tandis qu'une armée de cent vingt mille hommes, après avoir pris Tyane, Armorium et Pergame, vint camper devant la capitale. Les Arabes furent repoussés principalement grâce à l'appui d'une armée de Bulgares que l'empereur Léon se procura. Lorsqu'ils battirent en retraite, leur armée fut battue en Bithynie; quant à leur flotte, cinq galères arrivèrent seulement à Alexandrie.

(3) C'est ainsi que le khalifat de Bagdad aux huitième et neuvième siècles comptait vingt-huit provinces.

elles fut placé un gouverneur concentrant à la fois les pouvoirs civils et militaires.

Comme dans l'empire byzantin, les attributions financières et administratives ne furent pas confiées au même organe (1) et une administration centrale (2) donna l'impulsion d'ensemble à l'organisme administratif, chargeant les préposés aux services des postes et des pigeons-voyageurs de la mettre au courant des actes des fonctionnaires qui chercheraient à se rendre indépendants de l'autorité des khalifes.

Le Trésor n'étant plus alimenté par les tributs que les Arabes imposaient lors de leurs conquêtes aux villes qui ne voulaient pas se convertir, les Arabes créèrent des impôts : l'impôt foncier payé par tous les sujets de l'empire, et l'impôt personnel dû seulement par ceux qui n'étaient pas musulmans.

L'armée fut recrutée par enrôlements volontaires, mais parmi les musulmans seulement.

Dans l'empire arabe, les fonctions royales et sacerdotales furent réunies au début dans les mêmes mains; les premiers khalifes : Abou-Beker, Omar, Othman, absorbés par leurs attributions religieuses, parurent peu à la tête des troupes ; ils n'exercèrent donc que très rarement le pouvoir militaire.

Non seulement les Arabes dotèrent les provinces

____

(1) Des percepteurs et des receveurs étaient chargés de lever les impôts et étaient nommés par l'administration centrale.

(2) L'administration centrale était formée de divans ou ministres et de hauts fonctionnaires. Au-dessous des divans, il y avait des bureaux comprenant un personnel nombreux.

de l'empire byzantin qu'ils conquirent d'un organisme administratif analogue à celui auquel les populations de l'empire étaient habituées, mais ils laissèrent subsister les anciens organes économiques et ne combattirent pas les religions établies.

Les artisans et les marchands continuèrent à former des corporations et chaque ville eut son quartier marchand ou bazar.

Les Arabes laissèrent aux chrétiens leurs métropolitains et leurs évêques ; ils leur permirent l'exercice de leur culte ; avec Omar, ils défendirent de livrer aux flammes les livres religieux des juifs et des chrétiens acquis par le droit de la guerre ; la plupart des chrétiens, qui étaient Nestoriens et Jacobites, et les Juifs s'applaudirent d'avoir bien accueilli les Arabes, qui faisaient preuve ainsi d'une grande tolérance vis-à-vis (1) d'eux, alors que les

(1) Lors de la conquête, si les troupes arabes firent preuve de cruauté dans la guerre, leurs chefs, Omar en particulier, s'inspirant des sentiments de charité infusés par le Prophète dans sa religion, cherchèrent à réprimer les excès commis et à maintenir une grande tolérance. C'est ainsi que lorsque Omar entra dans Jérusalem, il s'entretint poliment avec le patriarche sur les antiquités religieuses de son Église ; Omar décréta qu'on pouvait employer légitimement à l'usage des fidèles les compositions profanes des historiens ou des prêtres, des médecins ou des philosophes ; Albupharage déclara que « les maitres de la sagesse sont les véritables flambeaux et les législateurs du monde qui, sans, eux, retomberait dans l'ignorance et la barbarie ». Le culte chrétien et le culte mahométan furent exercés tout d'abord dans les mêmes églises. C'est ainsi qu'à Damas, Omar donna aux musulmans la partie orientale de l'église de Saint-Jean, laissant aux chrétiens la partie occidentale d'où ceux-ci ne furent chassés que soixante-dix ans plus tard.

empereurs d'Orient les avaient toujours persécutés.

L'empire arabe ne tarda pas à décliner, ne retrouvant que par moments des parcelles de sa première puissance.

La rapidité avec laquelle se fonda cet empire et l'étendue qu'il acquit ne permirent pas de former un être social unique de cet être politique, bien que les Arabes s'essaimassent dans les provinces conquises par eux, qu'ils y bâtissent des villes nouvelles et qu'ils fussent autorisés à se marier avec les femmes indigènes. Ils furent vite absorbés et débordés par les peuples qu'ils soumirent.

De plus, les armées n'étant composées que de musulmans, les chrétiens même de race sémitique ne purent fusionner avec les Arabes dans les guerres de l'empire arabe. A la simplicité primitive, à l'esprit démocratique et à la tolérance des premiers khalifes firent bientôt place le luxe, le despotisme asiatique et les persécutions contre les chrétiens. Aussi les populations soumises s'éloignèrent-elles de leurs nouveaux maîtres.

L'empire arabe, formé d'êtres sociaux différents, se divisa en plusieurs êtres politiques. Les gouverneurs des provinces cherchèrent à s'affranchir du pouvoir central, aidés en cela par l'organisation de l'armée en divisions affectées chacune à une province et attachées chacune beaucoup plus à l'émir qui les commandait qu'au pouvoir central souvent très éloigné et affaibli par des révolutions de palais. Les Arabes dispersés dans un empire immense ne pouvant assurer eux-mêmes la défense de celui-ci, bien qu'ils formassent eux-mêmes des milices, durent faire appel à des peuples étrangers comme l'avaient fait les Romains ; dans le khalifat de Bagdad, ils recrutèrent leur armée tout d'abord avec des Persans, puis à partir de Motassem (833-842) avec des Turcs ; dans le khalifat des Fatimites, avec des Turcs, des Berbères et des Arméniens ; dans le khalifat de Cordoue, avec des Africains.

Les khalifes exerçant de moins en moins des fonctions militaires, les sultans qui étaient investis du pouvoir militaire, et qui étaient recrutés de plus en plus parmi des étrangers, empiétèrent sur les fonctions civiles des khalifes, ne laissant à ceux-ci que des fonctions sacerdotales; ils disposèrent ainsi complètement des khalifes. A ces éléments de dissociation de l'empire arabe vinrent s'en ajouter d'autres : les discordes religieuses.

Réorganisation militaire de l'empire byzantin. — Tandis que l'empire arabe, après avoir acquis tout d'abord une grande puissance, déclinait ainsi peu à peu, l'empire byzantin, assailli par l'invasion arabe qu'il n'avait jamais prévue, se préparait avec persévérance à la revanche. Alors que du huitième au onzième siècle les empereurs byzantins en général réorganisaient leur empire au point de vue social et religieux, ils poursuivaient avec un remarquable esprit de suite la réorganisation de leur armée. Dans la deuxième moitié du dixième siècle, sous Nicéphore Phocas, leur œuvre était terminée ; ils avaient doté l'empire d'une puissante armée, qui leur permit de prendre une revanche éclatante sur les Arabes.

A cette époque l'armée comprenait des mercenaires recrutés parmi des étrangers, des corps nationaux recrutés parmi les populations de l'empire, des soldats fournis par des fiefs militaires, et des milices provinciales; en outre, les populations vaincues qui étaient transplantées devaient le service militaire en échange des terres qui leur étaient données.

L'emploi de mercenaires étrangers (1) et des corps nationaux (2) n'était que le maintien de l'ancien mode de recrutement de l'armée de l'empire d'Orient (3).

Des interprètes étaient attachés aux corps composés d'étrangers. Les Byzantins tenaient toujours compte des aptitudes des différents peuples étrangers qui leur fournissaient des soldats, pour les verser soit dans la cavalerie (4), soit dans l'infanterie.

Au lieu de recruter individuellement leurs soldats étrangers, les empereurs byzantins deman-

----

(1) Les soldats étrangers étaient recrutés parmi les Ross, les Varangiens, les Danois, les Anglais, les Francs, les Normands, les Hongrois, les Petchenègues, les Khozars, les Persans (au neuvième siècle, l'empereur Théophile employa trente mille Persans à la bataille d'Armorium), les Turcs, les Bulgares, les Slaves.

(2) Les corps nationaux étaient recrutés parmi les populations de Thrace, de Macédoine, d'Albanie, et parmi celles du Pont, de la Cappadoce, de la Lycanie et de l'Arménie.

(3) Voir t. II, chap. III, page 124.

(4) C'est ainsi que les Hongrois, les Petchenègues et les Khozars fournissaient des recrues pour la cavalerie.

dèrent parfois à des princes étrangers de leur fournir des corps auxiliaires (1). Ils eurent soin de faire tenir garnison à ceux-ci le plus loin possible de leur pays d'origine. L'emploi de nationalités si diverses eut quelquefois l'inconvénient d'amener des collisions entre des corps de nationalités différentes, entre lesquelles existaient des causes d'animosité.

L'institution des fiefs militaires fut une nouvelle création des empereurs byzantins, faite dans le but d'augmenter le nombre des soldats de l'empire.

Le fief militaire était grevé d'une servitude perpétuelle; il était inaliénable et tout individu qui héritait de ce fief devenait militaire par ce seul fait; aussi les magistrats, les évêques n'étaient-ils pas aptes à succéder.

Les empereurs défendirent avec encore plus d'énergie le fief militaire que la petite propriété contre les empiétements de la grande propriété; ils le déclarèrent insaisissable par le fisc et ne pouvant être perdu que pour les raisons suivantes :

1° Si la valeur du fonds devenait insuffisante pour entretenir le militaire;

2° Si le possesseur ne voulait pas remplir ses obligations;

3° S'il négligeait la culture (2);

(1) Lorsque la noblesse d'Asie révoltée contre Basile II arriva devant Constantinople, l'empereur byzantin fit appel au grand duc de Kief qui lui fournit un corps d'auxiliaires russes. Plus tard Basile II eut un corps de six mille Russes.

(2) On a vu t. I, l. I, chap. III, le rôle du fief militaire au point de vue du relèvement de l'agriculture.

4° S'il commettait un crime entraînant la dégradation.

L'institution du fief militaire fit une brèche au principe de la souveraineté personnelle sur lequel était basée l'organisation politique de l'empire; il introduisit la souveraineté territoriale; mais celle-ci n'avait pas les caractères essentiels de la souveraineté territoriale sur laquelle était alors assise l'organisation sociale de l'Europe occidentale; le fief militaire ne relevait pas de seigneurs hiérarchisés, mais directement de l'empereur qui tenait en droit son autorité de l'État byzantin; de plus, le fief militaire ne conférait à son détenteur aucun droit de souveraineté.

L'emploi des milices provinciales fut l'application d'une loi romaine qui avait sommeillé depuis longtemps dans l'empire byzantin, et que Justinien avait remise en vigueur dans l'Italie byzantine (1). Les empereurs voulaient faire participer les populations à la défense de l'empire, comme cela avait eu lieu sous Héraclius, lors de la guerre contre les Perses. Ils prescrivirent que tous les possesseurs de terres seraient assujettis au service militaire, ou devaient se faire remplacer; les églises et les monastères y seraient aussi soumis (2).

(1) Voir t. II, page 143.
(2) C'est ainsi qu'au dixième siècle, lors de la guerre d'Italie, les habitants du Péloponèse offrirent cent livres d'or et mille cavaliers avec leurs armes et équipages pour se dispenser de servir; les églises et les monastères fournirent leur contingent.

Les milices provinciales n'étaient levées que suivant les circonstances (1).

Au point de vue militaire, l'empire était partagé en divisions militaires; celles-ci étaient les mêmes que les divisions administratives, le thème étant non seulement une divisition administrative (2), mais aussi une division militaire. La cavalerie était répartie dans des thèmes dont les circonscriptions étaient différentes des autres thèmes.

A chaque thème étaient affectés des corps nationaux et des milices provinciales; le stratège, qui était à la tête du thème, avait non seulement des fonctions administratives (3), mais principalement des fonctions militaires; il avait sous ses ordres un personnel exclusivement militaire.

Les troupes des thèmes étaient groupées en deux armées principales : celle d'Orient, contre les invasions d'Asie; celle d'Occident, contre les invasions d'Europe.

A la tête de chacune de ces deux armées était un généralissime : le grand domestique des scholes d'Orient et le grand domestique des scholes d'Occident. Ces officiers, primitivement chefs de la garde particulière de l'empereur, avaient vu croître leurs attributions grâce au pouvoir impérial qui désirait conserver la haute main sur la direction de

(1) On a vu que les milices provinciales appuyèrent la noblesse d'Asie dans la révolte contre Basile II. Voir t. I, l. I, chap. II.

(2) Voir t. II, page 79.

(3) *Ibidem*.

l'armée et qui craignait la toute-puissance des maîtres généraux ; ils étaient ainsi parvenus à supplanter ceux-ci dans le commandement des armées.

Le commandement des armées en campagne fut exercé assez souvent par les empereurs (1), mais ceux-ci étaient forcés de revenir de temps en temps à Constantinople pendant la guerre et de suspendre ainsi les opérations.

L'administration de l'armée était confiée à des logothètes qui avaient à leur tête le logothète de la guerre. Les immenses écuries impériales fournissaient des chevaux et des mulets aux troupes.

Dans l'armée, les empereurs créèrent des corps d'élite : tel fut, sous Zimiscès, le corps des Immortels, recruté en partie avec des fils d'archontes byzantins et des princes étrangers.

L'empereur possédait toujours une garde, dont le corps principal était formé par les varangiens russes.

Un grand arsenal avait été organisé à Manganes sur la Corne-d'Or ; c'était là qu'étaient réunies les machines de guerre et où s'approvisionnaient chaque année les armées d'Europe et d'Asie.

Au dixième siècle, les forces byzantines étaient évaluées à cent vingt mille hommes.

Les armées byzantines n'étaient plus commandées par des Barbares, mais par des officiers apparte-

______

(1) Copronyme, Théophile, Basile Ier, Nicéphore Phocas, Zimiscès, Basile II, Constantin IX l'exercèrent.

nant à la noblesse provinciale (1). Le nombre des officiers était relativement très élevé (2).

Lorsque les empereurs byzantins décidaient une guerre, les troupes, qui étaient réparties dans les cantonnements des thèmes, se concentraient en des lieux choisis, en empruntant les grandes routes de l'empire (3); elles trouvaient dans les points de passage importants des approvisionnements, que le logothète et son administration avaient fait réunir. Si les immenses écuries impériales ne suffisaient pas à fournir l'armée en chevaux et mulets (4), on réquisitionnait de ces animaux avant l'entrée en campagne.

Sur le champ de bataille, les armées byzantines se formaient en trois lignes, la troisième constituant la réserve ; celle-ci était divisée en deux échelons débordant chacune des ailes de la deuxième ligne, afin de tourner les troupes ennemies qui attaqueraient les flancs de celle-ci.

Certains empereurs byzantins écrivirent des traités de tactique ; un des mieux faits fut celui de Nicéphore Phocas.

En Asie, à la suite de l'invasion arabe, les Byzan-

(1) Voir t. I, l. I, chap. II.
(2) Un officier pour deux hommes.
(3) Les principales routes étaient alors 1° en Asie Mineure : celle de Nicomédie à Césarée ; celle de Césarée à Éphèse ; celle de Dorylée à Césarée ; 2° en Europe : la route de la grande Périaslavetz à Dorystolon.
(4) Lorsqu'en 995 Basile II se porta rapidement avec quarante mille hommes au secours de la Syrie, chaque soldat reçut une mule pour lui et en plus une en réserve.

tins avaient perdu leur système défensif de fortifications, et les Arabes occupaient la Cilicie et Mélitène, les deux chefs de l'Asie Mineure, ce qui leur permettait de se répandre dans cette presqu'île.

L'absence de position stratégique sur le plateau de l'Asie Mineure ne permettait pas d'établir un nouveau système de fortifications pour en défendre l'accès ; les Grecs durent employer contre les Sarrasins, dont les attaques étaient constantes, un système défensif basé seulement sur l'emploi de troupes de campagne.

S'inspirant de l'institution des *limites*, *limitanei*, les Grecs créèrent sur les frontières des petits thèmes où ils établirent des stratiotes.

Lorsque Nicéphore Phocas, au dixième siècle, exerçait le commandement de l'armée d'Asie, le système de sûreté des troupes affectées à la défense de la frontière contre les attaques des Sarrasins était organisé de la façon suivante : en avant des troupes, sur les montagnes, étaient établis des postes communiquant entre eux et avec le corps principal par des signaux ; en arrière de ces postes, au pied des montagnes, était placée la cavalerie, et en arrière de celle-ci, dans la plaine, se tenait le gros de l'armée.

Lorsqu'arrivait l'été, époque de la mise en marche des Sarrasins, l'armée byzantine employait tout un système d'exploration pour se mettre au courant des mouvements de l'ennemi. Les stratigoï des thèmes frontières et commandants des troupes employaient à cet effet des espions. La cavalerie envoyait, au delà des postes d'infanterie, des détachements chargés de maintenir le contact avec l'ennemi dans sa marche, communiquant entre eux par des signaux et avec le commandant de la cavalerie au moyen de détachements. Un corps d'éclaireurs avait été spécialement formé et il était envoyé continuellement sur le territoire ennemi pour faire des prisonniers et avertir des mouvements des Sarrasins.

Le commandement de la cavalerie, qui centralisait tous les renseignements fournis ainsi par les organes d'exploration, en rendait compte au turmarque.

Lorsque l'ennemi s'avançait, les populations se retiraient avec leurs troupeaux et leurs récoltes dans les enceintes fortifiées ou sur les hauteurs escarpées de Taurus ; les troupes qui étaient forcées de battre en retraite faisaient le désert devant l'ennemi afin de l'affamer.

La capitale de l'empire était au courant des événements militaires qui se passaient sur la frontière d'Asie au moyen d'un système de phares.

Lorsque les Byzantins voulaient passer à l'offensive, l'armée était réunie par les soins du grand logothète et de son administration et lorsqu'elle était prête à entrer en campagne, ce dont le grand logothète était averti par son personnel au moyen des phares, le généralissime en prenait le commandement.

En Europe, les empereurs byzantins disposaient de nombreuses forteresses contre lesquelles vinrent se briser les attaques des Bulgares et des Sarrasins. Les principales places fortes étaient Patras, Corinthe, Nicopolis (Épire), Durazzo, Salonique. Pour protéger plus particulièrement Salonique qui était la ville de l'empire la plus importante après Constantinople, les empereurs byzantins élevèrent, à un ou deux jours de marche de Salonique, le fort de Strymon, près du Despoto, et ils transplantèrent sur les frontières de Thrace des peuples guerriers. Ils voulurent ainsi empêcher la jonction des Bulgares et des Arabes devant cette ville, que les Arabes pouvaient attaquer par mer lorsqu'ils possédaient la Crète.

Les empereurs byzantins ne portèrent pas seulement leur attention sur la réorganisation de leur armée, mais aussi sur celle de leur flotte, dont la puissance, sur laquelle reposait le salut de l'empire, avait été menacée par le développement de la marine arabe.

La marine byzantine reçut ses thèmes particuliers; au dixième siècle elle comprenait deux parties : 1° la flotte active ou flotte d'État, à Constantinople, et 2° la flotte de réserve ou provinciale, formée des contingents des thèmes maritimes, qui était mobilisée en temps de guerre et dont les cadres existaient en temps de paix.

Afin de défendre Constantinople contre les incursions des Sarrasins, les Byzantins fortifièrent Ténédos à l'entrée des détroits.

De ces considérations il résulte que les empereurs byzantins parvinrent à réorganiser militairement l'empire pour reprendre leur revanche. Au dixième siècle, ils possédaient une armée et une marine que la richesse économique et la bonne administration de l'empire permettaient de solder facilement et de bien pourvoir. Mais cette armée, bien que plus liée à la nation que l'ancienne, n'en restait pas moins l'armée de l'empereur, et la nation continuait à ne pas participer à la défense de l'empire, en tant que nation.

La lutte de l'empire contre les Arabes s'en ressentit; seul le caractère religieux qui lui fut attribué, et non le caractère patriotique, permit de donner aux armées byzantines une vigueur relativement puissante; mais tandis que Mahomet avait promis le paradis à ses adeptes qui mourraient sur le champ de bataille, l'Église refusa d'accorder les honneurs du martyre aux chrétiens qui tomberaient dans les guerres contre les infidèles, comme l'avait demandé Nicéphore Phocas, et les évêques déclarèrent que tous ceux qui s'étaient souillés par l'exercice sanguinaire du métier des armes devaient être séparés de la communion des fidèles pendant trois ans (1).

Revanche de l'empire byzantin. — Dans leur œuvre de revanche, les buts primordiaux que devaient poursuivre les empereurs byzantins devaient être, d'une part, la destruction de la flotte arabe, afin de reprendre la suprématie sur mer, et d'autre part la reprise de la Comagène et de la Cilicie, afin que les Arabes ne pussent plus se répandre facilement dans l'Asie Mineure.

(1) Même lors des croisades, lorsqu'il s'agit d'arracher aux mains des infidèles le tombeau de Jésus-Christ, le pape ne promit que l'indulgence plénière aux croisés.

A partir du milieu du huitième siècle, époque à laquelle l'empire byzantin reprit l'offensive, les guerres entre Arabes et Byzantins n'eurent plus le même caractère que lors des invasions arabes de la fin du septième siècle; après chaque campagne dans les possessions des empereurs byzantins, les Arabes, qui avaient fixé le centre de leur puissance, retournaient généralement chez eux.

Constantin IV, qui reprit le premier l'offensive contre les Arabes, vit d'abord ses efforts couronnés de succès (1), mais le relèvement de la puissance des Arabes avec le khalifat de Bagdad fit reculer les Byzantins en Asie Mineure (2). En 823, les Arabes portèrent un nouveau coup à la marine grecque; ils s'emparèrent de la Crète (3) et de la Sicile (4), pouvant ainsi menacer toutes les côtes de la mer Égée et celles de l'Italie du sud byzantine (5).

(1) En 746, Constantin IV reprend les villes de la Comagène; en 751-752, il reprend Erzeroum et le haut Euphrate. En outre, il détruit une flotte arabe près de Chypre.

(2) Le khalife Mahadi envahit l'Asie Mineure avec une armée de quatre-vingt mille Persans et Arabes et soumit l'impératrice Irène à un tribut annuel (781). Nicéphore, qui détrôna Irène, refusa de le payer; Haroun al-Raschid dévasta alors la Phrygie, remporta une victoire sur l'empereur byzantin, qui reçut trois blessures, et le força à payer le tribut. Mais Nicéphore ayant peu après refusé de s'y soumettre, Haroun revint en Asie Mineure par Tyane, Ancyre, prit Héraclée de Pont après un siège d'un mois (805) et imposa la paix à Nicéphore.

(3) Les Sarrasins de Crète relevaient du khalifat de Cordoue et jouissaient ainsi d'une indépendance presque complète.

(4) Les Sarrasins de Sicile provenaient des Sarrasins d'Afrique et d'Andalousie. Les émirs de Sicile se rendirent indépendants des Fatimites vers la fin du dixième siècle.

(5) Les uns ne tardèrent pas à faire de fréquentes invasions

Les empereurs byzantins profitèrent bientôt après des dissensions du khalifat pour essayer de reconquérir les provinces perdues ; les luttes entre Byzantins et Arabes n'amenèrent pas, tout d'abord, de résultats décisifs ni d'un côté ni de l'autre (1) ; mais les Grecs reprirent ensuite l'avantage.

En 876, Basile Ier enleva aux Arabes Samosate, ce qui donna la possession de la Comagène aux Byzantins (2). Après la suspension de la lutte sous le règne de Léon VI, lors de la minorité de Porphyrogénète, les armées byzantines recommencèrent à combattre victorieusement (3).

Dans la deuxième moitié du dixième siècle, leur réorganisation militaire étant achevée, et leurs derniers succès leur ayant rendu courage, les Byzantins crurent le moment venu de reprendre leur puissance maritime et de réoccuper la Cilicie. Byzance reconquit la Crète et Chypre, mais l'expédi-

contre Salonique ; les autres contre la Pouille et la Calabre ; ces derniers attaquèrent Rome (846), mais ils furent repoussés.

(1) En 838 Théophile pénétra en Syrie : c'est alors que Motassem introduicit des corps turcs dans l'empire arabe. Motassem réunit son armée à Tarse en Cilicie et se porta vers la Phrygie ; il vainquit les armées byzantines à Armorium en Galatie ; puis il s'empara d'Armorium, après un siège pénible ; il retourna ensuite dans son palais à Bagdad.

Par suite de la dissociation du khalifat de Bagdad, jusqu'en 876 les Arabes et les Grecs ne firent que de simples incursions.

(2) Sous Basile Ier, les flottes arabes furent aussi repoussées des côtes.

(3) Les armées de Constantin Porphyrogénète reconquirent toute l'Asie Mineure, sauf la Cilicie, et elles parurent même en Mésopotamie.

tion de Nicéphore Phocas en Sicile échoua. Celui-ci enleva aux Hamanides la possession de la Cilicie.

Comme les Hamanides, les maîtres de la Méso-potamie et de la Syrie avaient le centre de leur puissance à Mossoul, les Byzantins qui occupaient maintenant la Comagène et la Cilicie pouvaient couper facilement la ligne de communication des troupes hamanides opérant en Syrie et, par suite, s'emparer sans grandes difficultés du nord de cette province (1).

Les Grecs reprirent aux Arabes Antioche (2); ils occupèrent Alep (3), point important sur la route commerciale de l'Euphrate à Antioche, qui couvrait Antioche contre les invasions de Bagdad.

Mais les Fatimites d'Égypte, profitant des dis-cordes du khalifat de Bagdad, se substituèrent, en 974, aux Hamanides dans la possession de la Syrie. Les Grecs se trouvèrent alors, dans cette province, en présence d'une dynastie beaucoup plus puissante que celle des Hamanides; il leur était, de plus, im-possible de couper la ligne de communication des troupes des Fatimites en Syrie, comme ils avaient pu le faire pour les troupes des Hamanides en Syrie.

(1) C'est ainsi qu'en 965 Nicéphore Phocas, voulant faire une razzia en Syrie, prit d'abord sa ligne de communication par l'Arménie, par Amida et Nisibis; puis appuya ensuite Alep.

(2) Antioche, prise en 969 par les Grecs, ne devait leur être reprise que cent seize ans plus tard par les Turcs Seldjoucides et seulement pour peu de temps.

(3) Alep fut dans une situation spéciale, sous la domination des Byzantins; cette ville garda son prince, mais devint la vas-sale des Grecs et dut leur payer un impôt annuel.

Sous Jean Zimiscès et Basile II, de nombreux combats eurent lieu entre les troupes byzantines et les troupes égyptiennes en Syrie, mais dans leur ensemble ces combats n'amenèrent pas de résultats décisifs (1). Vers la fin du règne de Basile II, les cruautés du khalife fatimite Hakem amenèrent, dans le khalifat du Caire, des discordes que Basile II s'efforça d'attiser en accueillant tous les mécontents (2). Après la mort d'Hakem (1021) des

(1) En 975, Jean Zimiscès s'empara de Damas, de Jérusalem, d'Acre et de Béryte, de Tripoli ; il établit dans chaque ville conquise un gouverneur, une garnison et chaque ville dut payer un tribut, mais cette conquête fut éphémère.

Le prince d'Alep ayant refusé de payer le tribut à Byzance et s'étant mis sous la suzeraineté du khalife du Caire, des combats eurent lieu entre les troupes byzantines et les troupes d'Égypte ; finalement le prince d'Alep fut forcé de payer le tribut à Byzance.

La lutte reprit quelques années après entre les Byzantins et les fatimites, dans ces parages, pour des motifs semblables.

Le gouverneur de Damas, qui dépendait du khalife du Caire, ayant voulu s'emparer d'Alep, le prince de cette ville fit appel à son suzerain, le Basileus. Des combats s'engagèrent alors entre les armées adverses ; les villes de Syrie en profitèrent pour se soulever contre Byzance. Basile II envoya alors cinquante mille hommes ; mais, ceux-ci ayant été battus entre Antioche et Alep (994), Basile II se décida à se porter en personne contre les Arabes ; il força les Égyptiens à lever le siège d'Alep et il s'empara de quelques cités syriennes. Les Fatimites envoyèrent successivement deux flottes en Syrie, mais la première fut brûlée, la seconde fut détruite par la tempête. Le khalife étant mort en 996, le parti berbère évinça le parti turc ; celui-ci souleva alors la Syrie et les rebelles appelèrent à leur secours l'empereur byzantin ; Basile II revint alors en Syrie, puis signa une trêve de dix ans avec le khalife d'Égypte (1001).

(2) Les chrétiens persécutés se réfugièrent à Antioche et à Latakieh ; l'émir d'Alep, chassé par une sédition militaire, se

complications intérieures affaiblirent le khalifat fatimite.

En 1038, les Grecs, profitant des dissensions entre les Arabes de Tunisie et ceux de Sicile, parvinrent à reconquérir une partie de cette île avec l'appui des populations soulevées contre les Arabes.

De ces considérations il résulte que, dans la première moitié du onzième siècle, les empereurs byzantins étaient rentrés en possession de la Crète, de Chypre, de la Cilicie, de la Comagène, du nord de la Syrie et d'une partie de la Sicile, et qu'ils n'avaient plus rien à craindre de la puissance des Sarrasins. Ils étaient donc finalement sortis victorieux de leur longue lutte contre ceux-ci.

Luttes contre l'Arménie. — En Asie, l'invasion arabe avait arraché non seulement à l'empire byzantin des provinces ; mais elle avait permis à l'Arménie, à la Géorgie et à l'Ibérie de se rendre, en réalité, indépendantes de Byzance.

Cependant ces royaumes restèrent nominalement vassaux de Byzance ; de plus, grâce à leur communauté de religion avec l'empire byzantin et aussi grâce aux nombreuses relations établies entre eux et Byzance par la mer Noire, relations auxquelles l'invasion arabe n'avait pu porter atteinte, il s'effectua un rapprochement politique, une alliance tacite, entre eux et cet empire, pour faire face aux attaques des Arabes mahométans. C'est pour ces rai-

---

sauva à Antioche (1015) ; des révoltes éclatèrent au Caire et à Damas contre le khalife.

sons que les rois d'Ibérie portèrent le titre héréditaire de curopalate (1), et que les rois d'Arménie
et ceux d'Ibérie fournirent aux empereurs byzantins des corps auxiliaires (2). Les rois d'Arménie,
de Géorgie et d'Ibérie secondèrent, en outre, à la
fin du dixième siècle, les efforts des empereurs byzantins contre les Arabes en attaquant le khalifat
de Bagdad, qui s'affaiblissait par ses dissensions
intestines.

Au commencement du onzième siècle, alors que
les Grecs sortaient définitivement vainqueurs de
leur lutte contre les Arabes, ils songèrent à rétablir
leur domination en Arménie, en Géorgie et en
Ibérie.

La noblesse continuait à former alors une puissance sociale très importante dans ces pays ; elle se
divisait en grande noblesse dont certains membres
portaient le titre de rois, et en petite noblesse dont
le nombre des membres était très élevé. Les nobles
avaient démembré à leur profit la souveraineté et
celle-ci était territoriale, domaniale (3) et par suite
héréditaire. Les nobles usaient du droit de guerre

(1) D'ailleurs ces rois acceptaient volontiers ce titre, par
lequel ils semblaient se rattacher au monde civilisé d'alors.

(2) En 974, l'Arménie fournit un corps auxiliaire de dix
mille Arméniens ; sous Basile II, le curopalate d'Ibérie fournit à
cet empereur un corps de douze mille Géorgiens et Arméniens.

(3) C'est pour cette raison que lorsque le roi d'Ibérie, Daith,
mourut assassiné en 1000, il laissa par testament à Basile II
ses provinces, ses villes et ses frontières ; de même, une ving-
taine d'années après, le roi du Vaspouraçan céda son royaume à
Basile II.

privée ; ils levaient sur leurs terres les troupes nécessaires soit pour leurs luttes intestines, soit pour défendre l'Arménie, soit encore pour fournir le contingent demandé par les empereurs byzantins ; ils disposaient de châteaux forts ; mais les nobles, même les rois, ne possédaient pas le pouvoir absolu ; en cas d'événements graves, ils devaient réunir les principaux chefs de leurs États et les princes de leur famille.

A côté de la noblesse s'était développée une autre puissance sociale importante : l'Église, qui eut dans l'Arménie, la Géorgie et l'Ibérie une autorité très grande sur les populations (1).

Les nobles d'Arménie, ayant pu se rendre indépendants de Byzance à la suite de l'invasion arabe, en profitèrent pour se choisir un roi, qu'ils appelèrent le roi des rois. Bien que celui-ci fût généralement pris dans la même famille, la fonction royale conserva toujours son caractère électif, et l'autorité du roi sur les nobles fut généralement précaire. Une autre cause de faiblesse du pouvoir royal vint s'ajouter à celle-ci : la souveraineté étant domaniale et le droit de primogéniture n'ayant pas été adopté, le roi d'Arménie, à sa mort, constituait des apanages à chacun de ses fils.

A la fin du dixième siècle, sous la plus puissante des dynasties royales d'Arménie, celle des Pagra-

---

(1) C'est en grande partie pour ces motifs que lors de la campagne de Basile II, en 1021, ce fut le catholicos arménien qui implora la clémence de cet empereur au nom du roi des rois.

tides, l'un de ces rois, Sempad II, parvint à soumettre à son autorité les nobles; il mit fin à l'anarchie guerrière qui régnait dans ces contrées et l'Arménie atteignit alors son plus haut degré de prospérité.

Mais en 1020, à la mort de Kakig Ier, fils de Sempad II, des dissensions politiques éclatèrent en Arménie et les nobles recouvrèrent leur indépendance et leur droit de guerre privée.

Au onzième siècle, les empereurs byzantins qui avaient définitivement vaincu l'invasion arabe pensèrent que le moment de rétablir la domination de Byzance sur l'Arménie était venu.

Basile II, après de nombreuses campagnes de 1000 à 1020 (1), et ensuite Constantin Monomaque

(1) On a vu t. I, l. II, chap. i, que Zimiscès avait transplanté en Thrace les Pauliciens qui habitaient près du haut Euphrate et qui étaient des ennemis des empereurs. Cette mesure permit plus tard à Basile II de pénétrer en Arménie sans être inquiété sur ses derrières.

Basile II se porta en Arménie en 1000; les nobles, sauf le roi des rois, Kakig Ier, vinrent lui rendre hommage. Basile II annexa ensuite l'Ibérie.

En 1018, le roi de Géorgie, Georges Ier, profita de ce que Basile II était occupé à guerroyer en Bulgarie pour se révolter contre l'empereur byzantin; il entraina avec lui le roi d'Arménie. Basile II gagna alors Garni (Erzeroum) par la route de Césarée à Mélitène et le haut Euphrate, et entra en Arménie; mais il ne remporta que des victoires indécises et dut hiverner à Trébizonde (1021-1022).

Lorsque l'anarchie régna en Arménie après la mort de Kakig Ier, Basile II soutint comme prétendant au trône un fils de Kakig, Ashod, tandis que le roi de Géorgie soutenait le fils ainé de Kakig, Sempad; Sempad monta sur le trône, moyennant

(1042-1055), mirent sous la dépendance politique de l'empire byzantin l'Arménie, la Géorgie et l'Ibérie (1). Mais de 1065 à 1068 l'Arménie, qui avait repoussé vaillamment l'invasion des Turcs seldjoucides de Togrul-Beg en 1021, succomba, ainsi que la Géorgie sous les coups d'Alp-Arslan (2). Quelques années après, l'empereur romain Diogène, qui avait vaincu les émirs d'Alp-Arslan, pénétrait de nouveau en Arménie ; mais ce fut la dernière fois que les armées byzantines parurent dans ces contrées : Alp-Arslan accourut au secours de ses lieutenants vaincus et repoussa définitivement les Byzantins de l'Arménie.

Luttes contre les Bulgares. — Tandis que l'empire byzantin luttait contre l'invasion arabe, du septième au onzième siècle, il était entamé en Europe ; l'établissement à demeure des Bulgares en Mésie inférieure en 679, des Serbes en Dacie inférieure, en Mésie supérieure et en Dardanie, et des Croates au

la soumission à Basile II ; à la mort de Kakig, fils de Sempad, l'empire reçut définitivement l'Arménie.

Le roi du Vaspouraçan céda ses États à Basile II. Le roi de Géorgie, après s'être soumis à Basile II, se révolta à la faveur des difficultés intérieures de l'empire (1022) ; mais Basile II le vainquit et se fit céder par lui des territoires et des forteresses où il plaça des commandants.

(1) L'Arménie avait aussi à lutter contre les Kurdes, tribus établies dans les collines au delà du Tigre ; au dixième siècle, les Kurdes étaient des pâtres encore nomades ; ils étaient vigoureux, sauvages, indociles, adonnés au brigandage et fermement attachés au gouvernement de leurs chefs nationaux,

(2) Les orthodoxes grecs ne furent ni étonnés ni contrariés que les Arméniens, disciples des hérésies de Nestorius et d'Eutychès, fussent livrés par le Christ et sa mère aux infidèles.

nord de la Dalmatie, sous Héraclius, avaient fait subir dans ces régions des modifications tellement profondes à l'être social byzantin qu'il s'était créé de nouveaux êtres sociaux : les Bulgares, les Serbes et les Croates.

L'être social bulgare comprit des peuples de plusieurs races : des Bulgares, des Slaves, des Grecs et des Valaques. L'élément prépondérant fut les Slaves ; il absorba bientôt les Bulgares. Bien que ceux-ci eussent la direction de l'être social, ils étaient complètement slavisés au commencement du neuvième siècle ; ils parlaient alors une langue slave ; mais, au lieu d'adopter les mœurs généralement pacifiques des Slaves, les Bulgares avaient conservé leur esprit guerrier et ils avaient même rendu les Slaves belliqueux.

La juxtaposition de nouveaux peuples sur les anciens accéléra l'évolution sociale comme dans l'Europe occidentale ; elle amena la création du système féodal.

Lors de la conquête des Bulgares, la plupart des paysans furent réduits en servitude et les rois bulgares constituèrent, au profit de leurs grands, de véritables fiefs dans les provinces éloignées du royaume.

A cette cause de démembrement de la souveraineté vint s'en ajouter une autre : le caractère montagneux et chaotique de la péninsule des Balkans.

Il se forma ainsi une puissante noblesse qui se rendit à peu près indépendante du roi dans les provinces éloignées et dans les châteaux forts qu'elle éleva principalement le long du Danube, sur les Balkans, le Rhodope et dans l'Ochride; la souveraineté devint ainsi territoriale et domaniale; les nobles ou boyards se contentaient de prêter hommage au roi, dont la fonction conserva jusqu'à la fin du neuvième siècle son caractère électif. Cette noblesse féodale était hiérarchisée, ce qui facilitait l'établissement de la monarchie absolue; à la tête de cette noblesse se trouvaient six grands chefs : les pairs du royaume.

Une autre puissance sociale se forma dans l'être social bulgare : ce fut l'Église; mais, le christianisme ne s'étant répandu que vers la fin du neuvième siècle chez les Bulgares, la passion du couvent ne s'empara de ceux-ci qu'au dixième siècle et l'Église ne commença donc à devenir une puissance sociale que beaucoup plus tard que la noblesse; son développement, il est vrai, fut grandement favorisé par les rois bulgares, qui avaient besoin d'un appui solide pour résister à la noblesse. A la fin du dixième siècle l'Église était une puissance sociale très importante; les serfs et les paysans ecclésiastiques et les « clerici » attachés à un évéché étaient exempts d'impôts d'État; le clergé prélevait même un impôt spécial dit « canonique » sur les paysans dépendant des églises, sur les Valaques établis en Bulgarie, et sur les Turcs dit Vardariotes; l'autorité sociale de l'Église était très grande (1).

____

(1) C'est ainsi que, lors de la guerre que Basile II fit aux Bulgares en 1017-1018, ce fut le métropolitain de Bulgarie suivi de son clergé qui vint à Sérès offrir la paix de la part de la tsarine.

A la fin du neuvième siècle et au dixième siècle les rois bulgares cherchèrent à fonder la monarchie absolue. Boris réunit de son vivant, en 888, l'assemblée nationale pour proclamer roi son deuxième fils Siméon; la royauté se fixa ainsi dans sa famille, mais les boyards se réservèrent toujours le droit de choisir un roi en dehors. En outre, pour abaisser la noblesse, Boris massacra vingt-deux familles de boyards.

Siméon (892-927) prit le titre de tsar, mais les boyards continuèrent à conserver presque la plénitude de leur indépendance dans le gouvernement de leurs grands fiefs. Pour s'affranchir de la puissance de la noblesse, les tsars de Bulgarie s'entourèrent de légistes, créèrent des agents fiscaux, attirèrent à la cour des nobles, sur lesquels ils pouvaient compter et organisèrent une armée permanente avec ceux-ci et avec la maison du roi; ils s'appuyèrent en outre sur l'Église que les Boliades bulgares, encore attachés au paganisme au dixième siècle, considéraient comme un adversaire (1).

En 963, les boyards renversèrent la dynastie régnante et élevèrent sur le trône un d'entre eux : Schischman; lorsque les Bulgares succombèrent sous Basile II, au onzième siècle, ils n'étaient pas parvenus à fonder d'une façon durable l'hérédité de la fonction impériale (2).

---

(1) C'est pourquoi, en 970, le prince russe Sviastoslov, qui combattait les Byzantins, promit à l'aristocratie bulgare le rétablissement du paganisme.

(2) Samuel, fils de Schischman, succéda à son père en 980 ;

Dans la lutte des Bulgares contre Byzance, sous Samuel, les deux puissances sociales, la noblesse et l'Église, se rapprochèrent et s'unirent pour résister à l'ennemi commun.

Au point de vue économique les Bulgares, qui comprenaient surtout des paysans, se consacraient à l'élevage des bœufs et des porcs ; leur commerce se faisait presque exclusivement avec Byzance. Sous Léon le Sage, ils avaient des comptoirs à Constantinople.

Les Bulgares étaient tributaires de Byzance, non seulement pour le commerce, mais aussi pour la religion, pour l'art et pour la littérature ; la civilisation byzantine pénétrait en Bulgarie (1), propagée par les rois qui s'inspiraient des idées byzantines pour fonder la monarchie absolue ; elle était repoussée par les boyards, qui voyaient en elle un élément étranger ennemi et un instrument dirigé contre leur indépendance (2).

L'armée bulgare comprenait en temps de guerre, au dixième siècle, l'armée permanente du tsar à laquelle venaient se joindre les nobles et des bandes de paysans.

Dans leurs guerres contre l'empire byzantin, les

à la mort de Samuel (1014), son fils fut proclamé empereur, mais un an après celui-ci était assassiné par son cousin germain.

(1) Les jeunes nobles bulgares allèrent s'instruire dans les écoles de Constantinople ; le tsar Siméon y fut élevé

(2) C'est pourquoi les Boliades bulgares se révoltèrent en **963** contre le tsar Pierre, qui était l'ami de Byzance et qu'ils réussirent à faire monter sur le trône un d'entre eux, Schischman.

Bulgares trouvèrent de précieux auxiliaires dans les tribus slaves répandues dans les thèmes de la péninsule des Balkans, et qui se rallièrent avec enthousiasme aux Bulgares, qui étaient slavisés. Dans leurs attaques contre l'empire byzantin, les Bulgares ne firent pas preuve généralement de cohésion, par suite de leur organisation sociale et politique les boyards ne reconnaissant que rarement des pouvoirs étendus à leur roi. Mais cette organisation sociale et politique rendit très difficile l'établissement de la domination des empereurs byzantins sur les Bulgares : l'absence d'une organisation politique centralisatrice permettait à tout boyard de lever l'étendard de la révolte, ce qui lui était facilité en outre par le caractère chaotique du système orographique de la péninsule des Balkans ; de plus, elle obligeait les empereurs byzantins à soumettre toute la noblesse bulgare, œuvre impossible.

Les Byzantins furent effrayés beaucoup moins des invasions bulgares que des invasions sarrasines ; ils espéraient s'assimiler les Bulgares, peuple slavisé et chrétien, par suite de même race et de même religion qu'eux ; de plus les Bulgares, ne possédant pas de marine, ne pouvaient pas s'emparer des villes maritimes qui étaient les villes les plus importantes de l'empire et par lesquelles les Byzantins pouvaient rentrer dans la péninsule des Balkans ; les Bulgares ne pouvaient donc pas porter atteinte comme les Sarrasins à la puissance maritime des Byzantins, sur laquelle reposait le salut de l'empire. Aussi, bien que les Bulgares menaçassent souvent de plus près la capitale que les Arabes, les empereurs byzantins concentrèrent-ils tout d'abord tous leurs efforts contre les Sarrasins.

Les Bulgares profitèrent de ce que les empereurs byzantins étaient occupés en Asie par les invasions arabes pour accroître leur puissance en Europe, au détriment de l'empire byzantin (1).

Dans leur offensive contre l'empire byzantin les Bulgares furent parfois entravés par leurs voisins du nord et de l'ouest, les Petchenègues (2) et les Serbes, et par des ennemis que Byzance leur suscita et appela contre eux, les Hongrois et les Russes (3).

Dans la seconde moitié du dixième siècle, alors que les empereurs byzantins commençaient à sortir

(2) Au huitième siècle, les Bulgares s'étaient répandus en Thrace, en Macédoine, jusqu'en Thessalie et occupaient même Janina ; ils ne laissaient ainsi aux Grecs qu'une légère bande de terrain le long de la côte. En 811, le khan des Bulgares menaça Constantinople ; Nicéphore Logothète remporta quelques victoires sur les Bulgares, au centre de la Bulgarie, mais il fut finalement défait par eux et tué. A la fin du neuvième siècle, le tsar Siméon battit les Grecs ; Léon VI fit appel aux Hongrois contre les Bulgares ; mais Siméon s'empara de la Moravie serbe, reprit l'offensive contre lés Grecs, assiégea Constantinople et força les empereurs byzantins à lui donner le titre de Basileus.

(2) Les Petchenègues étaient établis le long de la mer Noire, de la rive gauche du Danube aux bouches du Dniéper ; ils étaient nomades et vivaient sous des tentes de feutre.

(3) Les Byzantins firent appel aux Hongrois, comme on l'a vu, sous Léon VI, puis une deuxième fois (934-943). Nicéphore Phocas fit appel aux Russes de Kief, qui par la mer Noire et le bas Danube pouvaient attaquer plus facilement les Bulgares que ne pouvaient le faire les Grecs par les Balkans ; il leur paya à cet effet un tribut.

victorieusement de leur lutte contre les Arabes, ils voulurent prendre leur revanche contre les Bulgares; avec Nicéphore Phocas, ils se dégagent du tribut qu'ils payaient jusqu'alors aux Bulgares (1); avec Jean Zimiscès, ils annexent la Bulgarie danubienne et transbalkanique (2), en formant un gouvernement militaire particulier doté de fortes garnisons.

Avec Basile II, qui triomphait définitivement de l'invasion arabe, les empereurs byzantins voulurent en finir avec les Bulgares, les remettre sous leur domination. Cette lutte suprême entre les Byzantins et les Bulgares fut vive et acharnée; les Bulgares opérèrent sous la conduite du tsar Samuel, autour duquel se groupèrent la noblesse et l'Église bulgares.

Les Bulgares de la partie orientale, soumise dernièrement à Byzance, avaient profité de la mort de Zimiscès et des embarras intérieurs de l'empire byzantin (3) pour se soulever et chercher à recouvrer l'indépendance. Les Bulgares de la partie occidentale, qui était restée libre, avaient couru aux armes pour venir en aide à leurs compatriotes. La

(1) Nicéphore Phocas, pour rompre avec les Bulgares, rendit le czar Pierre responsable des razzias faites par les Magyars sur les terres de l'empire et refusa ensuite le tribut aux ambassadeurs bulgares. C'est alors qu'il fit appel aux Russes; mais ceux-ci, après avoir vaincu les Bulgares, se joignirent à eux contre les Grecs (voir t. II, page 217).

(2) Après que Zimiscès eut vaincu les Bulgares et les Russes.

(3) Ces embarras étaient provoqués par la révolte de Skléros. Voir t. I, l. I, chap. II.

Bulgarie était étendue alors de la mer Noire au Drin, du Danube à l'Épire et à la Thessalie; elle comprenait donc la Bulgarie et la Serbie actuelles, le centre de la Macédoine et l'Albanie.

Les Bulgares qui avaient établi successivement leur capitale royale à Sophia, à Mogléna, à Vo-dhéna, la transportèrent d'abord à Prespa, et ensuite à Ochrida. Ils fixèrent ainsi le centre de leur puissance dans la haute vallée du Drin, sorte de citadelle naturelle, orientée nord-sud, d'où ils pou-vaient dominer la Macédoine, le moyen et haut Vardar, l'Albanie, l'Épire et la Thessalie, et d'où ils pouvaient maîtriser la voie Egnatia (1), ce qui leur permettait de couper les communications entre les empereurs byzantins et l'Italie byzantine. Samuel et les Bulgares disposaient, de plus, de nombreuses forteresses construites sur des pitons escarpés.

Chaque fois que l'attention de Basile II fut absorbée soit par des luttes en Asie, soit par des révoltes intérieures, les Bulgares en profitèrent pour descendre de leur citadelle naturelle et envahir les pays environnants (2).

(1) La voie Egnatia reliait Thessalonique à Durazzo.

(2) En 976 ou 977, les Bulgares assiégèrent Sérès en Macédoine. Lorsque Samuel monta sur le trône en 980, il profita des embarras intérieurs de l'empire byzantin, causés par la révolte de Skléros, pour saccager les thèmes de Thrace, de Macédoine, de Thessalie et de Péloponèse. Quelque temps après, Samuel s'empara de Larissa et transporta la population grecque de cette ville à Prespa (986).

Basile II marcha par l'Hèbre (Maritza), sur Triaditza (Sophia),

Contre les Bulgares, Basile II disposait à l'ouest du centre de leur puissance d'une place forte, Dyrrachium, et, à l'est, de trois places d'armes : Philippopolis, Mosynopolis (1) et Thessalonique.

Dyrrachium, au débouché de la voie Egnatia, était la clef de l'Adriatique. De Dyrrachium, il était difficile, il est vrai, d'attaquer la Bulgarie ochridienne, par suite du caractère très accidenté de la région comprise entre la côte et la haute vallée du Drin ; mais la possession de ce point par les Byzantins pouvait leur permettre d'introduire des forces chez les Bulgares, si des dissensions venaient à se produire dans la noblesse bulgare ; de plus, Dyrrachium étant à proximité de la Serbie et étant le seul port important de cette région sur l'Adriatique, la possession de ce point par les Byzantins empêchait Samuel de surveiller facilement son tributaire le roi de Serbie Wladimir et de posséder un port de guerre.

En 1001, Basile II, n'ayant plus à combattre d'ennemis en Asie, porta tous ses efforts contre les Bulgares.

mais il échoua devant cette ville ; dans sa retraite, il fut attaqué par les Bulgares à la porte Trajane. En 989, les Bulgares s'emparèrent de Berrhea (Verria).

Pendant que Basile II guerroyait en Asie en 995, la guerre continuait en Bulgarie ; les Bulgares battaient la garnison de Salonique, puis Samuel se portait jusqu'à l'isthme de Corinthe. Les Byzantins profitèrent de la position militaire de Salonique pour en sortir et se jeter sur les derrières de Samuel ; ils se dirigèrent sur Larissa et furent vainqueurs au Sperchios.

(1) Mosynopolis était dans la basse vallée de la Mesta.

Le plan général de Basile II fut de rester sur la défensive à Dyrrachium, et prendre l'offensive en avant de son système fortifié de l'est. Dans cette offensive, le premier but qu'il poursuivit fut de couper en deux les Bulgares, les Bulgares danubiens de ceux de Macédoine, et d'occuper la Bulgarie danubienne ; la possession de Philippopoli, à l'extrême droite de son système fortifié, lui permettait de réaliser ce dessein, en se jetant sur Triaditza (Sophia) et Widin. Le deuxième but qu'il chercha à atteindre fut de s'emparer de Bœrrhea (Verria) au sud-ouest de Thessalonique, afin de pouvoir prendre en flanc ou en queue toute colonne bulgare qui partant de l'Ochride se jetterait sur la Thessalie. Le troisième but qu'il se proposa ensuite fut de pivoter sur Thessalonique, l'extrême gauche de son système fortifié, et d'occuper le bassin du Vardar, sorte de grand fossé naturel de la citadelle ochridienne. Après avoir réalisé peu à peu le plan qu'il s'était tracé (1),

(1) En 1001, ses armées occupèrent les forteresses de la Bulgarie danubienne.

En 1003, Basile II prend Bœrrhea (Verria); puis les Grecs s'emparent de Servia (Selvidze), sur la frontière de Thessalie et de Macédoine, point qui tenait les routes du sud; ils prennent Vodhéna (ancienne Édesse). On retrouve les Grecs plus tard à Widin; pendant qu'ils assiègent cette ville, les Bulgares saccagent Andrinople et se portent au secours de Widin, mais lorsqu'ils y arrivent, cette ville s'était rendue.

Basile II prend Skopia (Uskub), remporte la victoire de Cimbalougou (1014), alors que la mort de Samuel augmente le découragement des Bulgares. Mais Botaniates subit un désastre dans un défilé.

Basile II prend Melnic, puis la Monastir actuelle et les places

Basile II donna l'assaut de la citadelle ochridienne, le réduit de la puissance bulgare ; y pénétra victorieusement et porta ainsi le coup de grâce aux Bulgares, obligeant ceux-ci à se soumettre à la domination de Byzance.

Rentrée sous le pouvoir des empereurs byzantins, la Bulgarie fut reliée administrativement à Byzance. Basile II établit en Bulgarie des « basilikoi » concentrant à la fois les attributions administratives et financières. Pour empêcher que la Bulgarie ne se soulevât contre l'empire byzantin, Basile II conserva les forteresses les plus essentielles, les fit occuper par des garnisons importantes et mit à leur tête des gouverneurs militaires.

Dans l'organisation administrative de sa nouvelle conquête, Basile II comprit que l'organisation sociale de la Bulgarie était différente de celle du reste de l'empire ; il ne la transforma pas en thème proprement dit, mais lui donna un régime spécial. Il laissa à la Bulgarie une certaine autonomie : il maintint les anciens impôts (1). Il ne chercha pas à

de la haute vallée du Vardar (1015). Il s'empare ensuite de Moglena et arrive devant Ochrida. Mais les Bulgares prennent Dyrrachium et Basile II retourne à Salonique. L'empereur, qui avait laissé des corps en Bulgarie et en avait envoyé un à Sophia, reprend ensuite la guerre ; les troubles qui avaient suivi la mort de Samuel chez les Bulgares facilitent sa tâche ; il est vainqueur ; des chefs bulgares se soumettent : le métropolitain de Bulgarie lui offre la paix au nom de la tsarine et il rentre de nouveau dans Ochrida.

(1) Comme sous Samuel, tout Bulgare propriétaire d'un joug de bœufs dut payer au trésor un « modius » de blé, une mesure de millet et une cruche de vin.

détruire les deux puissances sociales de Bulgarie :
la noblesse et l'Église ; il laissa presque complète
autorité aux Boliades et il augmenta même les privilèges de l'Église (1), puissance sociale par l'intermédiaire de laquelle la civilisation byzantine pénétrait chez les Bulgares et qui pouvait servir de
contrepoids à l'autre puissance sociale.

Mais avec le temps la Bulgarie perdit peu à peu
son autonomie.

La Bulgarie étant replacée sous la domination
byzantine (2), Basile II occupa la Thessalie et se
rendit en Hellade (3) pour y relever les fortifications et pour y faire respecter l'autorité impériale,
que les invasions bulgares avaient rendue précaire
depuis longtemps.

Avec Basile II, le pouvoir des empereurs byzantins fut donc rétabli dans la péninsule des Balkans,
du Danube au Péloponèse et de l'embouchure du
Drin à la mer Noire.

(1) Il soustrait aux fonctionnaires les lieux habités appartenant
aux églises.

Il exempte d'impôt d'État les « clerici » et les serfs et paysans
attachés à un évêché; il donne à l'Église juridiction sur eux;
mais afin que ces immunités ne portent sur un trop grand
nombre d'individus, au détriment de l'État, le nombre de serfs,
de paysans et de « clerici », que chaque évêque est en droit de
posséder est déterminé; des recensements doivent avoir lieu
pour contrôler si cette prescription est observée, mais l'Église fit
tout son possible pour entraver l'exécution de ces recenséments.
Il maintint aussi l'impôt spécial dit « canonique » (voir t. II,
page 202).

(2) Elle y resta jusqu'en 1185.

(3) Basile II s'arrêta à Thèbes et séjourna à Athènes.

Les Serbes et les Croates. — Quant à la partie nord-ouest de la péninsule des Balkans, là où s'étaient établis les Serbes et les Croates, au septième siècle, son sort fut différent.

Lorsque ces peuples slaves envahirent la Serbie et la Bosnie actuelles, le territoire qu'ils occupaient était habité par des populations de race illyrienne, composées plutôt de bergers que de laboureurs.

La juxtaposition de peuples nouveaux sur des peuples anciens accéléra l'évolution sociale comme dans l'Europe occidentale et en Bulgarie ; elle amena la création du système féodal.

Il se forma une noblesse dont les membres, appelés joupans, étaient propriétaires de grands fiefs et se faisaient souvent la guerre. La souveraineté devint territoriale et domaniale. Les nobles d'une même région se réunissaient et nommaient l'un d'entre eux grand joupan ; il y avait donc chez les Croates et les Serbes à la fois plusieurs grands joupans.

Chez les Croates, le caractère uniforme du pays qu'ils occupaient facilita l'union entre les joupans ; au milieu du dixième siècle, les quatorze joupans croates n'élisaient pour eux tous qu'un seul grand joupan. Les grands joupans n'avaient pas le pouvoir absolu ; ils étaient forcés de demander l'avis des joupans avant de prendre des décisions importantes ; ils parvinrent pourtant à fonder de véritables dynasties et il y eut peu de révolutions chez les Croates.

Chez les Serbes, l'absence d'un centre, le caractère coupé du pays, sa division générale en deux parties distinctes : au nord-est des plaines, au sud-ouest des montagnes, empêchèrent longtemps l'union des joupans et favorisèrent la formation de petites Serbies. Aussi au dixième siècle, les Serbes n'avaient-ils pas à leur tête un seul grand joupan.

La conversion des Croates et des Serbes au christianisme amena la création d'une nouvelle puissance sociale : l'Eglise ; mais au dixième siècle celle-ci n'avait pas encore pris un grand développement.

Au dixième siècle, les Croates et les Serbes étaient pasteurs, se livraient à l'élevage des bestiaux et des chevaux ; ils vivaient, comme leurs ancêtres les Slaves de Scythie, dans des huttes groupées entre elles et formant villages.

Les difficultés de communication entre le centre de l'empire et les pays occupés par les Croates et les Serbes rendirent complètement impossible l'exercice réel de l'autorité impériale sur eux. Aussi depuis leur établissement dans l'empire byzantin les Croates et les Serbes se gouvernèrent-ils eux-mêmes, et la seule marque de leur vassalité vis-à-vis des empereurs consistait-elle en un tribut qu'ils leur payaient.

Au dixième siècle, la nomination d'un chef unique et l'absence de révolutions chez les Croates rendirent ceux-ci beaucoup plus redoutables que les Serbes ; ils pouvaient alors, d'après Porphyrogénète, réunir jusqu'à cent mille fantassins et soixante mille cavaliers. En 1000, le roi des Croates était encore vassal de l'empereur; il recevait de Basile II le titre de patrice ou de protospathaire. Mais l'année suivante les Croates attaquèrent les villes de Dalmatie, possession de l'empire byzantin (1), et le faible lien qui les rattachait à l'empire ne tarda pas à se briser.

Les Serbes, par suite de leur manque d'unité, constituaient un peuple beaucoup moins redoutable que les Croates. Leurs guerres privées et leurs luttes contre les Hongrois ne leur permirent pas d'occuper continuellement les Bulgares, et de dégager ainsi les Grecs des attaques de ceux-ci (2); cependant ils empêchèrent l'extension des Bulgares vers l'Adriatique.

Après que Basile II eut soumis les Bulgares, les archontes serbes reconnurent sa suprématie; un seul résista : il fut d'ailleurs assassiné. Mais en 1040 les Serbes de Dioclée (3) se soulevèrent contre l'autorité de l'empereur et expulsèrent le gouverneur byzantin.

Au milieu du onzième siècle les deux êtres sociaux, les Croates et les Serbes, qui s'étaient formés dans le nord-ouest de la péninsule des Balkans, avaient donc conquis l'indépendance politique la plus complète vis-à-vis de Byzance.

(1) On a vu t. I, l. I, chap. III, que ce fut Venise qui fut chargée de défendre les villes de Dalmatie contre les Croates et que ces villes ne firent plus jamais retour à l'empire.

(2) On a vu que Siméon prit la Moravie serbe aux Serbes, mais ceux-ci la lui reprirent ensuite.

(3) Monténégro.

Luttes contre les Hongrois et contre les Russes. — Dans la péninsule des Balkans, l'empire byzantin n'eut pas seulement à lutter vers le dixième siècle contre les Bulgares, leurs voisins immédiats, mais aussi contre des peuples établis plus au nord : les Hongrois et les Russes.

Les Hongrois formaient au dixième siècle une puissante nation ; ils fournissaient deux cent mille cavaliers ; mais comme les peuples finniques qui les avaient précédés dans la possession de la plaine du moyen Danube, leurs tribus ne reconnaissaient l'autorité d'un chef unique que pour les grandes entreprises nationales. Aussi en dehors de celles-ci les tribus hongroises conservaient-elles leur liberté d'action, et elles n'étaient plus redoutables.

Attirées surtout vers l'Occident, comme les Huns et les Avares ; ayant à passer au travers des Bulgares pour pénétrer dans la péninsule des Balkans, les Hongrois ne firent pas d'invasions dans l'empire byzantin, mais de simples razzias en Thrace bien que les Grecs les appelèrent quelquefois contre les Bulgares (1).

Bien que le système hydrographique de la Russie méridionale et centrale attirât les Russes presque exclusivement vers la mer Noire, ceux-ci ne furent pas pour l'empire byzantin un ennemi très dange-

(1) En 934, les Grecs ayant fait appel aux Hongrois contre les Bulgares, les Hongrois traversèrent les Bulgares, ravagèrent la Thrace et les Grecs durent acheter leur retraite. En 958, 961 et 962, les Hongrois firent de nouvelles invasions ; mais les Grecs les repoussèrent.

reux ; le centre de leur puissance, à Kief, était fixe et éloigné de l'empire ; ils ne pouvaient donc faire que des incursions dans l'empire et avec des effectifs relativement faibles ; en outre les Russes avaient à craindre les Petchenègues nomades établis sur le bas Dniéper, qui pouvaient couper leurs communications avec la mer Noire et se jeter facilement sur Kief.

Les Russes firent contre l'empire byzantin quatre expéditions principales par mer, du milieu du neuvième siècle au milieu du onzième siècle (1), et une par terre dans la seconde moitié du dixième siècle (2). Ils attaquèrent aussi la colonie byzantine de Kherson (3) qui était plus accessible à leurs coups que l'empire proprement dit.

(1) Ces expéditions dirigées contre Constantinople eurent lieu en **865**, **904**, **941** et **1043**.

(2) Cette expédition fut faite par les Russes que Nicéphore Phocas avait appelés contre les Bulgares (voir t. II, page **207**). Lorsque Zimiscès mourut, les Russes établis dans les Balkans s'allièrent aux Hongrois, aux Petchenègues et aux Bulgares ; ils pillèrent Philippoli ; Bardas Skléros, qui s'enferma dans Andrinople avec douze cents hommes, y attendit les soixante mille ennemis et les repoussa. En **976**, Zimiscès, qui était vainqueur de Bardas Phocas, fit face aux Russes. Il conçut le plan suivant : tandis qu'avec son armée il attaquerait et bousculerait les Russes dans les Balkans, sa flotte se dirigerait vers les bords du Danube et leur couperait la retraite. Ce plan fut exécuté. Zimiscès emmène avec lui quinze mille fantassins et treize mille cavaliers à travers les passages difficiles des Balkans, défait les Russes, s'avance à marches forcées, et lorsqu'il bat les Russes à Dorystolon sa flotte arrive. Les Russes conclurent alors la paix. Lorsque leurs restes voulurent remonter le Dniéper, ils furent attaqués et décimés par les Petchenègues.

(3) A la fin du dixième siècle, les empereurs byzantins

Leurs guerres contre l'empire byzantin ne causèrent à celui-ci que des ravages et ne l'entamèrent pas.

Lutte contre les Sarrasins et les Allemands dans l'Italie du Sud. — Dans l'Italie du Sud, les Byzantins se trouvèrent en présence de deux adversaires principaux : les Sarrasins et les empereurs d'Allemagne. Les Sarrasins établis en Sicile depuis 823 attaquèrent souvent par mer les côtes de l'Italie byzantine, tandis que les empereurs d'Allemagne envahirent fréquemment les frontières terrestres du nord de l'Italie byzantine.

Les attaques des Sarrasins contre l'empire byzantin durèrent près de deux siècles, du milieu du neuvième au commencement du onzième ; parfois vainqueurs, ils furent finalement repoussés par les Byzantins. A la fin du dixième siècle Byzance fut aidé contre eux par les Pisans (1) et par les Vénitiens (2), intéressés à supplanter les Sarrasins dans la Méditerranée occidentale et centrale. Trois fois les Byzantins voulurent même enlever la Sicile

n'ayant pas donné en mariage au grand-prince de Kief une princesse impériale, comme ils l'avaient promis, les Russes marchèrent sur Kherson et s'en emparèrent. L'empereur envoya alors à Wladimir la princesse Anne et les Russes rendirent Kherson.

(1) En 976, alors que les Arabes et les ducs longobards attaquaient l'Italie du Sud, les Pisans secondèrent les Grecs dans les luttes contre les Arabes.

(2) On a vu à l'Évolution économique, t. I, l. I, chap. III, qu'à la fin du dixième siècle, les Arabes s'étant emparés de Bari, les Byzantins appelèrent à leur secours Venise ; celle-ci délivra Bari.

aux Sarrasins : en 964 et en 1025 et 1038. La première fois, ils donnèrent suite à leur projet ; mais Nicéphore Phocas qui conduisait l'expédition échoua. La deuxième fois, la mort de Basile II empêcha l'entreprise d'avoir lieu. La troisième fois les Byzantins aidés des Normands réussirent à s'emparer de la plus grande partie de l'île. Cette conquête leur fut facilitée par le déclin de la puissance des Arabes et par les restes d'hellénisation de cette île, hellénisation qui s'était accomplie pendant les trois siècles d'occupation byzantine de Justinien à l'invasion arabe et que les Sarrasins n'avaient pu faire disparaître.

Jusqu'à Othon Ier, les empereurs d'Allemagne ne se conduisirent pas en ennemis des Byzantins. Louis II s'allia avec Basile Ier contre les Sarrasins (1) ; par suite de l'éloignement du centre de sa puissance les succès qu'il remporta ne profitèrent pas aux Allemands, mais aux Grecs. Les difficultés intérieures au milieu desquelles se débattirent les successeurs immédiats de Louis II ne leur permirent pas de revendiquer leur droit de domination sur l'Italie, et sur l'Italie du Sud en particulier. La lutte éclata entre les empereurs d'Allemagne et les Byzantins avec Othon Ier (2),

(1) Les Sarrasins s'étaient alors répandus en Calabre ; l'infanterie franque, la cavalerie et les galères grecques s'emparèrent de Bari (871), où s'était établie une colonie importante de Sarrasins ; la Pouille et la Calabre rentrèrent complètement entre les mains des Grecs, mais ceux-ci durent payer tribut aux Sarrasins pour qu'ils ne recommençassent pas leurs incursions.

(2) Othon Ier envahit la Pouille, tandis que les Sarrasins atta-

Othon II (1) et Henri II (2); les empereurs d'Allemagne trouvèrent des alliés d'une part dans les

quèrent la Calabre et la Longobardie. Othon Ier demanda
ensuite à Nicéphore Phocas la main d'une princesse byzantine et
que celle-ci lui apportât en dot l'Italie du Sud; mais comme il
était de principe chez les Byzantins qu'une princesse byzantine
ne pouvait épouser un étranger, Nicéphore Phocas s'y refusa.

(1) Lorsque Othon II apprit la mort de Nicéphore Phocas, il
envahit l'Italie grecque; Zimiscès, successeur de Phocas, obtint
la retraite d'Othon II en lui donnant la main d'une princesse
byzantine, Théophano; mais la souveraineté n'étant pas domaniale dans l'empire byzantin, comme chez les peuples de l'Europe occidentale, Théophano n'apporta pas en dot à Othon II
l'Apulie et la Calabre. Les Allemands ne contestèrent pas la
suzeraineté des Grecs sur le comté de Naples et sur la principauté de Salerne. Quant aux principautés de Bénévent et de
Capoue, elles restèrent sous la suzeraineté allemande.

Malgré la paix conclue entre Allemands et Byzantins, le prince
de Bénévent, à l'instigation des Allemands, enleva Salerne aux
Grecs et les ducs longobards de Capoue et de Salerne attaquèrent le thème de Longobardie; mais l'issue de la lutte fut
indécise. Pendant que les Grecs avaient à repousser ces ennemis,
les Arabes pillaient Tarente, Otrante, Gallipoli, et les Rossani-
tains se révoltaient contre leurs « magistros » (976). Othon II, qui
voulait posséder toute l'Italie, attaqua à son tour les Grecs; il
s'empara de Bari, occupa l'Apulie, prit Tarente et Rossano; mais
les Arabes et les Grecs firent trêve entre eux et les Arabes vainquirent Othon II. Cet empereur revint ensuite avec une nouvelle armée, mais il mourut (983); les Grecs reprirent alors Bari
et Ascoli que les Allemands occupaient.

En 994, les Arabes reparurent en Apulie; quelques années
après, ils enlevèrent Bari, mais Venise le leur reprit.

En 1009, des patriotes longobards Mélès et Datto se révoltèrent contre Byzance; ils s'allièrent aux Sarrasins, mais Mélès
fut vaincu par le capétano byzantin (1011); il prit alors à son
service des Normands, envahit la Capitanate, et remporta des
succès (1017), mais Basile II renforça ses troupes, Mélès fut
vaincu et mourut peu après.

(2) Après l'échec de Mélès, le pape appela contre les Grecs

princes longobards de Bénévent, de Capoue et de Salerne, qui étaient les éléments germaniques les plus rapprochés de l'Italie byzantine, et d'autre part dans la papauté qui désirait voir disparaître de l'Italie toute domination étrangère. Mais le centre de la puissance des empereurs d'Allemagne était trop éloigné pour qu'ils pussent soumettre d'une façon durable l'Italie du Sud ; de plus, si les Sarrasins joignirent souvent leurs attaques à celles des Allemands, ils s'unirent aussi parfois aux Grecs contre les Allemands.

Les Byzantins de l'Italie du Sud sortirent finalement vainqueurs de leurs luttes contre les Allemands comme de leurs luttes contre les Sarrasins ; vers 1040, les Byzantins possédaient encore l'Italie du Sud et ils venaient même de parvenir à rentrer en Sicile.

Des considérations qui précèdent il résulte qu'à la fin de la deuxième phase des luttes qu'eut à subir l'empire byzantin, celui-ci avait perdu la Syrie, à l'exception des environs d'Antioche, l'Égypte, l'Afrique, presque toute l'Italie et la région nord-ouest de la péninsule des Balkans (1) ;

l'empereur d'Allemagne, Henri II ; celui-ci assiége Troja défendu par des Normands au service du capétano, s'en empare ; mais il échoue ensuite dans le sud de l'Italie et retourne en Allemagne. Les Grecs rentrent alors en possession de Troja et du nord de la Pouille ; Henri II meurt en 1024, laissant les Grecs encore une fois vainqueurs.

(1) On a vu que non seulement la partie de l'empire occupée par les Serbes et les Croates avait échappé à la domination byzantine, mais aussi la Dalmatie, qui était passée sous la dépendance de Venise. (Voir t. I, l. I chap. III.)

il comprenait donc encore l'Asie Mineure, la plus grande partie de la péninsule des Balkans ; il conservait sa domination dans l'Italie du Sud et dans quelques villes de Sicile et l'avait rétablie sur l'Arménie, la Géorgie et l'Ibérie.

CHAPITRE V

ÉVOLUTION POLITIQUE EXTÉRIEURE *(suite et fin)*

Luttes de l'empire byzantin contre les peuples étrangers du milieu du onzième au milieu du quinzième siècle. — Première invasion turque. — Luttes contre les Normands dans l'Italie du Sud et dans la péninsule des Balkans. — L'empire vlaquo-bulgare. — Luttes contre les Latins, les Angevins et les Catalans. — Luttes contre les Serbes et contre la seconde invasion turque.

Première invasion turque. — Dans la troisième phase des guerres qu'eut à soutenir l'empire byzantin, comme dans la deuxième, son ennemi le plus redoutable vint d'Asie : ce furent les Turcs.

Après avoir détruit la Perse, les Arabes ne surent pas remplir le rôle qu'avait joué cet État, c'est-à-dire le rôle de rempart contre les peuples de la Scythie d'Asie. Au contraire, ils attirèrent par la grande voie du plateau de l'Iran les Turcs qui étaient établis au nord de la Sogdiane.

Comme les Barbares germaniques dans l'empire romain, les Turcs recrutèrent de plus en plus les armées dans l'empire arabe d'Asie ; ils parvinrent à exercer non seulement des fonctions militaires, mais aussi des fonctions civiles, disposant des kha-lifes comme les Barbares germaniques avaient disposé des empereurs romains, avant la chute de l'empire d'Occident (1).

Lorsque l'empire arabe déclina, les tribus turques franchirent de plus en plus l'Iaxarte, comme les tribus germaniques avaient traversé les frontières de l'empire romain, lors de la décadence de celui-ci. Elles le firent encore plus volontiers que ne l'avaient fait les tribus germaniques, car les Turcs étaient des peuples pasteurs et nomades, alors que les tribus germaniques commençaient à arriver, au point de vue économique, à l'état agricole lorsqu'elles envahirent l'empire romain.

Vers la fin du dixième siècle Mahmoud, un prince indépendant d'une des provinces de l'empire arabe limitrophes de la Sogdiane, celle de Ghazna, recruta ses troupes avec des tribus entières de Turcomans (2). A la mort de Mahmoud, ces tribus choisirent parmi elles un chef : Seldjouk; vainquirent les successeurs de Mahmoud et continuèrent leur route vers la Méditerranée.

Après avoir soumis le plateau de l'Iran, elles se trouvèrent en présence du khalife de Bagdad; mais comme les Turcs s'étaient convertis au mahométisme avant leur invasion, et qu'ils considéraient le khalife comme le successeur du prophète, ils se prosternèrent devant lui ; en échange de la reconnaissance de ses pouvoirs religieux, le khalife dut décerner à Togrul-Beg, le chef des Turcs, le titre

(1) Voir t. II, chap. IV, page 181.
(2) Avec ces conquêtes, Mahmoud fit des conquêtes de la Géorgie à Delhi.

de lieutenant temporel du vicaire du Prophète et par suite investir celui-ci de la toute-puissance dans ses États.

Les Turcs seldjoukides, continuant leur route vers la Méditerranée, se heurtèrent à l'Arménie et à l'empire byzantin.

Ils furent pour les Grecs un adversaire beaucoup plus redoutable que ne l'avaient été les Arabes aux neuvième et dixième siècles. La puissance des Turcs se développait alors, tandis que celle des Arabes aux neuvième et dixième siècles était en décadence ; les Turcs, qui étaient nomades, faisaient de véritables invasions, tandis que les Arabes des neuvième et dixième siècles, qui étaient devenus à peu près sédentaires, ne faisaient que des incursions ; les Turcs, qui étaient beaucoup moins civilisés que les Arabes, étaient plus fanatiques qu'eux et haïssaient bien davantage les chrétiens ; ils savaient se servir beaucoup mieux de la fortification que les Arabes : ils mettaient en état de défense les passages des rivières et des montagnes, au fur et à mesure qu'ils avançaient, procédant dans leurs invasions par bonds successifs et s'assurant ainsi la conservation de leurs conquêtes ; mais, contrairement aux Arabes, les Turcs, habitués à vivre dans les grandes plaines, ignoraient l'art de la navigation et ils durent plus tard faire construire leurs flottes dans la Méditerranée par des captifs grecs. Ce qui affaiblit tout d'abord la force d'offensive des Turcs seldjoukides contre l'empire byzantin, ce fut le désir qu'eurent Alp-Arslan et son fils Malek-Shah de rétablir le khalifat de Bagdad à leur profit; ces sultans durent par suite tourner presque toute leur attention sur l'Asie (1).

Au moment où l'invasion turque assaillait l'empire byzantin, la noblesse et l'Église se développaient dans celui-ci au détriment de la monarchie, l'évolution sociale conduisait au démembrement de la souveraineté (2), et l'avènement de la nouvelle dynastie était marqué par de nombreux troubles politiques, qui permirent aux Turcs d'intervenir en prenant parti pour les prétendants à la couronne impériale et les usurpateurs (3). Les attaques auxquelles était en but l'ouest de l'empire de la part des Normands et que les empereurs byzantins (4) redoutaient plus que celles des Turcs favorisèrent également les invasions de ce peuple dans l'empire.

L'armée de l'empire byzantin avait cependant des effectifs encore élevés (5); elle comprenait des

(1) Alp-Arslan, qui avait pénétré jusqu'en Phrygie avec ses armées, laissa ses émirs poursuivre la guerre en Asie Mineure; après sa victoire sur Romain Diogène, il ne continua pas ses opérations contre l'empire byzantin, mais se dirigea vers le Turkestan. Malek-Shah se consacra à l'organisation de sa puissance et fit de nouvelles conquêtes dans le Turkestan, abandonnant à Soliman le soin de conquérir l'Asie Mineure.

(2) Voir t. I, l. I, chap. II.

(3) Soliman soutint Nicéphore Botoniates et lorsque celui-ci fut sur le trône, il lui fournit un corps de deux mille Turcs.

(4) Alexis signa la paix avec Soliman, pour pouvoir se tourner contre Robert.

(5) Alexis put réunir soixante-dix mille hommes pour aller au secours de Durazzo assiégé par les Normands (1081). Dix ans avant, Romain Diogène s'était porté avec plus de cent mille hommes contre Alp-Arslan.

mercenaires recrutés parmi certains peuples étrangers (1) et parmi certaines populations de l'empire (2) et des milices provinciales (3). Mais la tactique des Byzantins avait décliné ; dans une bataille contre les Turcs, l'un des meilleurs empereurs, Romain Diogène, disposa son armée en bataillon serré au lieu de la former sur trois lignes comme l'avaient fait ses prédécesseurs du dixième siècle.

L'animosité religieuse des Grecs contre les musulmans avait bien diminué par suite de la longueur de leurs luttes et par suite des nombreuses relations qui s'étaient établies entre eux, malgré les guerres ; aussi était-il impossible de les lever contre les Turcs en faisant appel à leurs sentiments religieux, comme sous Nicéphore Phocas.

Les Turcs ayant conquis l'Arménie (1065-1068), il leur fut facile de s'emparer de l'Asie Mineure (4) ; Soliman s'en rendit maître de 1074 à 1084 et en 1085 il occupa Antioche (5).

Les Byzantins voyant leur échapper le centre de leur puissance (6) songèrent à le reprendre. Leur

(1) Les corps étrangers étaient recrutés parmi les Danois, les Anglais, les Francs, les Normands, les Bulgares, même les Turcs, et surtout parmi les Varangiens.

(2) Les corps nationaux étaient recrutés parmi les Pauliciens de Thrace et de Bulgarie, les Macédoniens et les Albanais ; c'étaient généralement d'excellents soldats.

(3) Les milices défendirent souvent l'Asie Mineure contre les Turcs.

(4) Voir t. II, chap. III, page 167.

(5) Les Turcs enlevèrent aussi vers la même époque la Syrie et la Palestine aux khalifes fatimites.

(6) On a vu que le centre de la puissance des Byzantins était

armée affaiblie par les luttes contre les Turcs et les
Normands ne trouvait plus ni dans les populations de l'empire ni parmi les nations étrangères
voisines des mercenaires pour s'alimenter. L'empereur Alexis s'adressa alors à l'Europe occidentale,
par l'organe du pape, tout puissant à cette époque
dans cette partie de l'Europe; il lui demanda un
secours en hommes comme un siècle auparavant
Basile II avait demandé un corps auxiliaire au
grand-prince de Kief. Mais les peuples de l'Occident, entraînés par leur esprit aventureux et par
leur ferveur religieuse, qu'attisa le pape pour
mettre sous sa juridiction l'Orient chrétien, se rendirent en grand nombre en Orient et entreprirent
les croisades.

Lorsque les croisés arrivèrent à Constantinople,
Alexis espérait encore qu'ils reprendraient aux
Turcs les provinces perdues au nom de l'empereur
comme des mercenaires étrangers; il leur fit prêter
hommage et promettre la restitution des conquêtes
qu'ils feraient; mais, dès qu'ils furent en Asie, les
nobles latins, qui comptaient s'y tailler des principautés, oublièrent vite leurs promesses, à la grande
colère des Byzantins.

Les peuples originaires de Germanie, qui s'étaient
substitués à Rome dans la domination de l'Europe
occidentale, se heurtèrent donc dans l'empire
byzantin aux peuples originaires de l'Altaï, qui

beaucoup plus en Asie Mineure que dans la péninsule des Balkans.

s'étaient substitués aux Arabes dans la domination de l'Asie occidentale. Mais les peuples germaniques étaient établis depuis plus de six siècles dans l'Europe occidentale, tandis que les Turcs venaient de se rendre maîtres de l'Asie occidentale; le centre de la puissance des peuples germaniques était donc fixé tandis que celui des Turcs était encore mobile; aussi les peuples germaniques n'envoyèrent en Orient qu'un contingent relativement faible, tandis que les Turcs agirent encore par invasion.

Lorsque les croisés arrivèrent en Asie, l'empire de Malek-Shah s'était dissocié (1) après la mort de ce prince turc; ils ne se trouvèrent en Asie Mineure qu'en présence du royaume de Roum : aussi purent-ils vaincre assez facilement les Turcs (2).

Si les croisés conservèrent pour eux leurs conquêtes — le royaume de Jérusalem, les principautés d'Edesse et d'Antioche — leurs victoires profitèrent cependant aux Byzantins. Tandis que les croisés continuaient leur marche sur Jérusalem, Alexis reprenait les côtes d'Asie Mineure sur la mer Noire et sur la mer Égée, et chassait les Turcs des îles de Chios et de Rhodes.

A la mort de Bohémond, prince d'Antioche, ses successeurs ayant cédé aux Byzantins les villes de Tarse et de Malmistra, l'empire byzantin possédait

---

(1) A la mort de Malek-Shah (1092), son frère et ses quatre fils se disputèrent sa succession: après plusieurs guerres civiles, la branche aînée eut la Perse et les trois branches cadettes reçurent respectivement le Kerman, la Syrie et le Roum.

(2) Les Fatimites profitèrent aussi des dissensions survenues à la mort d'Alp-Arlan; ils reprirent la Palestine aux Turcs.

toutes les côtes d'Asie Mineure de la Syrie à Trébizonde ; mais en 1187 la fondation de la petite Arménie en Cilicie par des Arméniens enleva définitivement cette province aux Byzantins ; en outre, le
maintien des Turcs sur le plateau de l'Asie Mineure
d'où ils n'avaient pas été expulsés par les croisés
constituait pour les Grecs une menace permanente :
les Turcs pouvaient facilement se rendre maîtres
de toute la péninsule.

Néanmoins, l'empire byzantin n'eut plus à re-
douter pendant longtemps la puissance des Turcs ;
au douzième siècle, leurs dissensions intestines, les
victoires des croisés, la concentration des efforts
du monde musulman contre Jérusalem que lui dis-
putait l'Église chrétienne romaine, enrayèrent l'offensive des Turcs vers l'Europe, et dans la deuxième
moitié du treizième siècle l'invasion mongole vint
détruire complètement la puissance des Seldjoukides.

*Luttes contre les Normands dans l'Italie du Sud et
dans la péninsule des Balkans.* — Dans la troisième
phase des luttes qu'eut à subir l'empire byzantin
contre les peuples étrangers, si ses luttes en Asie
furent suspendues pendant quelque temps, il n'en
fut pas de même dans ses provinces d'Europe ; il y
eut à combattre presque continuellement.

Ce fut dans l'Italie du Sud qu'il fut assailli en premier lieu ; tandis qu'il était attaqué sur le Bosphore
par les Russes, l'une des deux branches d'invasion
des Normands (1043), il était assailli dans la Pouille
par l'autre branche d'invasion des Normands
(1040-1048).

Les Byzantins avaient jusqu'alors réussi à repousser dans l'Italie du Sud toute invasion étrangère et ils avaient hellénisé la plus grande partie de cette possession. Mais l'Apulie était restée italo-lombarde ; en outre, les exactions de l'administration byzantine et les impôts excessifs auxquels Byzance avait soumis les populations amenèrent dans l'Italie byzantine des soulèvements qu'attisèrent le pape et les ducs longobards voisins ; au onzième siècle, les paysans s'insurgeaient continuellement.

C'est alors que les Normands, attirés dans cette région par les combats qui s'y livraient, mécontents de la façon dont ils avaient été traités par les Byzantins lorsqu'ils avaient servi dans leurs armées, sortirent de la colonie d'Averse, qu'ils avaient créée près de Naples, et envahirent la Pouille, ne laissant à l'empereur que Bari, Otrante, Brindes et Tarente.

Quelques années après, les Byzantins (1) s'unirent au pape pour détruire la puissance que les Normands avaient fondée et qui inquiétait le pontife romain ; mais les deux alliés furent vaincus ; le pape traita avec les Normands ; les Grecs, occupés à repousser l'invasion turque, abandonnèrent complètement l'Italie du Sud. Les Normands établirent facilement leur domination dans leur nouvelle conquête ; ils laissèrent à la féodalité du pays ses droits et respectèrent l'Église grecque, mais ils

(1) Constantin Monomaque songea avant à transplanter les Normands sur les frontières orientales de l'empire, mais ceux-ci s'y opposèrent.

réduisirent au servage la population rurale (1).

Les Normands soumirent quelque temps après la Sicile, puis reprirent leur marche vers l'est; le centre de leur puissance s'étant fixé, ils ne firent plus d'invasions, mais de simples expéditions.

Ils s'attaquèrent à l'empire byzantin proprement dit, dont ils n'étaient plus séparés que par le canal d'Otrante. S'ils furent secondés dans leur entreprise par les Albanais, le caractère chaotique de la côte ouest de la péninsule des Balkans, les révoltes fréquentes des comtes normands qui ne reconnaissaient à leurs rois qu'un faible pouvoir, les attaques des empereurs d'Allemagne que les empereurs appelèrent en Italie contre les Normands, enrayèrent souvent l'offensive de ceux-ci et firent finalement échouer leurs expéditions contre l'empire byzantin (2).

(1) Voir t. I, l. I, chap. II.

(2) Partis d'Otrante, les Normands prirent Corfou et assiégèrent Durazzo (1081); Byzance appela alors Venise à son secours; celle-ci envoya une flotte, mais les Normands tinrent toujours devant Durazzo; Alexis, qui venait de traiter avec les Turcs, se porta sur Durazzo avec soixante-dix mille hommes; mais il fut battu et Durazzo dut se rendre (1082). Robert Guiscard s'avança ensuite sur Thessalonique, mais la révolte de ses comtes en Italie et l'approche de l'empereur Henri IV le forcèrent à laisser le commandement à son fils Bohémond. Celui-ci remporta deux victoires sur l'empereur grec et assiégea Larissa; mais abandonné par ses comtes, il dut retourner en Italie.

En 1084, l'empereur Henri IV, qui était venu jusqu'à Rome, étant reparti par la Lombardie, Robert reprit ses projets de conquête contre l'empire byzantin; malgré les flottes grecques et vénitiennes, les Normands purent débarquer en Épire et remportèrent sur mer une victoire éclatante; mais Robert mourut

Lorsque les Normands arrivèrent en Macédoine, ils préférèrent se diriger vers la Thessalie et la Hellade plutôt que de continuer leur marche vers la capitale de l'empire. En se portant vers Constantinople, les Normands auraient eu en effet à parcourir une route très longue; ils se seraient de plus en plus éloignés de leur base d'opérations, l'Italie, dans laquelle ils pouvaient être rappelés soudainement, soit par des révoltes intérieures, soit par des attaques des empereurs d'Allemagne; ils se seraient en outre rapprochés du centre de la puissance de l'empire byzantin et par suite auraient rencontré des forces militaires ennemies de plus en plus grandes. En se jetant sur la Hellade, les Normands ne s'éloignaient pas trop de l'Italie du Sud, et ils pouvaient facilement communiquer par mer avec celle-ci; ils n'avaient pas à craindre de se trouver en présence d'armées nombreuses de Byzantins que les attaques des Turcs retenaient au centre de l'empire.

Pour bien asseoir leur domination en Hellade, pour empêcher que les Byzantins n'y envoyassent des secours, les Normands essayèrent d'anéantir la puissance maritime des Grecs. Avec Roger, ils

au moment où il voulait se porter sur la Grèce et les îles de l'Archipel (1085),

Quelques années après la première croisade, Bohémond, prince d'Antioche, voulut s'assurer un point d'appui entre l'Italie et sa principauté; il se rendit chez ses Normands d'Italie, passa l'Adriatique avec cinq mille chevaux et quarante mille fantassins et attaqua Durazzo; mais il fut repoussé et dut signer la paix avec Alexis.

furent sur le point d'y réussir (1). Grâce à l'appui des flottes vénitiennes, l'empereur Manuel reprit l'avantage ; il parvint même à rentrer dans l'Italie, les Turcs ne retenant pas toutes les forces de l'empire près de Constantinople et les populations de l'Italie du Sud, encore grécisées (2) supportant difficilement la domination des Normands.

Les Normands, qui avaient conservé la possession de la Sicile, ne tardèrent pas d'ailleurs à chasser (1156) les Grecs de l'Italie du Sud, qui était trop éloignée de Constantinople pour être facilement secourue par les Byzantins, et ils reprirent même leurs projets de conquête dans la péninsule des Balkans. Comme les Turcs, ils profitèrent des dissensions politiques de l'empire pour intervenir (3) ; mais ils échouèrent finalement et, en 1194, Henri VI détruisit le royaume normand.

L'empire byzantin sortait donc en partie vainqueur de sa lutte contre les Normands, mais un nouvel ennemi surgissait dans la péninsule des Balkans.

(1) En 1146, l'escadre de Roger s'empara de Corfou, débarqua en Grèce des troupes qui entrèrent à Athènes, Thèbes et Corinthe et, surprenant Constantinople, y débarqua aussi quelques hommes. Mais Manuel chassa les Normands de l'Archipel et reprit Corfou.

(2) Les Normands étaient obligés d'employer la langue grecque dans leurs rapports avec les populations. Il en fut encore de même plus tard au début de la domination des Angevins.

(3) Comnène détrôné par Andronic les appela à son secours (1156) ; ils pénétrèrent dans l'empire, mais, à la suite d'une révolution qui punit les crimes d'Andronic, les Grecs s'unirent contre les Normands et les chassèrent de l'empire.

L'Empire vlaquo-bulgare. — La noblesse bulgare, qui avait été vaincue par Basile II, se révolta en 1186 contre l'empire byzantin, et rompit le faible lien de dépendance qui la rattachait à celui-ci. Elle profita du mécontentement des paysans bulgares, causé par des vexations d'Isaac l'Ange (1), pour soulever toutes les populations du nord de la Thrace et celles de la Macédoine ; afin de donner plus de vigueur à cette rébellion, elle fit déclarer par les voyants que leur patron Démétrius avait abandonné pour toujours le parti des Grecs.

Les Bulgares vainquirent les empereurs byzantins (2), et il se forma un empire vlaquo-bulgare, à la tête duquel fut placé un empereur (3) ; mais les luttes entre les boyards et les empereurs vlaquo-bulgares (4) arrêtèrent les progrès de ce nouvel empire.

A la fin du douzième siècle, tout le nord et le centre de la péninsule des Balkans n'appartenaient plus à Byzance.

(1) Isaac l'Ange leur fit enlever leurs troupeaux pour servir à la pompe de ses fêtes nuptiales.

(2) L'empereur Isaac les vainquit d'abord à Eski-Zagra ; mais ils défirent ensuite les Byzantins à Berrhea et pillèrent Varna, Andrinople et Sophia.

(3) Pierre, qui était de race bulgare, prit le premier la couronne impériale.

(4) Les boyards se soulevèrent contre Pierre, prirent pour chef Asan ; celui-ci ne put discipliner les boyards qu'à force de rigueur. — Alexis III s'allia contre l'empereur Johannitsa avec un boyard et ensuite avec un usurpateur. — Les empereurs vlaquo-bulgares, Pierre Asan, Johannitsa, Michel Asan moururent assassinés.

Luttes contre les Latins, les Angevins et les Cata-
lans. — Quelques années après, les Latins lui enlevèrent la péninsule des Balkans et les îles de la mer
Égée.

L'empire byzantin, qui avait échappé au cinquième
siècle aux invasions germaniques, se vit ainsi assailli
par des peuples en partie d'origine germanique.
Après avoir été attaqué en Europe par ses voisins
immédiats les Bulgares, puis par des peuples établis
plus loin — les peuples de Hongrie et les Russes —
il était assailli par des peuples habitant encore plus
loin : par ceux de l'Europe occidentale.

Les croisades mirent en contact pour la première
fois le monde latin et le monde grec; dès le début,
l'animosité entre eux éclata; elle dérivait non seulement du malentendu sur la destination à donner
aux conquêtes futures, mais surtout de la différence
d'organisation sociale et politique de ces deux
mondes et de leur divergence d'esprit, ce qui les
empêchait de se comprendre et ce qui ne pouvait
avoir pour résultat que de les indisposer l'un contre
l'autre.

Le monde latin était soumis au régime féodal;
son principe de droit public était donc la souveraineté territoriale et domaniale; il avait l'esprit militaire; il était agricole et agissait sous la direction du
pape.

Le monde byzantin avait pour principe de droit
public : la souveraineté personnelle; il était intel-
lectuel, il était commerçant et il avait toujours
repoussé la juridiction du pontife romain.

Lors des trois premières croisades, des dissentiments nombreux éclatèrent entre croisés et Byzantins (1). Lors de la quatrième croisade, quand les Latins se furent établis à Constantinople sous le prétexte de rétablir sur le trône l'empereur Isaac et son fils Alexis, et qu'ils furent ainsi en contact constant avec les Grecs, l'animosité entre les deux peuples grandit vite et amena bientôt la lutte entre eux.

Débarqués en juillet 1203 à Constantinople, les Latins s'en emparèrent en avril 1204 et établirent leur domination sur l'empire.

Dans l'organisation de leur nouvelle conquête, les Latins s'inspirèrent des principes du système féodal : dans leurs rapports entre eux, la souveraineté fut d'une manière générale territoriale et domaniale.

La fonction impériale, tout d'abord élective pour le premier empereur, fut ensuite héréditaire. Le quart des possessions de l'empire grec fut attribué à l'empereur latin, et le reste fut partagé par moitié entre les Vénitiens et les barons français. Les hauts barons reçurent des fiefs constitués avec des terres enlevées à des propriétaires grecs, et les chevaliers,

---

(1) Lors de la première croisade, Alexis se hâta de faire passer en Asie les croisés et de faire revenir aussitôt après ses bateaux sur la rive d'Europe.

Lors du passage des deuxième et troisième croisades, les Grecs fermèrent les portes de leurs villes.

Lors de la deuxième croisade, les guides grecs égarèrent les Allemands en Asie Mineure; et ils arrêtèrent Louis VII à son retour; celui-ci fut délivré par la flotte normande.

les bourgeois, les sergents d'armes, l'Église, les prélats, reçurent des fiefs constitués avec des terres impériales.

Les feudataires prêtèrent hommage à leur suzerain, durent le service militaire à celui-ci et formèrent sa cour judiciaire.

Les bourgeois, qui commençaient alors à constituer une classe dans l'Europe occidentale, dont l'appui était nécessaire aux nobles, et qu'il était indispensable de retenir pour défendre les nouvelles conquêtes, obtinrent une haute-cour particulière (1).

Quant aux habitants grecs, les Latins leur laissèrent leurs lois civiles, financières et municipales, ne leur demandant que de payer les mêmes impôts qu'à l'empereur byzantin.

Lorsque les Latins s'emparèrent de l'empire grec, l'évolution sociale et territoriale de celui-ci conduisait à grands pas vers le démembrement de la souveraineté, surtout dans le sud de la péninsule balkanique ; par suite à une organisation sociale analogue au système féodal de l'Europe occidentale (2); aussi la domination des Latins put-elle s'établir assez facilement sur leurs nouvelles conquêtes et ce fut dans la Hellade et la Morée qu'elle subsista le plus longtemps (3).

L'empire latin ne tarda pas à s'affaiblir; des dissensions se produisirent entre la noblesse et

____

(1) Voir l'Église dans l'empire latin, t. I, l. I, chap. i.
(2) *Ibidem*, chap. ii.
(3) *Ibidem*.

l'Église (1); des luttes éclatèrent entre les nobles qui cherchaient à empiéter sur les possessions des uns et des autres, et voulaient refuser l'hommage-lige à leur suzerain; le nombre des Latins décroissait continuellement, car non seulement ils ne recevaient aucun renfort de l'Europe occidentale, maisencore beaucoup d'entre eux abandonnaient leurs terres pour retourner dans leur pays d'origine.

L'empire latin, tel qu'il était organisé, ne pouvait pas apporter de cohésion dans sa défense; le lien qui rattachait les hauts barons à l'empereur était très lâche et la hiérarchie qui, au début de la conquête, existait entre les nobles avait disparu également; par cette raison et par suite aussi de l'étendue relativement grande de l'empire latin, il était impossible à l'empereur latin de réunir sous son commandement toutes les forces de son empire pour faire face à un ennemi.

Si les Grecs de l'empire latin ne souffrirent pas de la domination de leurs nouveaux maîtres, qui leur avaient laissé leurs coutumes, ils supportèrent difficilement l'intolérance de l'Église romaine (2); ils s'éloignèrent des Latins.

Ce fut l'empire vlaquo-bulgare qui attaqua le premier l'empire latin. Avant la fondation de celui-ci, les Bulgares, dont le développement était gêné par l'empire grec, proposèrent aux Latins de s'unir

(1) Voir t. I, l. I, chap. I.
(2) *Ibidem.*

à eux contre les Byzantins (1). Après l'établissement de l'empire latin, les Bulgares, trouvant maintenant devant eux les Latins au lieu des Grecs, s'unirent à ceux-ci et assaillirent l'empire latin en Thrace (2) (1205).

Pendant que l'empire latin luttait contre les Bulgares, les despotes d'Épire (3) étendaient leur puissance vers l'est, coupant les Latins de Macédoine de ceux de Hellade.

Les empereurs de Nicée développaient la prospérité de l'Asie grecque, la région la plus florissante de l'ancien empire grec; reconstruisaient une flotte, reformaient une armée et s'efforçaient d'introduire dans celle-ci la discipline qu'ils avaient remarquée chez les Latins.

(1) L'empereur Pierre invita Frédéric Barberousse à se joindre à lui contre les Byzantins.

Lors de la quatrième croisade, Johannitsa songea à proposer aux Latins son concours pour prendre Constantinople.

(2) Ils profitèrent de ce que Henri, frère de l'empereur Baudouin, avait emmené ses troupes au delà de l'Hellespont pour massacrer les Latins en Thrace. Johannitsa joignit à ses Bulgares quatorze mille Comans, turcomans de Moldavie, et s'avança vers Andrinople; l'empereur Baudouin qui alla à leur rencontre fut battu et fait captif (1205). Les Bulgares continuèrent à piller la Thrace. L'empereur Henri, qui avait succédé à Baudouin en 1206, battit Johannitsa dans plusieurs rencontres; Johannitsa fut ensuite assassiné et les Bulgares signèrent alors la paix avec Henri.

(3) On a vu t. I, l. chap. II, qu'il subsista de l'empire grec trois débris : le despotat d'Épire, l'empire de Nicée et celui de Trébizonde. Celui-ci était trop éloigné de l'empire latin pour participer aux attaques des Grecs contre cet empire, bien qu'un grand nombre de Grecs s'y fussent réfugiés après la chute de Constantinople.

Lorsque les Grecs eurent ainsi réorganisé leurs forces, ils passèrent à l'offensive. Sous l'empereur latin, Robert (1221-1228), le despote d'Épire conquiert le royaume de Thessalonique et s'empare même d'Andrinople; l'empereur de Nicée se rend maître, avec sa flotte, des îles de Lesbos et de Rhodes et intercepte tout secours qui pouvait arriver aux Latins de l'Occident.

Quelques années après, grâce à sa flotte, l'empereur de Nicée débarque en Thrace; il se lie ainsi avec le despote d'Épire et les Bulgares, et sépare définitivement les Latins de Constantinople de ceux de Hellade, entre lesquels il avait déjà coupé les communications par mer; il s'attaque alors avec l'aide des Bulgares à Constantinople, mais il échoue.

Des dissensions entre les empereurs de Nicée et les Bulgares, et entre ces empereurs et les despotes d'Épire suspendirent momentanément l'œuvre d'affranchissement des Grecs. Les empereurs de Nicée consolidèrent alors leur situation dans la péninsule des Balkans; ils chassèrent les Bulgares des montagnes de Thrace et de Macédoine, construisirent en Thrace de nombreuses forteresses, s'emparèrent du royaume de Thessalonique, vainquirent le despote d'Épire, mais ne parvinrent pas à établir leur domination en Épire, Thessalie, Hellade et Morée (1), Cette œuvre accomplie, les empereurs de Nicée se tournèrent de nouveau contre

____

(1) Voir t. I, l. I, chap. ii.

Constantinople; l'ancienne capitale de l'empire grec tomba entre leurs mains; l'empire latin disparut définitivement et l'empire grec fut rétabli (1261) (1).

La domination des Latins se maintint néanmoins dans l'ancienne Grèce; ce fait fut dû non seulement à ce que l'organisation sociale y était semblable à celle de l'Europe occidentale féodale, mais encore à ce que les princes d'Achaïe se montrèrent tolérants et à ce que les tribus slaves qui s'étaient souvent rendues indépendantes de Byzance y étaient plus nombreuses que dans les autres thèmes de l'empire grec; aussi, lorsque les armées des empereurs byzantins se montrèrent dans cette région, soit par voie de terre (2), soit par voie de mer (3), les populations ne cherchèrent-elles pas à s'affranchir de la domination des Latins.

Mais les princes latins luttèrent fréquemment entre eux et ils manquèrent généralement d'héritiers mâles; de plus, les Slaves se soulevèrent, ne voulant pas plus se soumettre aux Latins qu'auparavant aux Grecs; aussi au quatorzième siècle, sous

(1) On a vu, t. I, l. I, chap. iii, que les Byzantins reprirent Lesbos, Chio et Rhodes.

(2) Voir t. I, l. I, chap. ii.

(3) Michel Paléologue n'ayant pas pu soulever en sa faveur les populations de Hellade, en 1259, en arrivant par voie de terre, essaya ensuite de soulever celles de Morée en venant par voie de mer. En 1262, le sébastocrator Constantin débarqua à Monembasie, mais les populations ne se soulevèrent pas en sa faveur et il fut battu; il en fut de même plus tard pour le despote Jean Paléologue, qu'il envoya par voie de terre en Grèce, et pour son amiral qu'il y dirigea par mer.

Cantacuzène, les Grecs, grâce à leur puissance maritime et aux places qu'ils avaient acquises en Morée (1), purent-ils rentrer dans cette péninsule et y rétablir leur domination.

Constantinople venait à peine de retomber au pouvoir des Grecs que de nouveaux Latins se jetèrent sur l'empire grec (2). Les Angevins, après avoir battu Manfred en Italie, avaient acquis les domaines que celui-ci possédait en Épire par sa femme Hélène, fille du despote d'Épire, Michel II (3); ils voulurent se servir de ce point d'appui pour conquérir l'empire byzantin et rétablir l'empire latin à leur profit; mais ils échouèrent (4) et ce fut la dernière tentative des peuples de l'Europe occidentale contre l'empire grec.

Cependant quelques années après, au commencement du quatorzième siècle, des Catalans parvinrent à s'établir dans la péninsule des Balkans. Ces Catalans étaient des mercenaires étrangers qui avaient aidé les Angevins dans leurs conquêtes et qui imposèrent ensuite leur service aux Byzantins contre les Turcs. Mais au lieu d'être un élément de force pour l'empire grec, ils furent pour celui-ci un élément de troubles; ils se soulevèrent; les uns ravagèrent les côtes de l'empire,

(1) Michel Paléologue se fit céder par Guillaume de Villehardouin les places de Monembasie, Maïna et Misitra en Morée.

(2) On a vu t. I, l. I, chap. I, que ce furent les papes qui lancèrent Charles d'Anjou dans cette entreprise.

(3) On a vu, t. I, l. I, chap. II, qu'en Épire la souveraineté était démembrée et que par suite elle était domaniale.

(4) Voir t. I, l. I, chap. I.

d'autres s'emparèrent de Gallipoli, y résistant à toutes les attaques des empereurs byzantins et coupant ainsi les communications de l'empire avec l'Europe; la grande compagnie se jeta ensuite sur la Grèce et y établit sa domination pendant quatre-vingts ans, après avoir battu les ducs latins d'Athènes et de Thèbes.

Aux Catalans succédèrent à Athènes comme ducs les Acciajuoli, qui appartenaient à une famille de Florence; ils y régnèrent jusqu'à la conquête de l'ancienne Grèce par Mahomet II (1456).

Lutte contre les Serbes et contre la seconde invasion turque. — Après le rétablissement de l'empire grec, les provinces de l'Europe de cet empire furent entamées ou envahies non seulement par les Latins, les Angevins, les Catalans, les despotes d'Épire (1), les Albanais (2), mais encore par les Slaves. Ces Slaves ne furent pas les Bulgares, mais les Serbes.

Au moment où Constantinople rentrait en possession des Grecs (1261), l'empereur de l'empire vlaquo-bulgare, Michel Asan, venant de mourir assassiné, la noblesse bulgare, qu'il avait toujours été impossible de soumettre à la monarchie absolue, releva la tête; des troubles éclatèrent et se prolongèrent jusqu'à l'invasion turque; l'empire vlaquo-bulgare se dissocia (3).

____

(1) Voir t. I, l. I, chap. II.
(2) Voir t. II, chap. II.
(3) Des seigneurs bulgares régnèrent tour à tour sans pouvoir fonder de dynastie durable; cependant dans la partie occidentale

Les Serbes, au contraire, étaient tout puissants; ils n'avaient fait que grandir depuis le jour où ils avaient déchiré le faible lien qui les rattachait encore au milieu du onzième siècle à Byzance.

Quarante ans avant la prise de Constantinople par les Latins, en 1165, le grand joupan de Rascie (1), grâce à la position centrale de cette région entre les plaines de la Morawa et les montagnes de Dioclée (2) et d'Herzégovine, fonda, après de brillants succès, une Serbie s'étendant du Danube à l'Adriatique.

La noblesse féodale qui s'était formée chez les Serbes après leur établissement dans le nord de la péninsule des Balkans (3) était toute puissante au treizième siècle; la souveraineté était toujours territoriale et domaniale; le fief était la clef de voûte du système social; la noblesse était héréditaire; les nobles avaient pleine souveraineté sur leurs colons et leurs serfs; ils avaient droit de basse justice et c'étaient eux qui conduisaient au roi les troupes de leurs terres; les joupans avaient sous leur pouvoir les troupes du comté, qui était une division à la fois militaire et administrative de Serbie; ils prenaient part au gouvernement du roi et la guerre se faisait rarement sans leur avis.

A côté de la noblesse s'était formée une autre

de la Bulgarie, dans la région de Widin, qui se sépara de la Bulgarie vers la fin du treizième siècle, il se forma une dynastie qui dura jusqu'à l'invasion turque.

(1) Territoire actuel de Novi-Bazar.
(2) Monténégro actuel.
(3) Voir t. II, chap. IV.

puissance sociale devenue très importante aux treizième et quatorzième siècles, c'était l'Église. Elle se divisait en clergé régulier et en clergé séculier; le premier était plus puissant que le second. L'Église comme la noblesse possédait de grands domaines et de nombreux privilèges. Les hommes qui étaient sur ses terres étaient comme ses membres exempts du service militaire. Comme gardienne de la moralité publique, elle était parvenue à attirer à elle les jugements relatifs aux testaments, héritages et divorces. La prêtrise devint héréditaire; mais l'Église pouvant faire entrer dans ses rangs tout individu, celle-ci ne se transforma pas tout à fait en une caste.

Au-dessous de ces deux puissances sociales était le peuple : il n'était plus exclusivement pasteur au treizième siècle : il comprenait des cultivateurs, serfs et hommes libres, et des artisans; ceux-ci étaient en nombre limité et leur condition était héréditaire (1).

Les grands joupans de Serbie cherchèrent à fonder la monarchie absolue; au commencement du treizième siècle, avec Stéphane Ier, ils prirent le titre de kral ou roi, et au milieu du quatorzième siècle, avec Douchan, ils prirent celui de tsar. Lors de l'accroissement de leur puissance, ils eurent à lutter contre la noblesse. Pour triompher de celle-ci, ils s'appuyèrent sur l'autre puissance sociale, l'Église, et sur le peuple; ils favorisèrent le

____

(1) Par suite un seul fils pouvait remplacer le père.

développement de l'Eglise (1), l'unirent étroitement à eux et la rendirent autocéphale, par conséquent complètement indépendante de Byzance (2) ; ils conservèrent sous leur juridiction les cultivateurs libres, et au quatorzième siècle, Douchan, dans son code, protégea les roturiers et les colons contre les grands.

Pour affranchir le pouvoir royal de la noblesse et faire de l'être social serbe un être politique, les rois de Serbie dotèrent celle-ci d'une administration relevant d'eux, se créèrent des ressources financières propres et formèrent une armée dépendant directement d'eux.

L'administration de la Serbie fut calquée sur celle de l'empire byzantin, dont le despotisme des empereurs était envié par les rois de Serbie et dont la civilisation pénétrait dans ce pays. Le royaume serbe fut divisé en comtés, et plus tard plusieurs comtés furent réunis pour former un duché; à la tête des comtés furent placés des comtes ayant des attributions d'administration et de police et à la tête des duchés furent mis des voiévodes.

Les rois de Serbie créèrent des juges pour rendre

---

(1) C'est ainsi que Mioutine (1281-1331) fit construire et réparer quarante églises.

(2) Voir t. I, l. I, chap. i. Cette union de l'Église et des rois de Serbie subsista même après la mort de Douchan; le despote Voukachine ayant détaché la Serbie méridionale de l'empire Serbe, l'Église lui fut hostile, et elle déclara ensuite que la défaite de la Maritza était le châtiment céleste de ses crimes et, trois siècles après la mort de Voukachine, elle maudissait encore celui-ci.

la justice; au fur et à mesure que la monarchie acquit de la puissance, ils attirèrent le plus de justiciables possible devant leur tribunal; avec Douchan, ils assurèrent le bon fonctionnement de la justice en promulguant un code inspiré par le droit byzantin.

Le trésor du roi comprenait le domaine particulier du roi et le domaine public, qui étaient d'ailleurs confondus l'un avec l'autre, la souveraineté étant domaniale.

Le trésor particulier puisait ses ressources dans les immenses domaines du roi.

Le trésor public était alimenté par les impôts que les rois parvinrent à établir; les cultivateurs libres, qui relevaient tous du roi, étaient soumis aux charges de l'État; des impôts directs et indirects furent créés par les rois, et les nobles même finirent par payer la dîme aux rois; les sujets avaient en outre à supporter des charges et des obligations vis-à-vis des rois.

Les rois s'entourèrent d'une garde, où ils attirèrent la noblesse afin de la soumettre; ils enlevèrent le commandement des troupes des comtés aux joupans et le donnèrent à des knèzes et à des voiévodes (1).

Pour diminuer encore la puissance de la noblesse, ils acquirent le droit de faire rentrer quelqu'un dans les rangs de celle-ci et lorsqu'ils éten-

____

(1) On voit que les rois serbes agirent vis-à-vis de la noblesse d'une façon analogue aux rois de France.

dirent leur royaume, ils taillèrent dans leurs nouvelles conquêtes des πρόνομια (bénéfices), pour les hauts fonctionnaires qui leur avaient rendu de brillants services. Mais par cette dernière mesure et surtout par la création de grands gouvernements, les rois serbes favorisèrent la formation d'une nouvelle noblesse qui, après avoir soumis à son pouvoir et hiérarchisé l'ancienne, se rendit indépendante de l'autorité royale lorsque celle-ci ne fut plus assez puissante pour faire sentir son action.

Les rois de Serbie établirent la théorie de la monarchie absolue et de droit divin ; ils prétendirent que la terre et les hommes leur appartenaient et ils déclarèrent qu'ils étaient « autocrates par la grâce de Dieu ».

Mais les rois de Serbie ne purent fonder la monarchie absolue que momentanément lors de leurs conquêtes.

Le caractère très coupé du pays sur lequel ils régnaient empêchait l'organisation d'un État centralisé. Ils ne purent affaiblir suffisamment l'ancienne noblesse ; aussi au milieu du quatorzième siècle, à la mort de Douchan, cette noblesse, aidée de la nouvelle noblesse, commença-t-elle à s'affranchir de l'autorité royale et la souveraineté se démembra.

La Serbie, qui avait profité de la fondation de l'empire latin pour assurer son unité intérieure, profita de la faiblesse des Grecs, lors du rétablissement de l'empire grec, pour se développer au détriment de celui-ci.

Les Serbes ne trouvèrent devant eux aucun

ennemi sérieux dans la péninsule des Balkans; les Grecs de Constantinople déjà affaiblis par les guerres contre les Latins étaient déchirés par des luttes intérieures et bientôt toute leur attention était tournée, au commencement du quatorzième siècle, vers la nouvelle invasion des Turcs ; quant à l'empire vlaquo-bulgare, il se débattait au milieu de dissensions intestines depuis l'assassinat de Michel Asan (1257).

Les Serbes trouvaient au contraire des alliés dans les tribus slaves répandues dans la péninsule des Balkans et qui à deux reprises avaient aidé les Bulgares à fonder un empire. Aussi la Serbie continua-t-elle à se développer aux treizième et quatorzième siècles.

Si l'on tient compte de la Matchva (1), que Dragoutine se réserva pour lui lorsqu'il abdiqua en 1281 en faveur de son frère Miloutine, la Serbie, sous Miloutine (1281-1321), s'étendait de la Bosna à la Strouma et comprenait les régions des lacs d'Ochrida et de Prespa, le réduit de l'ancien empire bulgare du dixième siècle. Sous Douchan (1331-1355), la Serbie atteignait l'embouchure de la Maritza.

Au milieu du quatorzième siècle, l'empire grec ne possédait donc plus en Europe que la Morée, Thessalonique, la Chalcidique et la Thrace, de la Maritza à Constantinople (2).

—————

(1) C'est la région comprise entre Roudnik et la Drina, et la partie de la Bosnie allant jusqu'à la Bosna.

(2) On verra qu'en Asie les empereurs de Constantinople ne possédaient plus rien à cette époque.

Douchan voulut enlever Thessalonique aux Grecs. Mais, comme il ne possédait pas de flotte, il ne put y réussir. Ébloui par sa puissance, Douchan songea même à reconstituer l'empire grec au profit des Slaves et à se faire couronner empereur à Constantinople.

Mais ce tsar n'y parvint pas et après lui la souveraineté se démembrant dans l'empire serbe, cet empire se désagrégea rapidement. La partie méridionale, sous le gouverneur de la Macédoine, se sépara de la partie septentrionale (1366). Dans celle-ci même des scissions se produisirent encore : les Balchitch, seigneurs et gouverneurs de Zetta ; les Altomanovitch, seigneurs des pays montagneux entre la Narenta et le Lim, se déclarèrent indépendants ; quant au centre de la Serbie, le pays des deux Morava, de l'Ibar et de la Sitnitza, il resta tout d'abord fidèle à Ouroch V, fils de Douchan ; mais à la mort d'Ouroch V, qui ne laissait pas d'héritiers, une partie des seigneurs se rallièrent à Altomanovitch, une autre à Lazare ; ces derniers finirent par l'emporter sur les premiers, et Lazare parvint ainsi à reconstituer l'unité de la Serbie septentrionale, avant la bataille de Kossovo (1389).

Du côté de l'Asie, l'empire grec, quelques années après son rétablissement, fut assailli par un ennemi beaucoup plus redoutable que ceux qui l'attaquèrent dans ses provinces d'Europe ; cet ennemi fut les Turcs, qui reprirent leurs invasions et sous les coups desquels l'empire succomba définitivement.

L'empire grec était incapable de repousser cet assaut; l'évolution sociale conduisait alors au démembrement de la souveraineté dans le peu de territoire que possédaient encore les empereurs de Constantinople (1); il y éclatait constamment des guerres civiles; l'organisme administratif ne fonctionnait pour ainsi dire plus (2); le trésor de l'État était vide (3); il était par suite impossible de payer des mercenaires, d'avoir une armée; là où les milices provinciales voulurent défendre leur pays contre les Turcs, les empereurs les en empêchèrent (4); la marine, le salut suprême de l'empire, n'existait pas plus que l'armée (5). En outre, les Byzantins, qui redoutaient beaucoup plus la domination du pape que celle des Turcs, tournèrent leur activité surtout vers les discussions relatives à l'union des deux Églises.

Bien qu'ils fussent établis depuis des siècles en Asie Mineure, et qu'ils eussent commencé à abandonner la vie errante des peuples pasteurs, les Turcs n'étaient pas parvenus à fixer d'une manière durable le centre de leur puissance; de race et de religion différentes des peuples qu'ils avaient soumis, se con-

----

(1) Voir t. I, l. I, chap. II.
(2) Voir t. II, chap. II.
(3) *Ibidem.*
(4) C'est ainsi qu'en Bithynie les passages des montagnes étaient défendus par les milices sous Michel Paléologue, moyennant l'exemption de taxes; l'empereur, pour se créer des ressources financières, exigea les impôts et se chargea de la défense du pays; aussi les passages ne furent-ils plus défendus.
(5) Voir t. I, l. I, chap. III.

centrant dans les villes, abandonnant les campagnes et les villages aux paysans chrétiens, les Turcs n'avaient nullement fusionné avec les vaincus ; ils étaient campés en Asie Mineure, attendant qu'une occasion favorable leur permît de poursuivre leur route vers l'ouest. Qu'un chef turc appelle à lui les musulmans de l'Asie Mineure, pour les mener à l'assaut de la chrétienté, les Turcs accourront immédiatement bien que dépendant d'émirs différents ; leurs guerres contre l'empire grec n'auront donc pas le caractère de simples expéditions, mais d'invasions en masse.

Ce fut Othman, un chef de hordes turcomanes, originaires des bords de l'Oxus, au service du sultan d'Iconium, qui releva en Asie Mineure la puissance des Turcs très gravement compromise par la première invasion mongole et qui rendit aux invasions turques l'impulsion vigoureuse qu'elles avaient perdue depuis deux siècles. Établi sur les bords du Sangarius, Othman pouvait facilement descendre sur les bords de la Propontide, enlevant aux Grecs la Bithynie, faiblement défendue ; tenant la rive est de l'Hellespont, il pouvait passer rapidement en Europe, s'il disposait d'une marine.

Othman et ses successeurs profitèrent de la situation favorable qu'ils occupaient vis-à-vis de Byzance pour se jeter sur les derniers débris de l'empire grec expirant et entraîner avec eux contre cette capitale le monde turc qui ne craignait plus que les peuples de l'Europe occidentale lui enlevassent en Asie la possession de Jérusalem.

Ils se créèrent une armée solide et s'efforcèrent à la perfectionner continuellement. Ils divisèrent leur armée en armée régulière et en armée irrégulière.

La première comprit des fantassins appelés janissaires et des cavaliers appelés spahis ; l'armée irrégulière fut formée de milices provinciales que les pachas organisèrent au fur et à mesure des conquêtes des Ottomans.

Les Turcs continuèrent à se servir de la fortification permanente et de la fortification passagère dans leurs guerres. Après qu'ils s'étaient emparés de villes grecques, ils réparaient les fortifications de celles qui étaient utiles à la défense de leurs conquêtes et de celles qui leur permettraient de s'élancer contre d'autres places fortes grecques ; sur le champ de bataille, ils employaient la fortification.

En rase campagne, l'armée turque se formait sur trois lignes ; la troisième ligne, comprenant les meilleures troupes, constituait la réserve.

Afin que les Turcs conservassent leurs qualités militaires et continuassent à imprimer à leurs guerres un caractère nettement offensif et l'aspect d'une invasion, les Ottomans firent tous leurs efforts pour empêcher la fusion des Turcs avec les peuples vaincus, fusion qui eût rendu les Turcs sédentaires et pacifiques.

Une discipline de fer et le fanatisme religieux renforcèrent la puissance de cette armée ottomane, qui constituait déjà un instrument militaire de premier ordre.

Afin que l'action de leur pouvoir se fît sentir dans

toutes les parties de leur gouvernement, les sultans confièrent de bonne heure à leurs fils le commandement des armées et des provinces.

Ce fut à un tel ennemi que l'empire eut à faire face.

Dès le commencement du quatorzième siècle, la Bithynie fut conquise par les Ottomans, tandis que d'autres émirs, descendant du plateau d'Asie Mineure, s'emparaient des provinces byzantines du littoral de la mer Égée. Les Grecs ne possédèrent donc plus alors en Asie que l'empire de Trébizonde, principauté qui s'était rendue indépendante de Byzance et qui était trop loin du centre de l'empire pour le secourir.

Les Turcs songèrent à passer en Europe ; mais de même qu'au moment de leur première invasion des provinces asiatiques de l'empire byzantin ils ne s'étaient pas trouvés seulement en présence des Grecs, mais surtout d'un ennemi beaucoup plus fort, les Latins, de même lors de leur invasion dans la péninsule des Balkans ils ne se heurtèrent pas seulement aux Grecs, mais à un ennemi beaucoup plus redoutable, les Slaves. L'empire grec n'était plus alors qu'un fantôme (1), tandis que les Slaves avec Douchan venaient de fonder un grand empire serbe.

Il résulta de ces circonstances politiques que, dans leur conquête de la péninsule des Balkans, les

(1) On a vu que l'empire grec ne comprenait plus que la Morée, Thessalonique, la Chalcidique et la Thrace de la Maritza au Bosphore.

Turcs prirent d'abord l'offensive contre leur ennemi principal, les Serbes, n'exigeant de Byzance
que le paiement d'un tribut et que la reconnaissance de sa vassalité vis-à-vis d'eux; une fois les
Serbes vaincus, Constantinople devait succomber
d'elle-même en empêchant l'arrivée de tout secours
d'Europe soit par terre, soit par mer. Si les Turcs
s'étaient emparés tout d'abord de Constantinople
— qui n'était d'ailleurs prenable que par l'ouest
— avant de détruire la puissance des Serbes, ceux-
ci renforcés peut-être des peuples de l'Europe
centrale auraient pu refouler les Turcs dans Constantinople, tandis que des navires de nations européennes auraient coupé aux Turcs toute communication et que les Grecs se seraient soulevés dans
la capitale contre la domination ottomane.

Les Turcs, après avoir pénétré à plusieurs reprises dans la Thrace byzantine, à la faveur des
guerres civiles, finirent par s'y installer définitivement.

Amurath fixa en 1360 sa capitale à Andrinople,
sur la Maritza, dont l'embouchure servait de limite
à la Serbie. Ainsi établis derrière cette rivière, faisant face à l'ouest, les Ottomans qui disposaient
d'une flotte dans l'Hellespont alors que les Grecs n'en
possédaient plus, avaient par Gallipoli leurs communications assurées avec leurs provinces d'Asie,
où ils pouvaient être rappelés par des attaques
d'émirs turcs; pour n'être pas assaillis par derrière
par les Grecs de Constantinople, ils attisèrent les
luttes intestines de ceux-ci en intervenant souvent.

Sortant de cette position, les Turcs se jetèrent contre les Slaves; fort heureusement pour eux, l'empire serbe commençait déjà à se dissocier et lorsqu'ils attaquèrent la Serbie méridionale, la Serbie septentrionale ne vint pas au secours de celle-ci. Les Turcs s'emparèrent de la haute Maritza, vainquirent à la bataille de la Maritza (1371) la Serbie méridionale, conquirent la Thrace et la Macédoine, rejetant les Bulgares et les Serbes dans le bassin du Danube, et vainquirent à Kossovo (1389) les Serbes du Nord, auxquels s'étaient joints des Bulgares et des Bosniaques.

Ayant défait les Slaves de la péninsule des Balkans, occupant la Thrace et la Macédoine, tenant le versant septentrional des montagnes qui étaient situées au nord de ces provinces (1) et qui constituaient un grand rempart naturel contre toute attaque venant du nord, les Turcs pouvaient se jeter soit sur la Thessalie et la Morée, soit sur Constantinople. Cette capitale pouvait être secourue d'Europe soit par mer, soit par terre; la possession de Gallipoli permettait aux Turcs d'intercepter toute aide venant par mer; la possession des villes sur le versant nord des monts Balkans leur permettait de jeter le gros de leurs forces contre une armée venant de Hongrie avant que celle-ci n'ait pu atteindre le nord de la Thrace ou de la Macédoine.

Grâce à leur situation dans la péninsule des Balkans, les Turcs pouvaient aussi intercepter toute

______

(1) Les Turcs occupèrent Nisch en 1375 et Sophia en 1382.

communication entre les deux grandes villes des débris de l'empire grec, Constantinople et Thessalonique, soit par terre par la possession de la Thrace, soit par mer par la possession de Gallipoli ; en outre, les Turcs pouvaient prendre l'offensive au nord, par les villes qu'ils avaient occupées dans les hautes vallées des affluents de droite du Danube.

Sauf en Macédoine et en Thrace, les Turcs ne parvinrent à établir réellement leur domination au sud des monts Balkans qu'après un assez grand nombre d'années : Salonique ne tomba définitivement en leur pouvoir qu'en 1430 (1) ; Constantinople ne succomba qu'en 1453, après avoir subi trois sièges (2) ; l'Albanie ne fut soumise qu'en 1478 après la mort de Scanderbeg (1467) (3) ; Athènes qu'en 1456 et la Morée (4) qu'en 1458.

Les luttes que les Ottomans eurent à soutenir en Asie Mineure contre des émirs turcs, l'invasion mongole qui vainquit à Ancyre les Turcs (1402),

(1) Les Turcs prirent Salonique une première fois en 1397 ; mais ils la perdirent ensuite.

(2) Le premier siège de Constantinople fut fait par Bayézid ; mais il dut être suspendu, à la nouvelle de la croisade de Nicopoli ; les Turcs le reprirent, mais échouèrent finalement (1397).

Le deuxième siège de Constantinople fut entrepris en 1422 par Amurath II, mais les Grecs suscitèrent une révolte dans ses États et il dut l'abandonner.

Le troisième siège fut fait par Mahomet II en 1453.

(3) Les Turcs pénétrèrent en Albanie en 1431 ; mais Scanderbeg se souleva en 1443 et défit les armées turques envoyées contre lui.

(4) La Morée fut ravagée par Bayezid, Manuel la reconquit après la mort de celui-ci ; Amurath s'en empara en 1446, mais elle rentra aussitôt sous la domination des Grecs.

les dissensions intestines entre les fils de Bajazet, paralysèrent momentanément l'action des Ottomans dans la péninsule des Balkans.

Quant aux secours venant de Hongrie, les Ottomans les vainquirent avant qu'ils n'eussent pris pied au delà des monts Balkans (1), et quant à ceux envoyés par mer à Constantinople, ils furent insignifiants.

Les Ottomans s'emparèrent en 1461 de l'empire grec de Trébizonde ; celui-ci avait pu subsister jusqu'alors, les Osmanlis ayant porté beaucoup plus leur attention en Europe qu'en Asie, et les princes seldjoukides d'Asie Mineure s'étant souvent alliés avec cette principauté contre les Ottomans.

L'empire byzantin sombrait donc complètement sous les coups des Turcs. La troisième phase des luttes qu'il avait eu à soutenir lui avait été tout à fait néfaste.

Au milieu du onzième siècle, les Normands lui avaient arraché l'Italie du Sud. Ensuite, les peuples étrangers s'étaient attaqués à l'empire byzantin proprement dit.

Dans la deuxième moitié du onzième siècle, les Turcs lui avaient pris l'Arménie, sa vassale ; puis toute l'Asie Mineure, sauf les côtes, et Antioche.

Aux douzième et treizième siècles, l'empire byzan-

---

(1) En 1396, Bayézid défit la croisade des nobles français à Nicopoli.

En 1442, Hunyade parvint à refouler les Turcs jusqu'aux Balkans ; mais il fut vaincu avec Ladislas à Varna (1444) et ensuite seul à Cassovie (1448).

tin était sorti vainqueur de ses luttes en Europe contre les Normands, les Latins, les Angevins ; mais les Latins et les Catalans lui avaient enlevé définitivement la Hellade et l'empire s'était divisé en trois tronçons. A la fin du treizième siècle, les Bulgares avaient échoué une seconde fois dans leur tentative de fonder un empire ; mais les Serbes avaient relevé le drapeau du slavisme dans la péninsule des Balkans et au milieu du quatorzième siècle, ils étaient arrivés jusqu'à la Maritza. A cette époque, l'empire ne comprenait plus en Europe que la Morée, Thessalonique, la Chalcidique et la Thrace, de la Maritza au Bosphore ; en Asie, il ne possédait plus rien, les Turcs venant de lui arracher ses provinces d'Asie.

Les deux branches de l'étau dans lequel Byzance était pris s'étaient donc rapprochées de plus en plus ; elles n'avaient pas tardé à se refermer entièrement sur lui. Les Turcs s'étaient établis sur les bords de la Maritza, après avoir franchi l'Hellespont ; ils s'étaient substitués ensuite en Thrace et en Macédoine à la domination des Serbes, dont l'empire se dissociait comme l'avaient fait antérieurement et successivement les deux empires bulgares ; ainsi établis, ils avaient repoussé tout secours envoyé de Hongrie à l'aide de Constantinople ; ils avaient étouffé complètement l'empire byzantin et s'étaient emparés finalement de ses derniers débris.

CONCLUSION

De cette étude sur l'histoire de l'empire byzantin il ressort avec évidence, croyons-nous, qu'on ne saurait adhérer aux idées émises par les détracteurs de cet empire, qui considèrent celui-ci comme un triste lambeau de l'empire romain, ayant dû pendant plus de mille ans son salut soit au hasard, soit à sa situation géographique, soit même à la bienveillance de ses ennemis.

Se trouvant à la fois sur l'Europe, l'Asie et l'Afrique, c'est-à-dire sur le chemin de toutes les grandes invasions, à l'exception de celles des peuples germaniques, il avait subi des assauts nombreux et répétés et son histoire avait été une des plus tragiques et une des plus mouvementées que l'on connaisse. S'il avait pu défier pendant longtemps toutes les attaques auxquelles il avait été en but, cela tenait à ce qu'il avait formé pendant plusieurs siècles un être social ayant son homogénéité et possédant en lui-même un principe de vie ; s'il avait fini par succomber sous les coups de ses ennemis, il l'avait dû à sa propre dissociation produite par le fait de son évolution sociale et par l'infiltration de sang étranger chez lui.

La période de gestation de l'être social byzantin avait commencé antérieurement aux conquêtes de Philippe et s'était poursuivie sans arrêt jusqu'au quatrième siècle après Jésus-Christ. L'empire romain, loin d'entraver la formation de cet être social, l'avait favorisée.

En même temps que s'était effectuée l'hellénisation de l'Orient, l'évolution sociale dans le monde grec avait conduit de l'organisation sociale en cités à l'organisation sociale en grands États territoriaux. Aux corps sociaux et aux âmes sociales particuliers des cités avaient succédé le corps social et l'âme sociale d'un seul être social.

Déjà du premier au quatrième siècle, sous la domination romaine, ce nouveau corps social et cette nouvelle âme sociale avaient commencé à se former en Orient.

Le nouveau corps social s'était constitué avec deux puissances sociales : l'Église et la noblesse d'empire ; la première s'était formée malgré les empereurs, la seconde avait été créée par eux ; au quatrième siècle la première était en Orient beaucoup plus importante que la seconde. Au-dessous de ces deux puissances sociales s'était maintenue artificiellement une troisième puissance sociale, les curiales, dernier vestige de l'ancienne organisation sociale et dont l'importance était bien inférieure à celle des deux autres puissances sociales.

La nouvelle âme sociale s'était manifestée en religion par le remplacement graduel du mono-théisme au polythéisme et en morale par la substitution progressive de l'individualisme à la solidarité, en art par l'expression des sentiments esthétiques grecs à travers l'art officiel romain, en littérature par la prépondérance intellectuelle croissante des Grecs dans l'empire romain et par le transfert du siège de leur vie intellectuelle en Orient.

Lorsqu'au commencement du quatrième siècle Constantin avait fait de Byzance la capitale des empereurs, la période de gestation de l'être social byzantin était terminée et bientôt celui-ci s'étant séparé de l'empire romain s'écroulant était devenu un être politique.

L'empire byzantin formant à la fois un être social et un être politique, son histoire était passée par quatre phases principales : la première du commencement du quatrième siècle au milieu du septième siècle, la deuxième du milieu du septième siècle au milieu du neuvième siècle, la troisième du milieu du neuvième siècle au milieu du onzième siècle, la quatrième du milieu du onzième siècle au milieu du quinzième siècle.

Dans la première phase les deux puissances sociales avaient poursuivi leur développement ; mais c'était surtout l'Église qui avait pris le plus d'extension.

Pour fonder un empire civil, les empereurs d'Orient s'étaient appuyés sur celle-ci et lui avaient conféré de nombreux avantages : Constantin l'avait reconnue ; Théodose Ier en avait fait la religion d'État, et Justinien, pour établir la monarchie absolue l'avait comblée de faveurs. Elle était ainsi devenue bientôt toute-puissante; elle avait acquis de nombreux biens, elle avait obtenu des privilèges, elle avait empiété sur la puissance publique, elle prenait part à tous les événements importants de la nation et elle possédait une grande influence sur le peuple dont le ferveur religieuse était très développée. Au sixième siècle, elle l'emportait définitivement sur la philosophie grecque et sur le paganisme; seul le judaïsme subsistait, mais il comptait peu d'adeptes. Le clergé régulier avait pris une grande extension et après le sixième siècle l'Église avait mis complètement la main sur l'art et la littérature.

Mais des luttes intestines avaient affaibli l'Église; elles avaient été provoquées à propos de la fixation du dogme par les différences de conceptions religieuses et surtout par les rivalités des patriarches, rivalités qui avaient été facilitées par l'absence d'un pouvoir suprême. A la suite de ces guerres religieuses étaient nées des sectes qui s'étaient séparées de l'Église de Constantinople : c'étaient les Nestoriens, les Jacobites, les Eutychéens, les Marionites. En dehors de ces hérétiques s'était formée une secte qui voulait concilier le christianisme avec les doctrines de Zoroastre : les Manichéens.

C'était le patriarche de Rome qui avait surtout profité des luttes religieuses ; n'ayant en Occident aucun rival, dirigeant un clergé discipliné, étant hors d'atteinte de l'empereur d'Orient, il avait successivement affaibli les trois patriarches d'Orient, lors de ses interventions; il s'était habilement donné le rôle d'arbitre et il avait finalement fait reconnaître sa suprématie. Si, sous Justinien, il avait fait appel à cet empereur pour s'affranchir du joug des Ostrogoths ariens et s'il était retombé sous la dépendance des empereurs d'Orient, il s'était ensuite dégagé peu à peu de la tutelle des Byzantins, en même temps que la domination de ceux-ci avait décliné en Italie.

En Orient, au contraire de ce qui eut lieu en Occident, l'Église n'avait pas tardé à se séparer de la nation, la reconnaissance du christianisme ayant eu pour résultat de faire passer le haut clergé entre les mains des classes supérieures ; l'Église s'était bientôt désintéressée des questions morales; pendant tout l'empire, si elle avait fourni le personnel des institutions de charité, c'était l'État qui avait eu la haute direction de ces établissements et elle avait même admis toujours l'esclavage dans ses domaines, alors que l'État avait fait tous ses efforts pour l'abolir.

Le développement de la noblesse d'empire avait été combattu par les empereurs. Cette puissance sociale était devenue une noblesse provinciale et terrienne, et à partir de Justinien elle avait profité de la vénalité des charges pour s'emparer peu à peu des fonctions publiques.

L'empereur qui, au moment de la fondation de Constantinople, s'était affranchi successivement de la tutelle politique du sénat et de celle de la garde prétorienne, s'était avec Théodose Ier dégagé aussi de celle des légions; désormais l'empereur avait possédé tous les pouvoirs, son despotisme n'étant tempéré que par les deux puissances sociales.

Le peuple avait continué à se désintéresser des questions politiques, même de la nomination à la fonction impériale; l'administration de l'empire, prolongement de celle de l'empire romain, avait donc été celle de l'empereur; le gouvernement était complètement séparé de la nation.

Dans le peuple, le sort des esclaves s'était amélioré et avec Justinien, l'affranchi était devenu un homme libre; le christianisme adoucissait peu à peu les mœurs. Mais à la place des esclaves, il s'était formé une nouvelle catégorie de personnes : les colons et les serfs.

C'était dans les grandes villes qu'avait reflué l'élément le plus pervers de la population de l'empire; le peuple y était oisif et consommateur; comme les riches il était vaniteux et les grands, pour maintenir leur ascendant sur lui, le distrayaient par des jeux et le nourrissaient par des distributions de vivres. Mais en dehors de ces grandes villes, le peuple était travailleur et rendait l'empire florissant.

Les invasions des Barbares n'ayant atteint qu'une faible partie de l'empire et momentanément seulement, la prospérité économique qui avait régné dans le monde grec avant le quatrième siècle, à la faveur de la paix de l'empire romain, n'avait fait que se développer d'une manière générale jusqu'au milieu du septième siècle.

Avec Justinien, le commerce des Byzantins avait prédominé dans toute la Méditerranée, les guerres de cet empereur lui ayant rendu la prépondérance dans la Méditerranée occidentale ; de plus, il avait commencé à se créer de nouveaux débouchés dans la mer Noire par la fondation de Trébizonde, par l'ouverture de la route de la Chine par le nord de la Caspienne, et enfin par le retour de Kherson sous la domination byzantine.

Cette prospérité économique avait eu pour résultat de donner à l'empire des finances florissantes ; malheureusement, à partir de Justinien qui avait fait des dépenses excessives, elles étaient tombées en mauvais état.

Les sentiments esthétiques de l'être social byzantin, réveillés par les idées chrétiennes, avaient trouvé leur expression complète au quatrième siècle après une période de gestation de deux siècles ; mais les genres les plus vivifiants de l'art, la peinture et la sculpture étaient peu développés, et les arts industriels avaient pris une assez grande extension.

L'ancienne littérature grecque antérieure au quatrième siècle s'était maintenue ; si les lettrés avaient participé à la vie publique, ils avaient reçu leur première instruction dans les écoles, dont l'enseignement était séparé de la nation ; leurs œuvres avaient par suite manqué de vie. A côté de cette littérature s'était formée une nouvelle littérature : la littérature religieuse ; l'Église étant d'abord en relation intime avec le peuple, cette

littérature avait été brillante au quatrième siècle ;
mais, l'Église perdant peu à peu tout contact avec
la nation, cette littérature n'avait pas tardé à décliner.

A partir de Justinien, la centralisation artistique
et littéraire à Constantinople avait porté atteinte à
la vie intellectuelle dans les provinces et l'Église
de plus en plus puissante avait progressivement
mis la main sur l'art et la littérature, détruisant
ainsi toute imagination chez les artistes et les lettrés. Aussi, au milieu du septième siècle, l'art et la
littérature étaient-ils tombés en pleine décadence.

Si, dans cette phase de l'histoire de l'empire,
l'art et la littérature avaient produit des œuvres
personnelles et de réels travaux d'imagination, ils
avaient été dominés par l'amour de l'érudition, de
la tradition, de la forme antique et du luxe ; l'esprit
byzantin n'avait montré aucune passion pour le
vrai, le beau et la nature, et n'avait fait preuve
d'aucun sens critique, d'aucun esprit d'observation
et d'aucun esprit de synthèse. Ces mêmes caractères généraux de l'art et de la littérature avaient
persisté jusqu'à la chute de l'empire.

Pendant la première période de l'histoire de
l'empire, celui-ci avait été non seulement déchiré
par des luttes intestines, mais il avait eu encore à
se débattre contre les attaques d'autres êtres
sociaux et politiques ; il n'avait même pas été
épargné par les calamités de la nature, tremble-
ments de terre, peste.

Les luttes intestines qui avaient été des guerres

religieuses avaient revêtu le caractère le plus grave dans les grandes villes : les populations oisives de celles-ci étaient toujours prêtes à se transformer en émeutiers au premier appel des moines. Ces luttes, après avoir ensanglanté l'empire pendant près de deux siècles, s'étaient à peu près calmées avec Justinien et ses successeurs. Mais les sectes séparatistes qui s'étaient formées, persécutées par les empereurs, étaient toujours disposées à bien accueillir les adversaires de l'empire.

A cette cause de faiblesse de l'empire était venue s'en ajouter une autre : les exactions et la vénalité des fonctionnaires qui n'avaient pas permis à l'organisme administratif de donner tout le rendement dont il était susceptible.

Contre les ennemis extérieurs, l'empire avait eu à faire face à la fois en Europe et en Asie ; mais le caractère des guerres qu'il avait eu à subir n'avait pas été le même des deux côtés ; en Europe, l'empire avait eu à repousser les invasions de peuples nomades : celles des peuples germaniques, slaves et finniques ; en Asie, il avait eu à lutter contre deux États : la Perse et l'Arménie. S'il avait été finalement vainqueur, il l'avait dû à sa bonne organisation militaire ; les empereurs avaient compris que l'empire avait à assumer un rôle défensif ; ils l'avaient doté d'un judicieux système de fortifications ; la force principale de l'empire avait résidé dans la puissance de sa marine, ses adversaires n'en possédant pas. Mais le développement de l'individualisme avait fait disparaître l'idée de patrie chez les Grecs et le monachisme grandissant avait enlevé des' soldats à l'empire. L'armée était l'armée de l'empereur. Mais elle n'était pas exclusivement recrutée parmi les Barbares, elle l'était aussi parmi les populations guerrières de l'empire. L'organisation assez bonne de cette armée, les connaissances de tactique et de stratégie des généraux avaient permis aux Byzantins de faire face à un nombre d'ennemis relativement considérable. Mais après Justinien cette armée avait décliné, et Maurice avait payé de sa vie ses tentatives de réforme; si, sous Héraclius, l'empire l'avait emporté finalement sur la Perse, ce résultat avait été dû au caractère religieux de la guerre, caractère qui avait permis de faire participer les populations à la défense de l'empire.

Dans la première phase de l'histoire de l'empire, celui-ci s'était d'une façon générale victorieusement défendu. En Europe, les invasions germaniques et finniques avaient été repoussées; des Slaves et des Bulgares avaient, il est vrai, réussi à pénétrer dans l'intérieur de l'empire; mais parmi ces Slaves, les Serbes et les Croates appelés par Héraclius avaient reçu la mission de servir de tampon contre les peuples finniques et les Byzantins pouvaient espérer s'assimiler ces peuples de race arienne comme eux, en les convertissant au christianisme.

En Asie, la Perse n'avait pas réussi à entamer l'empire.

L'empire s'était même agrandi à l'ouest et à

l'est. Avec Justinien, il avait établi sa domination en Italie et en Afrique, et avec Maurice il avait finalement mis la main sur l'Arménie. Il est vrai que la puissance des Byzantins en Italie et en Afrique y avait bientôt décliné et qu'au milieu du septième siècle elle y était devenue précaire.

Au début de la deuxième phase de l'histoire de l'empire byzantin, celui-ci avait subi un assaut formidable : l'invasion arabe.

Les Byzantins n'avaient considéré jusqu'alors les Arabes que comme des pillards incapables d'organiser une grande guerre et leur système fortifié n'avait été conçu qu'en vue d'une lutte contre la Perse. Aussi n'avaient-ils été nullement prêts pour repousser cette vigoureuse attaque qui s'était produite au moment où ils sortaient épuisés de leur dernière guerre contre la Perse.

Les dissensions religieuses qui avaient déchiré depuis longtemps la Syrie et l'Égypte, la communauté de race des populations de ces provinces et des Arabes, la ressemblance de terrain entre ces deux régions et l'Arabie avaient permis aux Arabes de conquérir rapidement ces deux provinces.

Les Sarrasins avaient aussi occupé l'Afrique byzantine; ils s'étaient également emparés de la Cilicie, occupant les passages du Taurus, tenant ainsi toute l'Asie Mineure, et pouvant se relier aux Pauliciens du haut Euphrate, ennemis religieux intérieurs de l'empire.

Si les Byzantins étaient parvenus à repousser les attaques des Arabes devant Constantinople à la fin du septième siècle et au commencement du huitième siècle, les Sarrasins leur avaient encore pris la Crète et la Sicile au commencement du neuvième siècle, menaçant ainsi constamment les côtes de la mer Egée et celles de l'Italie du Sud.

La destruction de la Perse par les Arabes devait avoir plus tard des conséquences funestes pour l'empire byzantin : la disparition du rempart du monde arien contre les invasions d'Asie ouvrait désormais à celles-ci l'Asie occidentale et l'Afrique orientale.

L'invasion arabe avait porté gravement préjudice à la prospérité économique de l'empire; les Byzantins avaient perdu deux riches provinces : la Syrie et l'Égypte; leur marine avait été supplantée par celle des Arabes dans la Méditerranée occidentale et se voyait disputer la prépondérance par celle des Arabes dans la Méditerranée orientale.

Les victoires des Arabes avaient fait comprendre aux empereurs le danger que courait l'empire par suite du retour de l'Église au polythéisme et surtout par suite de la main mise de l'Église, principalement du clergé régulier, sur la société civile.

Les empereurs avaient commencé alors une œuvre de régénération religieuse, sociale et intellectuelle; ils avaient entamé, en 726, la lutte des Iconoclastes qui devait durer plus de cent ans.

L'art avait peu souffert de cette période troublée; si la peinture et la mosaïque avaient été atteintes, la miniature s'était développée. Quant à la littérature, à l'exception de la chronique et de l'épigramme, elle avait continué à décliner.

Les efforts que les Byzantins avaient à faire à l'est de l'empire contre les Arabes ne leur avaient pas permis d'enrayer l'affaiblissement progressif de leur domination en Italie ; aussi les papes avaient-ils pris comme prétexte la persécution des images pour se dégager peu à peu de la tutelle de Byzance, et lorsqu'en Occident la dynastie carlovingienne s'était solidement établie chez les Francs, ils s'étaient appuyés sur celle-ci et s'étaient rendus indépendants de l'empereur byzantin.

Les Arméniens et les Bulgares avaient aussi profité des luttes des Byzantins contre les Arabes pour s'affranchir de la suzeraineté des empereurs ; les Bulgares, trouvant des auxiliaires précieux dans les tribus slaves parsemées dans la péninsule des Balkans, étaient même parvenus à fonder un grand empire.

Lors de la deuxième phase de l'histoire de l'empire byzantin, celui-ci avait donc semblé voué prochainement à une ruine certaine. Il avait perdu l'Arménie, la Cilicie, la Syrie, l'Égypte, la Sicile, presque toute l'Italie, une grande partie de la péninsule des Balkans, quelques îles de la mer Égée ; il ne possédait donc plus qu'une légère bande de terrain dans la péninsule des Balkans et qu'une faible partie de l'Asie Mineure. Ce qui restait encore à l'empire était constamment ravagé par ses ennemis ; les Sarrasins de Sicile pillaient les côtes de l'Italie du Sud, y prenant même pied ; ceux de Crète dévastaient les côtes de la mer Égée, faisant leur jonction avec les Slaves et les Bulgares, et ceux de

Cilicie envahissaient constamment le plateau d'Asie Mineure. Des luttes intestines provoquées par la persécution du monachisme étaient venues aggraver la triste situation de l'empire. Quant à l'âme sociale byzantine, elle ne battait plus que faiblement.

Mais l'empire byzantin avait encore de la force vitale et l'œuvre de réorganisation sociale entreprise par les iconoclastes était continuée avec une énergie persévérante par les Macédoniens ; la désagrégation sociale de l'empire était retardée et à la période la plus affreuse et la plus triste de l'histoire de l'empire succédait la période la plus brillante et la plus florissante.

Au début de cette troisième phase de l'histoire de l'empire, les deux puissances sociales étaient plus puissantes que jamais.

La noblesse s'était emparée non seulement des fonctions civiles, mais encore des fonctions militaires ; elle disposait des trésors de l'empire et des armées.

L'Église était sortie victorieuse de sa lutte contre les empereurs ; le monachisme avait pris une grande extension, non seulement dans les villes et dans les déserts, mais encore dans les campagnes, enlevant à l'empire des agriculteurs, des soldats et des revenus.

Les deux puissances sociales, absorbant à leur profit les petites propriétés, conduisaient l'empire au démembrement de la souveraineté.

Les Macédoniens avaient combattu avec persévérance contre ces deux puissances et, avec Basile II, ils étaient parvenus à fonder la monarchie absolue ; mais ils avaient été souvent forcés de suspendre leur lutte contre l'Église pour obtenir l'appui de celle-ci contre la noblesse.

A la fin du neuvième siècle, les curiales, dernier reste de l'organisation sociale antique, avaient disparu complètement, et un nouvel organe social, la commune, qui était apparue depuis deux ou trois siècles, avait reçu une vigoureuse impulsion des empereurs qui l'avaient protégée pour enrayer le développement de la noblesse et de l'Église.

Une troisième puissance avait commencé à se former, c'était la bourgeoisie.

Pendant cette troisième phase de l'histoire de l'empire, la puissance économique de celui-ci, favorisée par les empereurs, était passée par son apogée. La perte de la Syrie et de l'Égypte avait amené le développement de l'agriculture et de l'industrie dans l'empire. Les goûts de luxe, qui s'étaient répandus chez les Arabes après la période de leurs conquêtes, avaient donné un grand essor au commerce entre Byzantins et Arabes. Le relèvement de la marine byzantine avait permis aux Byzantins de reprendre la Crète et de se livrer en toute sécurité au commerce dans la mer Egée ; dans la mer Noire, leur commerce avait pris une grande extension avec la prospérité économique de l'Arménie, de Trébizonde et de Kherson.

Les finances de l'empire s'étaient ressenties de cette richesse ; elles avaient été particulièrement florissantes pendant cette période.

En administration, au dixième siècle, avait été terminée l'œuvre de concentration des pouvoirs civils et militaires dans les mêmes mains, œuvre commencée après Justinien pour faire face aux assauts auxquels l'empire avait été en but.

La grécisation de l'administration, commencée aussi après Justinien, avait été achevée au dixième siècle.

Le développement du commerce avait eu pour résultat de donner du travail aux populations de la capitale de l'empire et de les rendre moins oisives; les jeux du cirque avaient décliné, mais les triomphes avaient exalté plus que jamais la vanité des Byzantins.

La lutte des Iconoclastes, en dégageant la société civile de la société religieuse, avait aussi porté ses fruits en art et en littérature. L'activité intellectuelle s'était concentrée au palais de Constantinople et dans les monastères, le premier centre l'emportant de beaucoup sur l'autre.

La renaissance de l'art, commencée déjà avant la fin de la querelle des images sous Théophile, s'était épanouie lorsque la paix avait succédé à cette lutte; son caractère principal avait été la recherche de l'élégance et de la grâce, mais c'étaient les arts industriels qui avaient pris le plus d'extension.

La renaissance de la littérature avait eu lieu surtout dans les genres profanes; la littérature religieuse, sur laquelle l'Église avait mis la main, s'était bornée à imiter les Pères de l'Église des quatrième et cinquième siècles, et n'avaient plus traité des questions de dogme fondamentales. Dans la littérature profane, les Byzantins s'étaient tournés de plus en plus vers l'ancienne littérature grecque et s'en étaient inspirés; ils avaient commencé à étudier Platon à côté d'Aristote, et la philosophie s'était dégagée de nouveau de la théologie dans laquelle elle avait pénétré au sixième siècle, après la disparition de la philosophie comme science distincte. Mais la littérature s'était éloignée de plus en plus du peuple; les lettrés, même les auteurs d'ouvrages religieux, avaient maintenu l'ancien grec comme langue littéraire, et celui-ci était devenu complètement incompréhensible pour la majorité de la nation au commencement du onzième siècle; les efforts qui avaient été faits aux huitième et dixième siècles pour fonder une langue littéraire basée sur l'idiome populaire avaient échoué.

Régénéré à l'intérieur, l'empire byzantin avait pris une revanche éclatante sur ses ennemis. Après avoir reconstitué son armée et sa marine, après avoir basé l'organisation défensive de l'empire sur l'emploi de troupes de campagne, il était passé à l'offensive. Il avait attaqué tout d'abord son adversaire le plus redoutable : les Arabes; il s'était tourné ensuite contre les Bulgares. A la fin du dixième siècle, il était ainsi rentré en possession de la Cilicie, de la Crète, d'Antioche. Au commencement du onzième siècle, il avait rétabli sa domination chez les Bulgares. A la même époque, Basile II avait rattaché à l'empire l'Arménie, la Géorgie et l'Ibérie; les Sarrasins avaient été complètement chassés du sud de l'Italie et les Byzantins étaient même parvenus à reprendre pied en Sicile.

L'empire n'avait pas été seulement vainqueur de ses voisins immédiats, mais encore d'adversaires plus lointains qui s'étaient également rués sur lui : les Russes, les Hongrois et les Allemands.

Mais à la fin de cette troisième phase de l'histoire de l'empire, les Serbes et les Croates s'étaient complètement affranchis de toute suzeraineté vis-à-vis de Byzance, l'Albanie était à peu près indépendante et la Dalmatie était passée sous la domination de Venise.

Quant au pape, qui s'était dégagé de la tutelle de Byzance à la fin de la deuxième phase de l'histoire de l'empire, il était d'abord passé à l'offensive vis-à-vis de Byzance ; mais l'hellénisation du sud de l'Italie avait permis aux Grecs de faire sentir leur influence à Rome à la fin du neuvième siècle. Le pontife romain s'était ainsi trouvé pris entre les empereurs byzantins et les empereurs d'Allemagne ; le centre de la puissance de ceux-ci étant loin, il avait ensuite profité de sa position centrale pour s'affranchir à peu près entièrement du pouvoir des deux empereurs.

Dès le début de la quatrième phase de l'histoire de l'empire, les empereurs débordés par les deux puissances sociales avaient renoncé à lutter contre elles.

L'Église, dont le développement avait été même favorisé par les empereurs, surtout après le rétablissement de l'empire grec, au milieu du treizième siècle, était devenue de plus en plus puissante ; le monachisme avait pris une très grande extension.

La noblesse était arrivée à l'empire avec les Comnènes et les Paléologues ; mais ces empereurs avaient à leur tour cherché à s'affranchir de la dépendance de leur classe d'origine en créant avec les membres de leur famille une haute noblesse, qui fut sans attributions sous les Comnènes et qui en fut investie sous les Paléologues.

Les deux puissances sociales ayant continué à absorber la petite propriété, l'évolution sociale de l'empire conduisait peu à peu au démembrement de la souveraineté. Cette évolution avait été précipitée par l'établissement de l'empire latin ; les débris de l'empire grec s'étaient divisés en trois tronçons, et lorsque les Latins avaient été chassés, l'unité de l'empire n'avait pas pu se refaire. Dans ce qui était resté de l'empire de Constantinople, des luttes avaient éclaté entre nobles et empereurs et des constitutions de principautés apanages l'avaient encore affaibli.

Les communes, formées d'hommes libres, s'étaient liguées entre elles pour s'opposer aux empiétements des grands, et vers la fin de l'empire elles étaient devenues indépendantes.

Les grandes villes, où la bourgeoisie était devenue une classe puissante aux quatorzième et quinzième siècles, étaient souvent déchirées par des luttes entre le parti aristocratique et le parti démocratique.

L'anarchie sociale avait été encore augmentée

par les modifications ethniques que l'empire avait subies depuis le commencement de son existence.

Dans la péninsule des Balkans les tribus slaves, les tribus valaques s'étaient entremêlées avec les populations d'origine grecque, et des transplantations de peuples effectuées par les empereurs étaient venues compliquer l'ethnographie de cette région ; l'établissement de l'empire latin avait permis à ces peuples d'origine étrangère de s'émanciper complètement de la dépendance de Byzance.

Si l'Asie byzantine avait échappé jusqu'au commencement de la quatrième phase de l'histoire de l'empire à des modifications ethniques, par suite du retour des invasions arabes à leur point de départ, les Arméniens avaient profondément altéré l'ethnographie de la Cilicie, et les Turcs celle du reste de l'Asie Mineure.

Dans l'empire, l'évolution sociale, les événements extérieurs et l'infiltration des peuples étrangers avaient graduellement et concurremment amené le démembrement de la souveraineté, et celle-ci était devenue domaniale ; l'empire n'avait plus présenté aucune cohésion sociale pour résister à ses ennemis.

Pendant cette dernière phase de l'histoire de l'empire, celui-ci avait aussi décliné au point de vue économique.

Son agriculture, déjà bien atteinte par l'absorption de la petite propriété par la grande, avait périclité par suite des invasions des Normands, des Latins et des Turcs. Il en avait été de même de son industrie.

Si, dans la période précédente, les Byzantins avaient repris le commerce de la mer Égée, lors de la décadence de la puissance commerciale des Arabes ils n'avaient pas cherché à s'emparer de nouveau du commerce de la Méditerranée occidentale ; ils n'avaient pas compris que le monde barbare avait évolué et qu'ils auraient pu y trouver de riches débouchés pour leur commerce. Les villes d'Italie avaient alors rempli d'abord le rôle d'intermédiaire entre l'Occident et l'Orient ; elles avaient remplacé les Sarrasins dans la mer Tyrrhénienne et dans l'Adriatique ; puis, devenues riches et puissantes, elles avaient songé à avoir la prépondérance commerciale en Orient. A la faveur des croisades, elles s'étaient emparé du commerce de la Méditerranée orientale et, lors de la quatrième croisade, Venise avait enlevé aux Byzantins le cœur de leur commerce, la mer Égée.

Les Byzantins n'étaient plus maîtres alors que du commerce de la mer Noire ; mais ils n'avaient pas tardé à perdre encore celui-ci.

Les Génois, protecteurs de l'empire, disposant bientôt du commerce de la capitale et du Bosphore ; avaient fortement entamé la puissance commerciale des Byzantins dans la mer Noire, tandis que les invasions des Mongols en Russie et en Asie avaient arrêté presque tout commerce entre ces deux régions et la mer Noire.

Les finances de l'empire avaient décliné en même temps que la puissance économique de celui-ci ; les dépenses occasionnées par les guerres et par le luxe de la cour étaient venues aggraver leur triste état ; aussi à la fin de l'empire, étaient-elles dans une situation des plus lamentables.

Le corps social s'étant désagrégé, l'âme sociale était aussi tombée en décadence, malgré les encouragements donnés aux arts et aux lettres par les Comnènes et les Paléologues.

En art, toute force créatrice s'était éteinte peu à peu ; seuls les arts industriels, maintenus par l'amour du luxe encore vif jusqu'à la conquête des Latins, avaient gardé quelque prospérité jusqu'à cet événement ; mais ils étaient devenus de l'industrie. L'Église victorieuse avait mis la main sur l'art religieux ; la typologie des figures et des compositions avait été fixée.

La fondation de l'empire latin avait précipité la décadence de l'art, non seulement en hâtant la désagrégation sociale, mais en détruisant les modèles antiques dont les artistes s'étaient inspirés jusqu'alors pour suppléer à l'insuffisance de force créatrice chez eux. A la fin de l'empire byzantin, l'art s'était réfugié dans les monastères ; quant aux arts industriels, la pauvreté de l'empire avait amené leur disparition.

En littérature, la renaissance des genres profanes s'était maintenue artificiellement jusqu'à la fin de l'empire ; cette littérature profane s'était éloignée de plus en plus de la nation ; au milieu du onzième siècle, la scission la plus complète s'était produite entre les lettrés et le peuple ; l'ancien grec, employé par les lettrés, n'était plus compréhensible de celui-ci. La littérature religieuse, que l'Église avait entièrement confisquée, s'était aussi séparée de la nation et elle avait continué à être peu brillante.

En philosophie, la victoire de la société religieuse sur la société civile avait amené la défaite des partisans de Platon et assuré le triomphe de ceux d'Aristote, le philosophe de l'Église. Il avait donc été impossible de créer une véritable métaphysique dégagée complètement de la théologie.

Lorsque l'empire s'était écroulé au milieu du quinzième siècle, il agonisait donc aux points de vue social, politique et économique. Si sa littérature était encore brillante, c'était une littérature étrangère entretenue artificiellement; il se mourait donc aussi intellectuellement.

Alors que tout principe de vie s'était retiré graduellement de lui pendant cette dernière phase, l'empire byzantin avait subi encore de formidables et de continuels assauts. Si dans les périodes précédentes de son histoire il avait été attaqué par ses voisins immédiats et par des peuples habitant encore plus loin de lui que ceux-ci, Hongrois, Russes et Allemands, dans cette dernière période il avait été assailli par des peuples habitant encore plus loin que ces derniers, par les peuples de l'Europe occidentale et par des peuples originaires de l'Altaï.

Comme dans le reste de son histoire, l'empire byzantin avait eu pendant cette phase à faire face à l'ouest et à l'est en même temps. A l'ouest, ses ennemis avaient été le pape et les Slaves; à l'est, les Turcs.

La désagrégation sociale de l'empire et le mauvais état de ses finances ne lui avaient pas permis d'entretenir une armée solide ; la décadence complète de son commerce maritime avait amené la disparition graduelle de la puissance de sa marine, sur laquelle avait toujours reposé son salut suprême.

Au début de cette dernière période le pontife romain, en expulsant les Grecs du sud de l'Italie avec l'aide des Normands, s'était affranchi de toute tutelle de l'empereur byzantin. Ayant réussi à faire reconnaître sa prédominance dans l'Europe occidentale, il avait rêvé de reconstituer à son profit l'empire romain, il avait voulu réunir aussi sous sa juridiction le monde oriental. Il était alors passé à l'offensive contre les Byzantins ; il avait lancé successivement à l'assaut de l'Orient les Normands, les Latins et les Angevins. Seuls les Latins avaient réalisé pendant quelque temps son projet ; ils étaient parvenus à rattacher à l'Église romaine les patriarcats d'Antioche et de Jérusalem, et même celui de Constantinople ; mais les Latins avaient été finalement chassés par les Byzantins de l'empire, sauf de la Hellade et de la Morée ; cent ans plus tard, la Hellade leur avait été reconquise en grande partie par les Grecs.

Après l'échec des Angevins, la papauté n'avait pu faire aucune nouvelle tentative contre les Byzantins ; la diminution de la foi en Occident, la translation du Saint-Siège à Avignon, le grand schisme d'Occident, ne lui avaient plus permis de songer activement à l'Orient, et les pourparlers qui avaient eu lieu entre papes et empereurs byzantins jusqu'à la fin de l'empire n'avaient pu aboutir à la reconnaissance de la juridiction du pontife romain dans l'empire byzantin.

A l'est de l'empire, le rempart du monde arien contre les peuples d'Asie ayant été détruit par les Arabes, les Turcs s'étaient tout d'abord infiltrés dans l'empire arabe, comme l'avaient fait les Germains dans l'empire romain; ils avaient ensuite dominé dans les armées de l'empire arabe déclinant; ils étaient parvenus aux frontières de l'empire byzantin et s'étaient emparé de l'Arménie, d'Antioche et de presque toute l'Asie Mineure.

L'empire byzantin avait été dégagé d'abord par l'arrivée des croisés qui avaient enrayé le succès des Turcs et concentré toute l'attention du monde musulman sur Jérusalem, et ensuite par les invasions des Mongols qui avaient détruit l'empire seldjoucide.

Lorsqu'après deux siècles d'arrêt les Turcs avaient repris l'offensive contre l'empire byzantin, ils s'étaient heurtés comme la première fois à des peuples autres que les Byzantins ; ces peuples n'avaient plus été des Latins, mais des Slaves.

Ces Slaves s'étaient développés depuis la fin du douzième siècle au détriment de l'empire byzantin.

Les Bulgares, après s'être rendus indépendants en 1186, avaient formé un grand empire; mais celui-ci avait commencé à se dissocier en 1257.

Les Serbes avaient été plus heureux : tandis que l'empire bulgare avait décliné, le royaume serbe, fondé en 1165, n'avait fait que grandir, et au milieu du quatorzième siècle, il avait compris presque toute la péninsule des Balkans, ne laissant aux Grecs que la Morée, Thessalonique, la Chalcidique et la partie de la Thrace située à l'est de la basse Maritza.

Vers la même époque, après avoir enlevé toute l'Asie Mineure aux Byzantins et s'être emparés de Gallipoli, les Turcs étaient venus s'établir à l'est de la basse Maritza, se trouvant ainsi en contact direct avec l'empire serbe.

L'étau, entre les branches duquel l'empire byzantin était pris depuis quelque temps, venait donc de se refermer à peu près, menaçant d'étouffer cet empire. Mais les Turcs avaient compris qu'une fois qu'ils auraient vaincu leur ennemi principal, les Serbes, ce fantôme d'empire tomberait de lui-même entre leurs mains. S'étant bornés à endormir la vigilance des Byzantins et à entretenir leurs divisions intérieures, ils s'étaient attaqués à l'empire serbe et s'étaient rendus maîtres des débouchés nord des monts Balkans pour arrêter tout secours venant d'Europe par voie de terre. Ils avaient alors détruit l'empire serbe qui se dissociait déjà de lui-même ; ils avaient repoussé les armées chrétiennes envoyées dans la plaine du Danube, et par la possession de Gallipoli ils avaient empéché l'arrivée de tout secours venant d'Europe par voie de mer. Les tristes débris de l'empire byzantin étaient ensuite tombés facilement entre leurs mains. L'empire byzantin avait disparu pour toujours.

Telle est, rappelée en quelques lignes, l'histoire de cet empire qui a fait l'objet de notre ouvrage.

Si l'humanité doit avoir de l'estime et même de l'admiration pour l'énergie extraordinaire que l'empire byzantin a déployée presque constamment pendant plus de mille ans, elle lui doit une reconnaissance éternelle pour la grande œuvre civilisatrice qu'il a accomplie. C'est à l'empire byzantin que les Arméniens, les Géorgiens, les Russes, les Bulgares, les Serbes et les Croates doivent leur religion. C'est à l'empire byzantin que ces peuples ainsi que les Arabes et les populations de Sicile et de l'Italie du Sud doivent les bases fondamentales de leur art et la naissance de leur littérature. C'est à l'empire byzantin enfin que l'Europe occidentale doit la conservation des chefs-d'œuvre de l'ancienne littérature grecque, dont la transmission aux peuples de l'Occident a provoqué la Renaissance littéraire du seizième siècle.

FIN DU TOME SECOND

TABLE DES MATIÈRES

CHAPITRE PREMIER

ÉVOLUTION POLITIQUE INTÉRIEURE

CHAPITRE II

ÉVOLUTION POLITIQUE INTÉRIEURE (*suite*)

CHAPITRE V

ÉVOLUTION POLITIQUE EXTÉRIEURE (*suite et fin*)

PARIS. TYP. PLON-NOURRIT ET Cⁱᵉ, 8, RUE GARANCIÈRE. — 5021.

A LA MÊME LIBRAIRIE

Institutions militaires de la France avant les armées permanentes, suivies d'un Aperçu des principaux changements survenus jusqu'à nos jours dans la formation de l'armée, par Edgar BOUTARIC, sous-chef de section aux Archives nationales, membre de la Société des Antiquaires de France, professeur à l'Ecole nationale des Chartes. Un vol. in-8° . . 8 fr.
(Ouvrage couronné par l'Institut, Académie des sciences morales et politiques.)

Saint Louis et Alfonse de Poitiers. Etude sur les origines de la centralisation administrative, d'après des documents entièrement inédits, par Edgar BOUTARIC. Un vol. in-8° cavalier. 8 fr.
(Ouvrage couronné par l'Institut, Académie des inscriptions et belles-lettres, grand prix Gobert.)

L'Etat social de la France au temps des Croisades, par L. GARREAU. Un vol. in-8°. . . . . 7 fr. 50
(Couronné par l'Académie française, prix Thérouanne.)

L'Homme devant les Alpes, par Ch. LENTHÉRIC. Ouvrage renfermant six cartes et plans. Un vol. in-8° . . . . 9 fr.

Histoire du commerce du monde depuis les temps les plus reculés, par Octave NOEL, professeur à l'Ecole des hautes études commerciales.
    I. *Temps anciens, moyen âge.* Ouvrage enrichi de planches et de cartes hors texte. Un vol. grand in-8° . . . . 20 fr.
    II. *Depuis les découvertes maritimes du quinzième siècle jusqu'à la Révolution de 1789.* Ouvrage enrichi de planches et de cartes hors texte. Un vol. grand in-8° . . . . 20 fr.
(Ouvrage couronné par l'Académie française, prix Thérouanne, et par l'Académie des sciences morales et politiques, prix Le Dissez de Penanrun.)

La Civilisation en Italie au temps de la Renaissance, par J. BURCKHARDT. Traduction de M. SCHMITT, professeur au lycée Condorcet, sur la deuxième édition, annotée par GEIGER. Deux vol. in-8°. . . . . 15 fr.

Fin de la vieille France : **François Ier.** Portraits et récits du seizième siècle, par Mme C. COIGNET. Un vol. in-8°. . 7 fr. 50

Fin de la vieille France · **Un Gentilhomme des temps passés : François de Scépeaux, sire de Vieilleville** (1509-1571). Portraits et récits du seizième siècle, règne de Henri II, par Mme C. COIGNET. Un vol. in-8° . . . . . . 7 fr. 50

Anne de Montmorency, grand maitre et connétable de France, à la cour, aux armées et au conseil du roi François Ier, par Francis DE CRUE, docteur de la Faculté des lettres de Paris. Un vol. in-8°. . . . . 8 fr.
(Couronné par l'Académie française, second prix Gobert.)

Anne, duc de Montmorency, connétable et pair de France, sous les rois Henri II, François II et Charles IX, par Francis DE CRUE, docteur ès lettres de l'Université de Genève, lauréat de l'Académie française. Un vol. in-8° enrichi d'un fac-similé . . . . 8 fr.

Histoire de Philippe II. Tome I. L'Espagne et l'Europe durant les premières années du règne. — Tome II. L'Espagne et l'Europe jusqu'au départ de don Juan d'Autriche pour les Pays-Bas, par H. FORNERON. 3e édition. Deux vol. in-8°. 15 fr.

PARIS. TYP. PLON-NOURRIT ET Cie, 8, RUE GARANCIÈRE. — 5021.

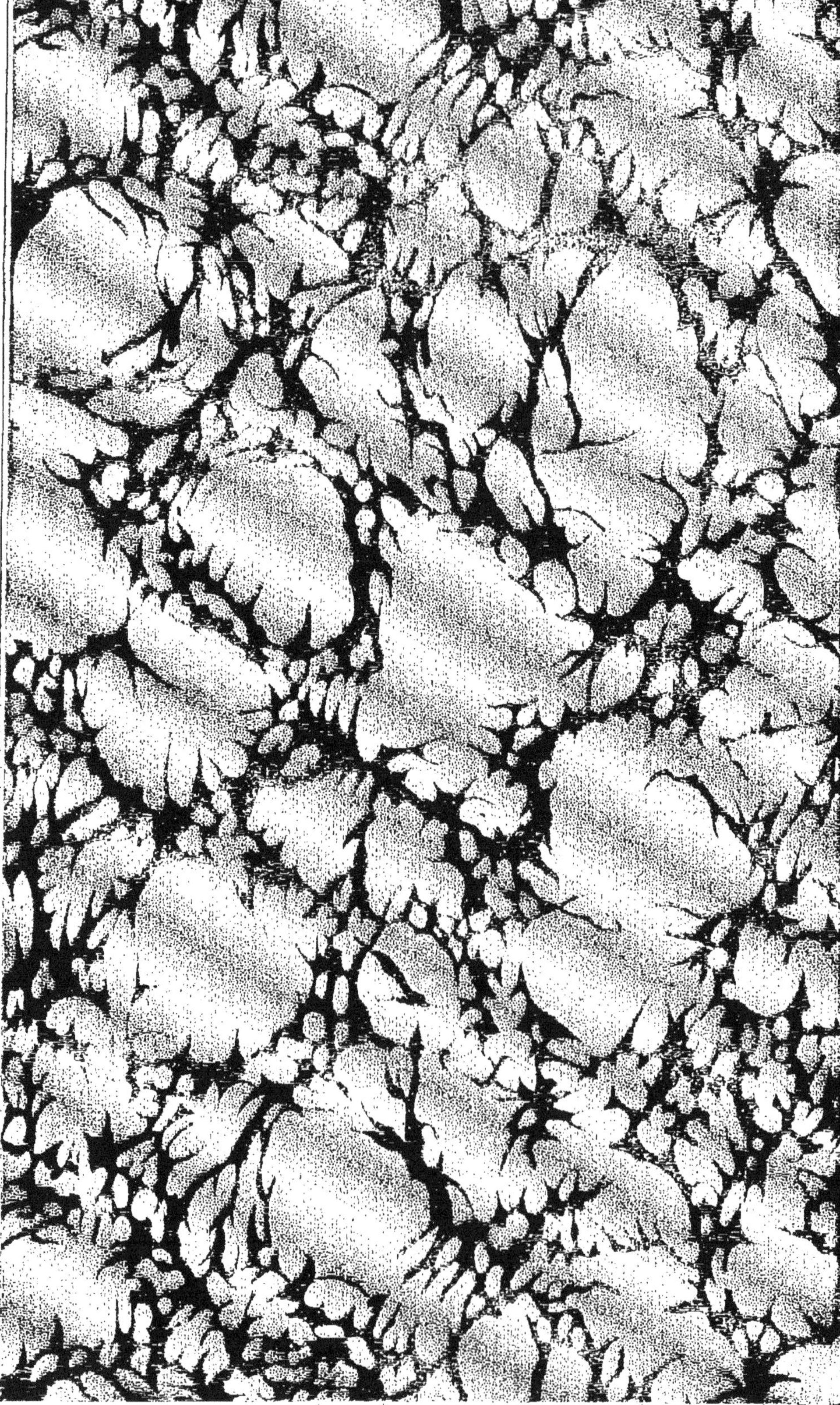

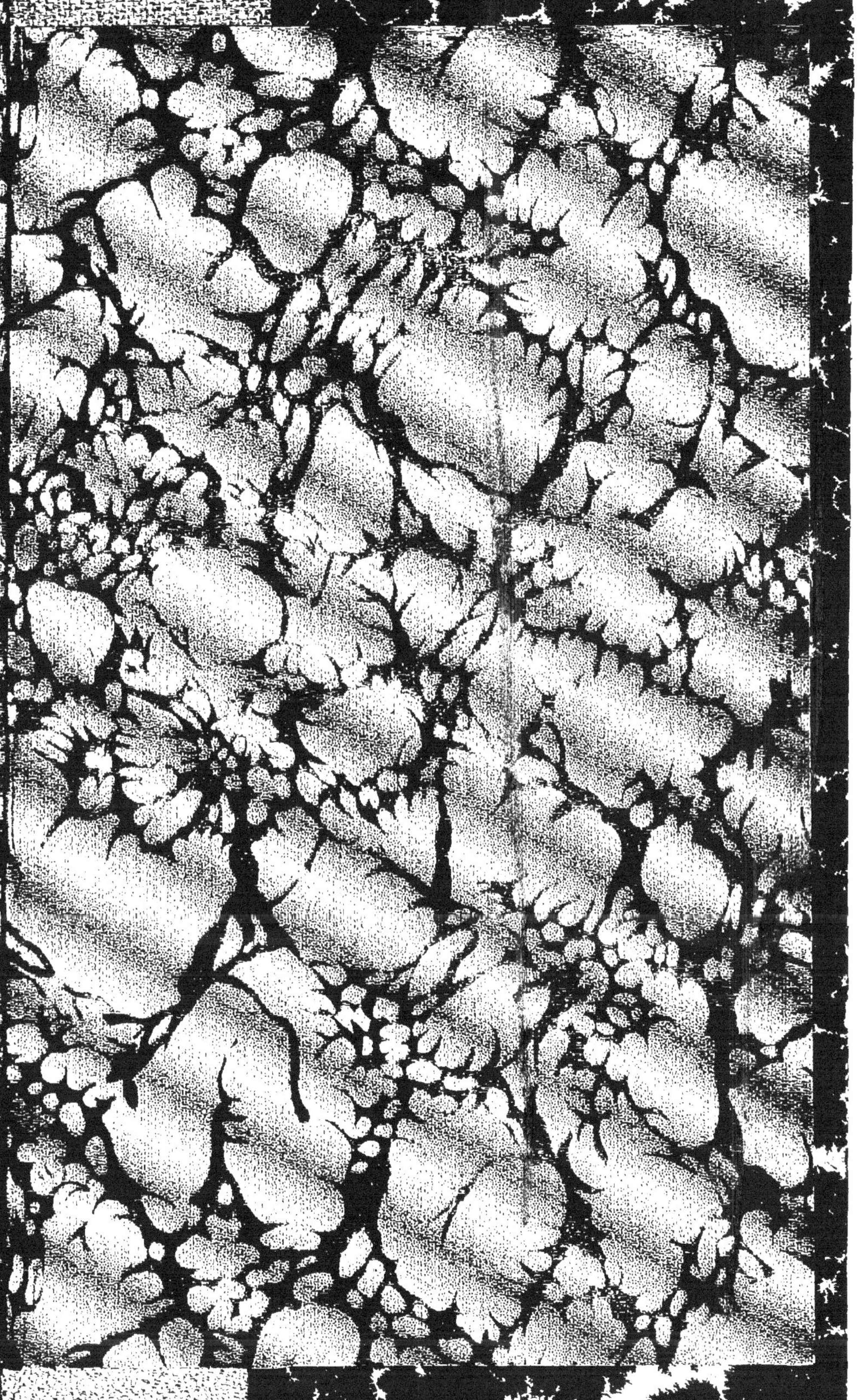

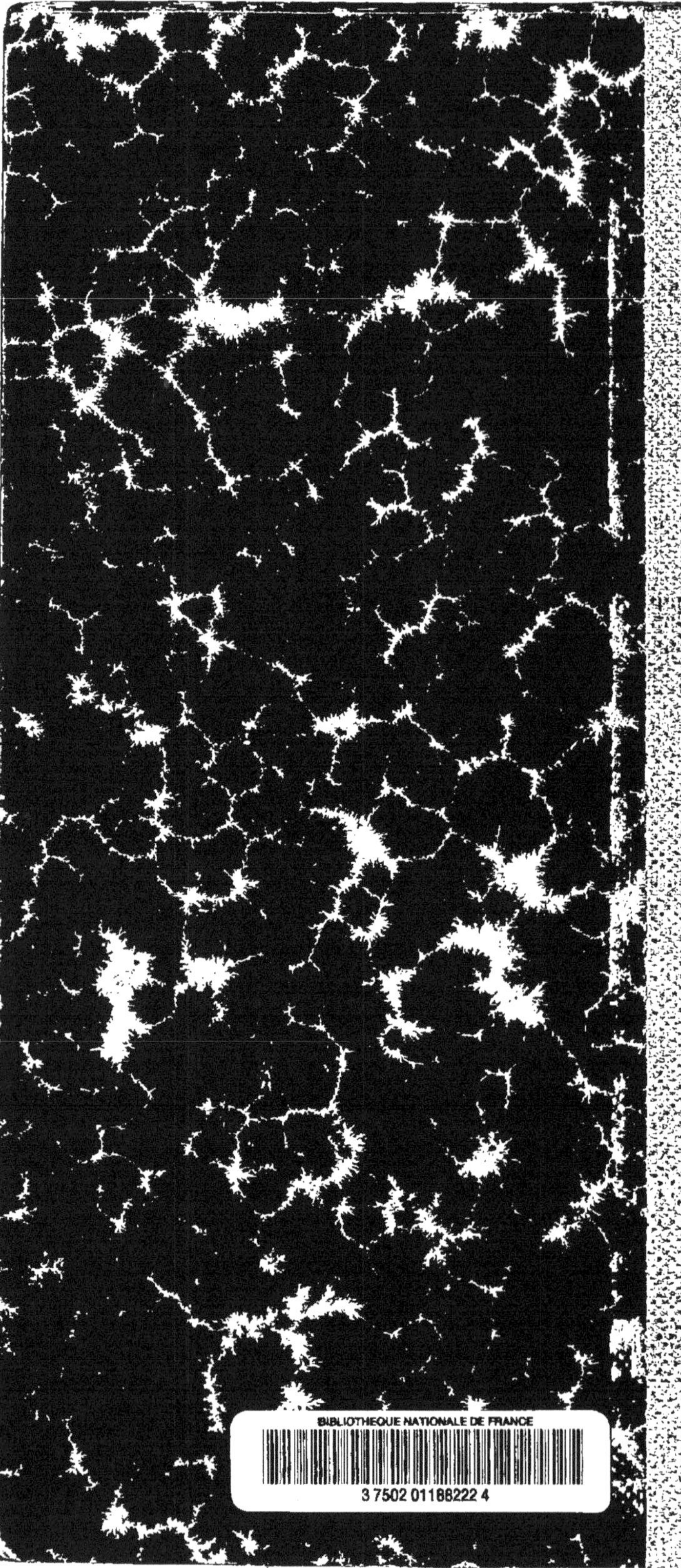

BIBLIOTHEQUE NATIONALE DE FRANCE
3 7502 01188222 4